高等学校应用技术型经济管理系列教材（会计系列）

高等学校应用型经济管理规划教材
总主编／李　雪　主审／徐国君

中级财务会计（上）

Intermediate Financial Accounting (volume 1)

（第三版）

孙美杰◎主　编
李小林◎副主编

立信会计出版社
LIXIN ACCOUNTING PUBLISHING HOUSE

图书在版编目(CIP)数据

中级财务会计. 上 / 孙美杰主编. —3 版. —上海：立信会计出版社，2020.7(2024.7 重印)

高等学校应用技术型经济管理系列教材. 会计系列

ISBN 978-7-5429-6536-3

Ⅰ.①中… Ⅱ.①孙… Ⅲ.①财务会计—高等学校—教材 Ⅳ.①F234.4

中国版本图书馆 CIP 数据核字(2020)第 139350 号

策划编辑　方士华
责任编辑　孙　勇
封面设计　南房间

中级财务会计(上)(第三版)

Zhongji Caiwu Kuaiji

出版发行	立信会计出版社		
地　址	上海市中山西路 2230 号	邮政编码	200235
电　话	(021)64411389	传　真	(021)64411325
网　址	www.lixinaph.com	电子邮箱	lixinaph2019@126.com
网上书店	http://lixin.jd.com		http://lxkjcbs.tmall.com
经　销	各地新华书店		

印　刷	苏州市古得堡数码印刷有限公司		
开　本	787 毫米×1092 毫米	1/16	
印　张	14.5		
字　数	353 千字		
版　次	2020 年 7 月第 3 版		
印　次	2024 年 7 月第 4 次		
书　号	ISBN 978-7-5429-6536-3/F		
定　价	35.00 元		

总 序

教材是高校实现人才培养目标的重要载体,教材及教材建设对高校发展具有举足轻重的作用。与培养模式相对应的教材是培养合格人才的基本保证,是实现培养目标的重要工具。由于历史的原因,在财经类教材的出版方面,相关出版社出版研究型本科或者高职高专、中等职业等层次的教材较多,也较成熟,而在应用技术型本科教材出版上比较欠缺,虽然近年来也出版了一些这方面的教材,但总体而言,还是缺乏权威性、普适性、实用性和创新性。造成这种状况的原因主要在于:出版社对财经类应用技术型本科教材的出版还不够重视,没有进行有效的组织;财经类应用技术型本科院校多为新建院校,教材建设相对滞后,主观上也较愿意使用研究型本科教材;教材的使用存在比较严重的混用现象,教材的目标读者群不明确,如不少教材既适用于研究型本科又适用于应用技术型本科,或者既适用于本科院校又适用于高职高专院校。

由于目前应用技术型本科教材种类和数量匮乏或质量欠佳,应用技术型本科不得不沿用传统研究型本科教材,比如,东北财经大学会计系列教材(包括《基础会计》《中级财务会计》《管理会计》《高级财务会计》《审计》等),中国人民大学会计系列教材(如《成本会计》),教育部统编教材(如《财务管理》)等国家级规划教材。这些教材本身的质量很好、级别很高,但是并不适用于应用技术型本科院校的教学,教师和学生普遍反映不好用。即使从全国范围来看,我国也还没有相对成套、成熟的适合应用技术型高校使用的教材,不适应教育教学要求。存在的主要问题包括:①教材的定位和要求较高;②教材的内容多、难度大;③教材着重于理论解释,相关案例、实训等内容较少,缺乏普适性、实用性。所以,应用技术型本科教学需要有适应学生水平、便于学生接受的应用技术型教材。

我们组织具有多年应用技术型人才培养经验的优秀教师和实务界专家编写了本套系列教材。本套系列教材由《会计基本技能》《基础会计》《中级财务会计》《成本会计》《管理会计》《财务管理》《会计信息系统》《审计学原理》《审计实务》《税法》《经济法》《金融学》等构成。为了保证教材的质量,我们聘请了著名高校的专家、教授对本套系列教材的编写进行专门指导和审核。每本教材至少有一名本学科的知名专家或学科带头人提出审核指导意见,有一名高等院校教学一线的高级职称教师参与组织编写,有一名行业协会、实务界专家和教学研究机构人员提出编写建议。

本套系列教材的特色如下。

1. 应用性

应用技术型本科教材应坚持培养应用技术型本科人才的定位,充分吸收和借鉴传统的普通本科教材与高职高专类教材建设的优点和经验,以就业为导向,做到理论上优于高职高专类教材、在动手能力的培养上优于传统的本科院校教材。

本套系列教材体现了应用技术型本科的定位,体现了素质教育和“以学生发展为本”的教育理念,遵循了高等教育教学基本规律,重视知识、能力和素质的协调发展,根据应用技术型人才培养模式对学生的创新精神、实践能力和适应能力的要求，在内容选材、教学方法、学习方法、实验和实训配套等方面突出了应用性特征。

2. 针对性

本套系列教材的编写符合会计学、财务管理和审计学等专业的培养目标、培养需求、业务规格(知识结构和能力结构)和教学大纲的基本要求，与各专业的课程结构和课程设置相对应，与课程平台和课程模块相对应。本套系列教材在结构的布局、内容重点的选取、示例习题的设计等方面符合教改目标和教学大纲的要求，把教师的备课、试讲、授课、辅导答疑等教学环节有机地结合起来。

3. 先进性

本套系列教材反映了应用技术型会计人才教育教学改革的内容，能够反映学科领域的新发展。本套系列教材的整体规划、每一种教材构造等均体现了实用性和创新性。本套系列教材还强调了系列配套，包括了教材、学习指导书、教学课件等。

4. 基础性

本套系列教材打破传统教材自身知识框架的封闭性，尝试多方面知识的融会贯通，注重知识层次的递进，体现每一门科目的基本内容；同时，在具体内容上突出实际的运用知识的能力，达到"教师易教，学生乐学，技能实用"的教学目的。

5. 易于自学性

自学能力的培养是高等教育应该教授给学生的一项基本能力。学生只有具备了自主学习的能力，才能最终建立起终身学习的保障体系，这也是应用技术型本科人才培养的客观要求。应用技术型本科院校的生源素质与其他高校相比存在较大差距，除一部分高考发挥失误的学生外，有相当一部分学生在学习习惯、基础知识等方面存在一定的欠缺，这就要求本套系列教材要能调动这部分学生的学习积极性，在理论方面尽量做到通俗易懂，在实践方面尽量采用案例式教学。为了有利于学生课后自主学习，本套系列教材配套了学习指导书和教学课件。

因此，本套系列教材的定位把握准确，教材的特色明显，适用于应用技术型本科院校教学，容易得到学生和市场的认可，便于学生的自学和教师的教学。

高等学校应用技术型经济管理系列教材(会计系列)凝聚了众多领导、教授和专家多年来的经验和心血。当然，由于我们的经验和人力有限，教材中难免存在不足，我们期待着各位同行、专家和读者的批评指正。我们将随着经济发展和会计环境的变迁不断地修订教材，以便及时反映学科的最新发展和人才培养的最新变化。

本套系列教材出版后，得到学生和市场的认可，深受广大读者的欢迎。为了更好地回馈读者，本套系列教材从 2017 年起启动改版修订工作，改版的各种教材将陆续出版。我们会一如既往地做好教材修订和相关服务工作，希望广大读者对本套系列教材给予支持。

李　雪

2020 年 7 月

第三版前言

本书为高等学校应用技术型经济管理系列教材(会计系列)之一,具有应用性、针对性、先进性、基础性、易于自学性的特点,在充分吸收和借鉴传统的普通本科教材与高职高专类教材建设的优点和经验的基础上,以就业为导向,做到理论上优于高职高专类教材、动手能力的培养上优于传统的本科院校教材。

"中级财务会计"课程围绕编制通用财务报告展开,分为"中级财务会计(上)"和"中级财务会计(下)"。本书为《中级财务会计(上)》,内容包括六大会计要素的会计处理,是对基础会计知识的深入和升华。本书在《基础会计》的基础上,进一步深化了对会计目标和会计原则的深入阐释,进一步阐述了会计实践中会计要素和主要会计项目的会计处理方法、会计报表的编制方法以及会计信息的使用和分析方法。本书既有对财务会计的基本理论、基础知识和基本方法的阐述,又有对现行会计政策和会计准则的介绍与评价,同时更注重在现行的会计理论和会计政策下,对会计信息的处理方法和分析方法等实务的介绍。

本书根据新企业会计准则体系会计改革的最新成果编写。共分为七章,主要内容包括总论、货币资金、存货、金融资产、长期股权投资、固定资产、无形资产。每章都结合相关案例对重点内容进行讲解,并加入"延伸阅读""会计职业道德""相关思考""账簿格式""与财务报告的关系"等内容,以培养学生的分析能力和创新能力;在讲解的过程中与实务工作紧密结合,以增强学生理论与实务相结合的能力;同时借助T型账户、图、表等方式进行讲解,便于学生理解掌握。本书主要作为普通高等教育经济管理类专业教材,也可供相关专业人员参考。

本书具有以下编写特点:

(1) 本书以国际会计惯例为依据,所依据的会计规范是最新的国际会计准则和我国最新的企业会计准则,体现了会计准则最新动态。

(2) 重点突出会计实务,本书尽量完美地将理论知识与实务相结合,重视知识、能力和素质的协调发展,以培养应用型人才为目的,旨在提高学生的创新精神、实践能力和适应能力。比如,如果一项业务的会计处理存在不同的方法,则通过分析,最后提出实务中建议采用的方法,并说明原因。

(3) 在编写过程中,涉及会计处理、账户的设置、账簿的设置等问题时会结合实务中手工账和财务软件的处理方式进行讲解,符合应用型会计人才的培养目标。

(4) 借助T型账户、图、表等工具进行讲解,图文并茂,并穿插鲜活案例,通俗易懂。

(5) 将会计报表中各项目的填写穿插在各会计要素所在章节中进行讲解,即将各要素的讲解与财务报表结合起来,让学生建立框架思维并掌握财务报表的编制。

(6) 配套资料丰富,本书配有《中级财务会计学习指导书》,以及多媒体课件等辅助资料。

本书由孙美杰任主编,李小林任副主编,多位优秀教师和实务界专家参与了编写。具体分工如下:第一章总论(孙美杰),第二章货币资金(孙美杰),第三章存货(孙美杰),第四章金融资产(李小林),第五章长期股权投资(孙美杰),第六章固定资产(孙美杰),第七章无形资产(孙美杰)。

在编写本书过程中我们参考了大量相关教材和论著,在此向有关作者致以深深的谢意!

为了编写本书,我们先后多次讨论研究,不断完善书稿,力求内容编排合理、避免错误,但书中难免存在考虑不周、表达不妥当的地方。书中疏漏不足之处,敬请读者批评指正。

编　者

2020 年 8 月

目录

第一章　总　论

- 内容简介
- 学习目的和要求
- 引例
- 第一节　财务会计及其目标
- 第二节　会计基本假设和会计基础
- 第三节　会计信息的质量要求
- 第四节　会计要素及其计量属性与应用原则
- 本章小结
- 本章重要概念
- 推荐阅读资料

内容简介

本章主要讲解了财务会计的定义、特征、目标;会计基本假设和会计基础;会计信息的使用者及会计信息的质量要求;会计要素及其计量属性与应用原则。本章重点为会计的基本假设、会计要素及其计量属性与应用原则。

学习目的和要求

通过本章学习,学生应掌握会计基本假设、会计确认与计量的基本原则以及会计要素,了解财务会计的特征、财务会计信息的质量要求和财务会计的目标。

引例　会计基本准则

会计准则体系作为技术规范,有着严密的结构和层次。中国企业会计准则体系,由三部分内容构成:一是基本准则;二是 41 项具体准则;三是会计准则应用指南。这三项内容既相对独立,又互相关联,构成统一整体。其中,基本准则在整个准则体系中起统驭作用,主要规范会计目标、会计假设、会计信息质量要求、会计要素的确认、计量和报告原则等。基本准则的作用是指导具体准则的制定和为尚未有具体准则规范的会计实务问题提供处理原则。

本章将根据基本准则,分四节对财务会计及其目标、会计基本假设和会计基础、会计信息的质量要求、会计要素及其计量属性与应用原则进行详细讲解。

会计准则的精髓是要求通过财务报告提供高质量的会计信息。这是准则体系的核心。在资本市场中,企业编制的财务报告所反映的会计信息必须做到真实、完整、可靠和相关。企业会计处理必须以真实的交易或事项为依据,不得虚构交易或事项,不得伪造、编造或者提供虚假信息;必须如实反映资产、负债价值,不得将不能为企业带来未来经济利益的资产长期挂账,导致企业资产的虚增。财务报告必须披露企业所有重要交易或者事项,保证披露内容完整,不能随意遗漏或者减少应予披露的信息。所披露的会计信息必须易于验证,必须与投资者等会计信息使用者的经济决策相关,这有助于其评价企业过去的绩效,预测企业未来的发展趋势。

企业会计准则在形成过程中,规定了会计要素的确认、计量等一系列会计政策,始终将促进企业可持续发展作为基本出发点。

中国企业会计准则强调了会计要素和主要经济业务事项的确认、计量和报告,同时兼顾了会计记录的要求。会计确认解决的是定性问题。比如,什么是资产?判断资产的关键是能否预期为企业带来经济利益流入,不能为企业带来预期经济利益流入的资源就不是资产。什么是负债?负债强调现时义务,也就是说,某项义务形成企业的负债时,就表明企业一定承担支付义务。什么是收入或费用?收入或费用突出日常活动,只有企业日常活动形成的经济利益的流入或流出才构成收入或费用,非日常活动形成的经济利益流入或流出属于利得或损失。所有者权益是企业的净资产,净资产体现企业的规模和实力,利润的实质是净资产的增加,亏损表示净资产的减少,等等。会计计量解决的是定量问题,即在确认的基础上确定金额。会计确认和计量构成了会计政策的主要内容。报告是确认、计量的结果,是连接企业和投资者等会计信息使用者的桥梁。

第一节 财务会计及其目标

一、财务会计的含义和特征

(一) 财务会计的含义

财务会计是随着社会生产的发展和经济环境的变化而产生和发展起来的,并且在发展中不断成熟和完善,是现代会计的一个重要组成部分。

财务会计是依据会计准则,运用簿记系统的专门方法,对企业生产经营过程中所发生的经济业务进行确认、计量、记录和报告,主要向企业的外部信息使用者提供有关企业财务状况、经营成果和现金流量的信息,以使其作出合理、有效的经济决策的一种经济管理活动。所提供的会计信息最终表现为会计报表和其他会计报告。

财务会计同管理会计相配合,共同服务于市场经济条件下的现代企业。管理会计旨在向企业内部管理当局提供经营决策所需信息。

(二) 财务会计的特征

财务会计与管理会计相比,有如下特征。

1. 财务会计以企业外部信息使用者为主要服务对象

企业财务会计信息的使用者既包括企业外部的使用者,又包括企业内部的使用者,但主要是提供给企业外部的会计信息使用者,如投资者、债权人、政府机构、税务部门、证券监管部门以及社会公众等,作为他们进行投资决策、信贷决策、征税决策和证券交易管理决策以及其他经济决策的依据。

2. 财务会计以提供财务报告作为信息传递的手段

财务会计提供财务信息的主要形式和对外传递的主要手段是财务报告,包括财务报表及其他财务报告。财务报表是财务报告的核心,它主要提供企业的财务状况、经营成果和现金流量的信息。

虽然企业外部会计信息使用者众多,其决策各不相同,对企业会计信息的要求也不一样,但是财务会计不是针对某个具体外部使用者的决策需求来提供财务报告,而是根据各个利益集团的共同需要综合提供一套财务报告,即定期编制通用的财务报告,以满足所有外部会计信息使用者的共同决策需要。

3. 财务会计采用传统会计模式作为数据处理和信息加工的基本方法

为了提供通用的会计报告,财务会计仍然运用较为成熟的传统会计模式作为处理和加工信息的方法。传统会计模式是历史成本模式,其特点是:

(1) 会计反映依据复式簿记系统。复式簿记系统以账户和复式记账为核心,以凭证和账簿组织为形式，包括序时记录、分类记录、试算平衡、调整分录和对账等一系列步骤。

(2) 收入与费用的确认，以权责发生制为基础。权责发生制对于收入的确认以实现为原则，对于费用的确认以发生为原则。

(3) 会计计量遵循历史成本原则。历史成本原则的核心是指资产、负债等要素应以交易或事项发生时所确认的交换价格作为最初入账的计量标准。

4. 财务会计以公认的会计原则为指导

公认的会计原则是指导财务会计工作的基本原理和准则，是组织会计活动、处理会计业务的规范。在我国，财务会计的规范是企业会计准则，企业财务会计的数据处理过程和财务报告的编制都必须符合企业会计准则的要求。

二、财务会计的目标

财务报告的目标是向财务报告使用者提供与企业财务状况、经营成果和现金流量等有关的会计信息，反映企业管理层受托责任履行情况，有助于财务报告使用者作出经济决策。

具体来说，财务会计的目标主要包括以下两个方面的内容。

(一) 向财务会计信息的使用者提供对决策有用的信息

财务报告使用者主要包括投资者、债权人、政府及其有关部门和社会公众等。满足投资者的信息需要是企业财务报告编制的首要出发点。近年来，我国企业改革持续深入，产权日益多元化，资本市场快速发展，机构投资者及其他投资者队伍日益壮大，对会计信息的要求日益提高。在这种情况下，投资者更加关心其投资的风险和报酬，他们需要会计信息来帮助其作出决策。比如，决定是否应当买进、持有或者卖出企业的股票或者股权，他们还需要信息来帮助其评估企业支付股利的能力等。因此，基本准则将投资者作为企业财务报告的首要使用者，凸显了投资者的地位，体现了保护投资者利益的要求，是市场经济发展的必然。

根据向投资者提供决策有用的信息这一目标，财务报告所提供的信息应当如实反映企业所拥有或者控制的经济资源、对经济资源的要求权以及经济资源及其要求权的变化情况；如实反映企业的各项收入、费用、利得和损失的金额及其变动情况；如实反映企业各项经营活动、投资活动和筹资活动等所形成的现金流入和现金流出情况等，从而有助于现在的或者潜在的投资者正确、合理地评价企业的资产质量、偿债能力、盈利能力和营运效率等；有助于投资者根据相关会计信息作出理性的投资决策；有助于投资者评估与投资有关的未来现金流量的金额、时间和风险等。

除了投资者之外，企业财务报告的使用者还有债权人、政府及有关部门、社会公众等。例如，企业贷款人、供应商等债权人通常十分关心企业的偿债能力和财务风险，他们需要信息来评估企业能否如期支付贷款本金及其利息，能否如期支付所欠购货款等；政府及其有关部门作为经济管理和经济监管部门，通常关心经济资源分配的公平、合理，市场经济秩序的公正、有序，宏观决策所依据信息的真实、可靠等，他们需要信息来监管企业的有关活动（尤其是经济活动）、制定税收政策、进行税收征管和国民经济统计等；社会公众也关心企业的生产经营活动及其影响，包括企业对所在地经济作出的贡献，如增加就业、刺激消费、提供社区服务等，在财务报告中提供有关企业发展前景及其能力、经营效益及其效率等方面的信息，可以满足社会公众的信息需要。使用者的信息需求中有许多是共同的，由于投资者是企业资本的主要提供者，通常情况下，如果财务报告能够满足这一群体的会计信息需求，也就可以满足其他使用者的大部分信息需求。

(二) 反映企业管理层受托责任的履行情况

现代企业制度强调企业所有权和经营权相分离,企业管理层受托经营管理企业及其各项资产,负有受托责任。即企业管理层所经营管理的企业各项资产基本上均为投资者投入的资本(或者留存收益作为再投资)或者向债权人借入的资金所形成的,企业管理层有责任妥善保管并合理、有效地运用这些资产。企业投资者和债权人等也需要及时或者经常性地了解企业管理层保管、使用资产的情况,以便于评价企业管理层的责任和业绩情况,并决定是否需要调整投资或者信贷政策,是否需要加强企业内部控制和其他制度建设,是否需要更换管理层等。因此,财务报告应当反映企业管理层受托责任的履行情况,以有助于外部投资者和债权人等评价企业的经营管理责任和资源使用的有效性。

财务报告目标要求满足投资者等财务报告使用者决策的需要,体现为财务报告的决策有用观。财务报告目标要求反映企业管理层受托责任的履行情况,体现为财务报告的受托责任观。财务报告的决策有用观与受托责任观是统一的,投资者出资委托企业管理层经营,希望获得更多的投资回报,实现股东财富的最大化,从而进行可持续投资;企业管理层接受投资者的委托从事生产经营活动,只要努力实现资产的安全、完整,保值、增值,防范风险,促进企业可持续发展,就能够更好地持续履行受托责任,为投资者提供回报,为社会创造价值,从而构成企业经营者的目标。由此可见,财务报告的决策有用观和受托责任观是有机统一的。

延伸阅读 1-1

关于会计目标的两大观点

20世纪70年代以来,西方会计学关于会计目标的研究,形成了两种代表性的观点,即受托责任观和决策有用观。

受托责任观产生的经济背景是企业所有权与经营权的分离,并且投资者与经营者之间有明确的委托与受托关系。这种观点认为,任何个人和单位接受了委托人提供的经济资源,就负有受托责任,应以最大的努力运用和管理好委托人交付的各种经济资源,确保它们得到保值和增值,并如实向委托方报告受托责任的履行过程和结果。

决策有用观是在证券市场日益扩大化和规范化的历史背景下形成的。决策有用观认为,会计的目标就是为了向投资者、债权人以及其他会计信息使用者提供对他们作出决策有用的信息。

我国企业会计准则对财务会计目标的定义采用了两种观点的结合。

第二节 会计基本假设和会计基础

一、会计基本假设

会计基本假设是企业会计确认、计量和报告的前提,是对会计核算所处时间、空间环境等所作的合理设定。会计基本假设包括会计主体假设、持续经营假设、会计分期假设和货币计量假设。

(一) 会计主体假设

会计主体是指企业会计确认、计量和报告的空间范围。为了向财务报告使用者反映企业财务状况、经营成果和现金流量，提供与其决策有用的信息，会计核算和财务报告的编制应当反映特定对象的经济活动，才能实现财务报告的目标。

在会计主体假设下，企业应当对其本身发生的交易或者事项进行会计确认、计量和报告，反映企业本身所从事的各项生产经营活动。明确界定会计主体是开展会计确认、计量和报告工作的重要前提。

第一，明确会计主体，才能划定会计所要处理的各项交易或事项的范围。在会计实务中，只有那些影响企业本身经济利益的各项交易或事项才能加以确认、计量和报告；那些不影响企业本身经济利益的各项交易或事项则不能加以确认、计量和报告。通常所讲的资产、负债的确认，收入的实现，费用的发生等，都是针对特定会计主体而言的。

第二，明确会计主体，才能将会计主体的交易或者事项与会计主体所有者的交易或者事项以及其他会计主体的交易或者事项区分开来。例如，企业所有者的经济交易或者事项是企业所有者主体所发生的，不应纳入企业会计核算的范围，但是企业所有者投入到企业的资本或者企业向所有者分配的利润，则属于企业主体所发生的交易或者事项，应当纳入企业会计确认、计量和报告的内容。

会计主体不同于法律主体。一般而言，法律主体必然是一个会计主体。例如，一个企业作为一个法律主体，应当建立财务会计系统，独立反映其财务状况、经营成果和现金流量。但是，会计主体不一定是法律主体。例如，企业集团中的母公司拥有若干个子公司，母、子公司虽然是不同的法律主体，但是母公司对子公司拥有控制权，为了全面反映企业集团的财务状况、经营成果和现金流量，需要将企业集团作为一个会计主体，编制合并财务报表。在这种情况下，尽管企业集团不属于法律主体，但它却是会计主体。又如，由企业管理的证券投资基金、企业年金基金等，尽管不属于法律主体，但属于会计主体，应当对每项基金进行会计确认、计量和报告。

（二）持续经营假设

持续经营是指在可以预见的将来，企业将会按当前的规模和状态继续经营下去，不会停业，也不会大规模削减业务。在持续经营假设下，会计确认、计量和报告应当以企业持续、正常的生产经营活动为前提。会计准则体系是以企业持续经营为前提加以制定和规范的，涵盖了从企业成立到清算（包括破产）的整个期间的交易或者事项的会计处理。

一个企业在不能持续经营时就应当停止使用这个假设，否则如仍按持续经营假设选择会计确认、计量和报告原则与方法，就不能客观地反映企业的财务状况、经营成果和现金流量，会误导会计信息使用者进行经济决策。

（三）会计分期假设

会计分期又称会计期间，是指将一个企业持续经营的生产经营活动划分为一个个连续的、长短相同的期间。会计分期的目的，在于通过会计期间的划分，将持续经营的生产经营活动划分成连续、相等的期间，据以结算盈亏，按期编制财务报告，从而及时向财务报告使用者提供有关企业财务状况、经营成果和现金流量的信息。会计分期界定了会计结算账目和编制财务会计报告的时间范围。

根据持续经营假设，一个企业将按当前的规模和状态持续经营下去。但是，无论是企业的生产经营决策还是投资者、债权人等的决策都需要及时的信息，需要将企业持续的生产经营活动划分为一个个连续的、长短相同的期间，分期确认、计量和报告企业的财务状况、经营成果和现金流量。由于会计分期，才产生了当期与以前期间、以后期间的差别，才使不同类型的会计主体有了记账的基准，进而出现了折旧、摊销等会计处理。

在会计分期假设下，企业应当划分会计期间，分期结算账目和编制财务报告。会计期间通常分为年度和中期。中期是指短于一个完整的会计年度的报告期间。

(四) 货币计量假设

货币计量是指会计主体在财务会计确认、计量和报告时以货币作为计量尺度，反映会计主体的生产经营活动。

在会计的确认、计量和报告过程中之所以选择货币为基础进行计量，是由货币的本身属性决定的。货币是商品的一般等价物，是衡量一般商品价值的共同尺度，具有价值尺度、流通手段、贮藏手段和支付手段等特点。其他计量单位，如重量、长度、容积、台、件等，只能从一个侧面反映企业的生产经营情况，无法在量上进行汇总和比较；不便于会计计量和经营管理。只有选择货币这一共同尺度进行计量，才能全面反映企业的生产经营情况。

货币计量以币值不变为条件。因为只有在币值稳定或相对稳定的情况下，不同时期的资产价值才具有可比性，收入和费用才能进行比较，才能计算确定经营成果。但在现实经济社会，币值变动时有发生，甚至可能出现恶性通货膨胀，这使得货币计量这一假设具有一定的局限性。

在有些情况下，统一采用货币计量也有缺陷，某些影响企业财务状况和经营成果的因素，如企业经营战略、研发能力、市场竞争力等，往往难以用货币来计量，但这些信息对于使用者决策来讲也很重要。为此，企业可以在财务报告中补充披露有关非财务信息来弥补上述缺陷。

二、会计基础

企业会计的确认、计量和报告应当以权责发生制为基础。

权责发生制基础要求，凡是当期已经实现的收入和已经发生或应当负担的费用，无论款项是否收付，都应当作为当期的收入和费用，计入利润表；凡是不属于当期的收入和费用，即使款项已在当期收付，也不应当作为当期的收入和费用。

在实务中，企业交易或者事项的发生时间与相关货币收支时间有时并不完全一致。例如，款项已经收到，但销售并未实现；或者款项已经支付，但并不是为本期生产经营活动而发生的。为了更加真实、公允地反映特定会计期间的财务状况和经营成果，基本准则明确规定，企业在会计确认、计量和报告中应当以权责发生制为基础。

延伸阅读 1-2

收付实现制

收付实现制是与权责发生制相对应的一种会计基础，它是以收到或支付的现金作为确认收入和费用等的依据。

目前，我国的行政单位会计采用收付实现制，事业单位会计除经营业务可以采用权责发生制外，其他大部分业务采用收付实现制。

第三节　会计信息的质量要求

财务会计的基本目标是为会计信息使用者提供决策所需的信息。会计信息质量关系到投资者决策、完善资本市场以及市场经济秩序等重大问题。会计信息的质量要求是对企业财务报告中所提供会计信息质量的基本规范，是使财务报告中所提供会计信息对投资者等使用者决策有用应具备的基本特征。为了保证会计信息的质量，必须规范会计确认、计量和报告的行为，明确会计信息的质量要求。

会计信息的质量要求包括可靠性、相关性、可理解性、可比性、实质重于形式、重要性、谨慎性和及时性等。

可靠性、相关性、可理解性和可比性是会计信息的首要质量要求，是企业财务报告中所提供会计信息应具备的基本质量特征。

实质重于形式、重要性、谨慎性和及时性是会计信息的次级质量要求，是对可靠性、相关性、可理解性和可比性等首要质量要求的补充和完善，尤其是在对某些特殊交易或者事项进行处理时，需要根据这些质量要求来把握其会计处理原则。另外，及时性还是会计信息相关性和可靠性的制约因素，企业需要在相关性和可靠性之间寻求一种平衡，以确定信息及时披露的时间。

一、可靠性

可靠性是指企业应当以实际发生的交易或者事项为依据进行确认、计量和报告，如实反映符合确认和计量要求的各项会计要素及其他相关信息，保证会计信息真实可靠、内容完整。

可靠性是高质量会计信息的重要基础和关键所在，如果企业以虚假的经济业务进行确认、计量、报告，则属于违法行为，不仅会严重损害会计信息质量，而且会误导投资者，干扰资本市场，导致会计秩序混乱。为了贯彻可靠性要求，企业应当做到：

(1) 以实际发生的交易或者事项为依据进行确认、计量，将符合会计要素定义及其确认条件的资产、负债、所有者权益、收入、费用和利润等如实反映在财务报表中，不得根据虚构的、没有发生的或者尚未发生的交易或者事项进行确认、计量和报告。

(2) 在符合重要性和成本效益原则的前提下，保证会计信息的完整性，其中包括应编报的报表及其附注内容等应当保持完整，不能随意遗漏或者减少应予披露的信息，与使用者决策相关的有用信息都应当充分披露。

(3) 财务报告中的会计信息应当是中立的、无偏的。如果企业在财务报告中为了达到事先设定的结果或者效果，通过选择或者列示有关会计信息以影响决策和判断的，这样的财务报告信息就不是中立的。

二、相关性

相关性是指企业提供的会计信息应当与投资者等财务报告使用者的经济决策需要相关，有助于投资者等财务报告使用者对企业过去、现在或者未来的情况作出评价或者预测。

会计信息是否有用，是否具有价值，关键是看其与使用者的决策需要是否相关，是否有助于决策或者提高决策水平。相关的会计信息应当能够有助于使用者评价企业过去的决策,证实或者修正过去的有关预测,因而具有反馈价值。相关的会计信息还应当具有预测价值,有助于使用者根据财务报告所提供的会计信息预测企业未来的财务状况、经营成果和现金流量。

会计信息质量的相关性要求,以可靠性为基础,两者之间是统一的,并不矛盾,不应将两者对立起来。也就是说,会计信息在可靠性前提下,尽可能地做到相关性,以满足投资者等财务报告使用者的决策需要。

三、可理解性

可理解性是指企业提供的会计信息应当清晰明了,便于投资者等财务报告使用者理解和使用。

企业编制财务报告、提供会计信息的目的在于使用。而要让使用者有效使用会计信息,就要让其了解会计信息的内涵,弄懂会计信息的内容,这就要求财务报告所提供的会计信息应当清晰明了,易于理解。只有这样,才能提高会计信息的有用性,实现财务报告的目标,满足向投资者等财务报告使用者提供决策有用信息的要求。

随着我国证券市场的发展,会计信息的使用者也越来越广泛,国家宏观经济管理部门、企业内部管理层、企业的投资者和债权人、社会上广大的个人投资者都是会计信息的使用者,这客观上对会计信息的可理解性提出了越来越高的要求。投资者等财务报告使用者通过阅读、分析、使用财务报告信息,能够了解企业的过去和现状,以及企业净资产或企业价值的变化过程,预测未来发展趋势,从而作出科学决策。

会计信息是一种专业性较强的信息产品,在强调会计信息的可理解性要求的同时,还应假定使用者具有一定的有关企业经营活动和会计方面的知识,并且愿意付出努力去研究这些信息。对于某些复杂的信息,如交易本身较为复杂或者会计处理较为复杂,但其与使用者的经济决策相关的,企业就应当在财务报告中予以充分披露。

四、可比性

可比性是指企业提供的会计信息应当相互可比。

可比性主要包括以下两层含义。

1. 同一企业不同时期可比

为了便于投资者等财务报告使用者了解企业财务状况、经营成果和现金流量的变化趋势,比较企业在不同时期的财务报告信息,从而全面、客观地评价过去、预测未来,作出决策,会计信息质量的可比性要求同一企业不同时期发生的相同或者相似的交易或者事项,应当采用一致的会计政策,不得随意变更。但是,满足会计信息可比性要求,并非表明企业不得变更会计政策,如果按照规定或者在会计政策变更后可以提供更可靠、更相关的会计信息,则可以变更会计政策。有关会计政策变更的情况,应当在附注中予以说明。

2. 不同企业相同会计期间可比

为了便于投资者等财务报告使用者评价不同企业的财务状况、经营成果和现金流量及其变动情况,会计信息质量的可比性要求不同企业同一会计期间发生的相同或者相似的交易或者事项,应当采用统一规定的会计政策,确保会计信息口径一致、相互可比,以使不同企业按照一致的确认、计量和报告要求提供有关会计信息。

可比性要求各类企业执行的会计政策应当统一。比如，企业会计准则于 2007 年 1 月 1 日在所有上市公司执行，实现了上市公司会计信息的可比性；之后准则实施范围进一步扩大，实现了所有大中型企业实施准则的目标，解决了不同企业之间会计信息的可比性问题。

五、实质重于形式

实质重于形式是指企业应当按照交易或者事项的经济实质进行会计确认、计量和报告，不仅仅以交易或者事项的法律形式为依据。

在多数情况下企业发生的交易或者事项的经济实质和法律形式是一致的，但在有些情况下也会出现不一致。例如，企业按照销售合同销售商品但又签订了售后回购协议，虽然从法律形式上看实现了收入，但如果企业没有将商品所有权上的主要风险和报酬转移给购货方，没有满足收入确认的各项条件，则即使签订了商品销售合同或者已将商品交付给购货方，也不应当确认销售收入。

相关案例 1-1

融资租入固定资产

融资租入固定资产是指承租人通过融资租赁的方式租入固定资产

甲公司以融资租赁方式租入一台设备，租期 10 年，该设备的使用寿命为 12 年。从法律形式上看，在租期未满以前该设备的所有权不属于甲公司，但由于租期较长，接近其使用寿命(一般租赁期大于有效使用年限的 75%)，在租期内该设备受甲公司的实际控制。因此，从经济实质上看，甲公司能够控制其所提供的主要经济利益，同时承担了与资产有关的风险，则会计核算上应当将该设备视为甲企业(承租企业)的资产。

延伸阅读 1-3

实质重于形式

在企业合并中，经常会涉及对“控制”的判断。有些合并，从投资比例来看，虽然投资者拥有被投资企业 50%或 50%以下股份，但是投资企业通过章程、协议等有权决定被投资企业财务和经营政策的，就不应当简单地以持股比例来判断控制权，而应当根据实质重于形式的原则来判断投资企业对被投资单位的控制程度。

关联交易中，通常情况下，只要交易价格是公允的，关联交易就属于正常交易，按照准则规定进行确认、计量、报告；但是，某些情况下，交易价格有可能会不公允，虽然这个交易的法律形式没有问题，但从交易的实质来看，可能会出现关联方之间转移利益或操纵利润的行为，从而损害会计信息质量。

由此可见，在会计职业判断中，正确贯彻实质重于形式原则至关重要。

六、重要性

重要性是指企业提供的会计信息应当反映与企业财务状况、经营成果和现金流量有关的所有重要交易或者事项。

如果财务报告中提供的会计信息的省略或者错报会影响投资者等使用者据此作出决策的，该信息就具有重要性。

按照重要性的要求，企业相对重要的经济业务或会计事项应分别核算、分项反映，力求全面、准确，并在会计报告中作重点说明；而对于那些次要的经济业务或会计事项，在不影响会计信息真实性的前提下,则可适当简化会计核算程序,采用简便的会计处理方法进行处理,在账户和会计报告中一并反映。

从核算效益来看,对会计事项的处理,如果不分轻重主次和繁简详略,采取完全相同的处理方法,就必将耗费过多的人力、物力和财力,增加许多不必要的工作量,从而影响会计核算的工作效率。同时,还有可能有损于会计信息的使用价值,甚至影响决策。

重要性原则的运用涉及对经济业务或会计事项重要性的判断问题。对于不同的会计主体、不同的经济业务或会计事项来说,重要与不重要是相对的。某项会计事项是否具有重要性,在很大程度上取决于会计人员的职业判断。

企业应当根据其所处环境和实际情况,从项目的性质和金额大小两方面加以判断。例如,企业发生的某些支出,金额较小的,从支出受益期来看,可能需要在若干会计期间进行分摊,但根据重要性要求,可以一次性计入当期损益。

七、谨慎性

谨慎性又称稳健性,是指企业对交易或者事项进行会计确认、计量和报告时保持应有的谨慎,不应高估资产或者收益、低估负债或者费用。

在市场经济环境下,企业的生产经营活动面临着许多风险和不确定性,如应收款项的可收回性、固定资产的使用寿命、无形资产的使用寿命、售出存货可能发生的退货或者返修等。对于会计信息质量的谨慎性要求,需要企业在面临不确定性因素的情况下作出职业判断时,应当保持应有的谨慎性,充分估计到各种风险和损失,既不高估资产或者收益,也不低估负债或者费用。例如,要求企业对可能发生的资产减值损失计提资产减值准备、对售出商品可能发生的保修义务等确认预计负债等,就体现了会计信息质量的谨慎性要求。

相关案例 1-2

或有事项及所得税的会计处理

例如,对于企业发生的或有事项,通常不能确认或有资产,只有当相关经济利益基本确定能够流入企业时,才能作为资产予以确认;相反,相关的经济利益很可能流出企业而且构成现时义务时,应当及时确认为预计负债。这就体现了会计信息质量的谨慎性要求。

又如,企业在进行所得税会计处理时,只有在有确凿证据表明未来期间很可能获得足够的应纳税所得额用来抵扣暂时性差异时,才应当确认相关的递延所得税资产;而对于发生的相关应纳税暂时性差异,则应当及时足额确认递延所得税负债。这也是会计信息谨慎性要求的具体体现。

会计职业道德 1-1

企业不得设置秘密准备

谨慎性的应用不允许企业设置秘密准备,如果企业故意低估资产或者收入,或者故意高估负债或者费用,将不符合会计信息的可靠性和相关性要求,损害会计信息质量,扭曲企业实际的财务状况和经营成果,从而对使用者的决策产生误导,这是不符合会计准则要求的。

八、及时性

及时性是指企业对于已经发生的交易或者事项,应当及时进行确认、计量和报告,不得提前或者延后。

会计信息的价值在于帮助所有者或者其他方作出经济决策，并具有时效性。即使是可靠的、相关的会计信息，如果不及时提供，就失去了时效性，对使用者的效用就大大降低，甚至不再具有实际意义。特别是在市场经济条件下，企业竞争日趋激烈，市场瞬息万变，会计信息的及时性越发显得重要。

在会计确认、计量和报告过程中贯彻及时性原则，要做到如下几点。

（1）及时收集会计信息，即在经济交易或者事项发生后，及时收集整理各种原始单据或者凭证。

（2）及时处理会计信息，即按照会计准则的规定，及时对经济交易或者事项进行确认或者计量，并编制财务报告。

（3）及时传递会计信息，即按照国家规定的有关时限，及时地将编制的财务报告传递给财务报告使用者，便于其及时使用和决策。

第四节 会计要素及计量属性与应用原则

会计要素是根据交易或者事项的经济特征确定的财务会计对象所进行的基本分类，是进行会计核算和编制会计报表的基本要素。

基本准则规定，会计要素按照其性质分为资产、负债、所有者权益、收入、费用和利润，其中，资产、负债和所有者权益要素侧重于反映企业的财务状况，收入、费用和利润要素侧重于反映企业的经营成果。

会计要素的界定和分类可以使财务会计系统更加科学严密，为投资者等财务报告使用者提供更加有用的信息。

一、会计要素

（一）资产

1. 资产的定义

资产是指由企业过去的交易或者事项形成的、由企业拥有或者控制的、预期会给企业带来经济利益的资源。

根据资产的定义，资产具有以下特征。

1）资产应为企业拥有或者控制的资源

资产作为一项资源，应当由企业拥有或者控制，具体是指企业享有某项资源的所有权，或者虽然不享有某项资源的所有权，但该项资源能被企业所控制。

企业享有资产的所有权，通常表明企业能够排他性地从资产中获取经济利益。一般而言，在判断资产是否存在时，所有权是考虑的首要因素。有些情况下，资产虽然不为企业所拥有，即企业并不享有其所有权，但若企业控制了这些资产，则同样表明企业能够从资产中获取经济利益，符合会计上对资产的定义。

例如，某企业以融资租赁方式租入一项固定资产，尽管企业并不拥有其所有权，但是如果租赁合同规定的租赁期相当长，接近于该资产的使用寿命，则表明企业控制了该资产的使用权及其所能带来的经济利益，应当将其作为承租企业资产予以确认、计量和报告。

2）资产预期会给企业带来经济利益

资产预期会给企业带来经济利益，是指资产直接或者间接导致现金和现金等价物流入企业的潜力。这种潜力可以来自企业日常的生产经营活动，也可以是非日常活动；带来经济利益的形式可以是现金或者现金等价物形式，也可以是能转化为现金或者现金等价物的形式，或者是可以减少现金或者现金等价物流出的形式。

资产预期能否会为企业带来经济利益是资产的重要特征。

例如，企业采购的原材料、购置的固定资产等可以用于生产经营、制造商品或者提供劳务，对外出售后收回货款，货款即为企业所获得的经济利益。如果某一项目预期不能给企业带来经济利益，那么就不能将其确认为企业的资产。前期已经确认为资产的项目，如果不能再为企业带来经济利益，也不能再确认为企业的资产。例如，霉烂变质的存货，由于预期不能为企业带来经济利益，则不符合资产定义，因此不应当再确认为资产。

相关思考 1-1

淘汰的生产线是否属于企业的固定资产

华夏公司2×19年年末固定资产账户余额为3 500万元，其中包括一套已淘汰的生产线，价值150万元。

请问：这套生产线是否还能作为华夏公司的固定资产？

3）资产是由企业过去的交易或者事项形成的

资产应当由企业过去的交易或者事项所形成，过去的交易或者事项包括购买、生产、建造行为或者其他交易或事项。换句话说，只有过去的交易或者事项才能产生资产，企业预期在未来发生的交易或者事项不形成资产。

例如，企业有购买某存货的意愿或者计划，但是购买行为尚未发生，就不符合资产的定义，不能因此而确认存货资产。

相关思考 1-2

计划购入的原材料是否属于企业的存货

东海公司计划下个月从甲公司购入原材料，价款10万元。

请问：计划购入的原材料属于企业的存货吗？

2. 资产的确认条件

将一项资源确认为资产，除了需要符合资产的定义，还应同时满足以下两个条件：

(1) 与该资源有关的经济利益很可能流入企业。从资产的定义来看，能否带来经济利益是资产的一个本质特征，但在现实生活中，由于经济环境瞬息万变，与资源有关的经济利益能否流入企业或者能够流入多少实际上带有不确定性。因此，资产的确认还应与经济利益流入的不确定性程度的判断结合起来。如果根据编制财务报表时所取得的证据，与资源有关的经济利益很可能流入企业，那么就应当将其作为资产予以确认；反之，不能确认为资产。

(2) 该资源的成本或者价值能够可靠地计量。财务会计系统是一个确认、计量和报告的系统，其中可计量性是所有会计要素确认的重要前提，资产的确认也是如此。只有当有关资源的成本或者价值能够可靠地计量时，资产才能予以确认。

在实务中，企业取得的许多资产都是发生了实际成本，如企业购买或者生产的存货，企业购置的厂房或者设备等。对于这些资产，只要实际发生的购买成本或者生产成本能够可靠计量，就视为符合了资产确认的可计量条件。

在某些特定情况下，企业取得的资产没有发生实际成本或者发生的实际成本很小，如企业持有的某些衍生金融工具形成的资产。对于这些资产，尽管它们没有实际成本或者发生的实际成本很小，但是如果其公允价值能够可靠计量的话，也被认为符合了资产可计量性的确认条件。

（二）负债

1. 负债的定义

负债是指企业过去的交易或者事项形成的预期会导致经济利益流出企业的现时义务。

根据负债的定义，负债具有以下特征。

1）负债是企业承担的现时义务

负债必须是企业承担的现时义务，这是负债的一个基本特征。

现时义务是指企业在现行条件下已承担的义务。未来发生的交易或者事项形成的义务，不属于现时义务，不应当确认为负债。

这里所指的义务可以是法定义务，也可以是推定义务。其中：

法定义务是指具有约束力的合同或者法律法规规定的义务，通常必须依法执行。例如，企业购买原材料形成应付账款，企业向银行借入款项形成借款，企业按照税法规定应当缴纳的税款等，均属于企业承担的法定义务，需要依法予以偿还。

推定义务是指根据企业多年来的习惯做法、公开的承诺或者公开宣布的政策而导致企业将承担的责任，这些责任也使有关各方形成了企业将履行义务解脱责任的合理预期。

2）负债预期会导致经济利益流出企业

预期会导致经济利益流出企业也是负债的一个本质特征，只有企业在履行义务时会导致经济利益流出企业的，才符合负债的定义；如果不会导致企业经济利益流出，就不符合负债的定义。

在履行现时义务清偿负债时，导致经济利益流出企业的形式多种多样，如以现金形式偿还或者以实物资产形式偿还；以提供劳务形式偿还；以部分转移资产、部分提供劳务形式偿还等。

3）负债是由企业过去的交易或者事项形成的

负债应当由企业过去的交易或者事项所形成。换句话说，只有过去的交易或者事项才形成负债，企业将在未来发生的承诺、签订的合同等交易或者事项，不形成负债。

2. 负债的确认条件

将一项现时义务确认为负债，除了需要符合负债的定义，还应当同时满足以下两个条件：

（1）与该义务有关的经济利益很可能流出企业。从负债的定义来看，负债预期会导致经济利益流出企业，但是履行义务所需流出的经济利益带有不确定性，尤其是与推定义务相关的经济利益通常需要依赖于大量的估计。因此，负债的确认应当与经济利益流出的不确定性程度的判断结合起来。如果有确凿证据表明，与现时义务有关的经济利益很可能流出企业，就应当将其作为负债予以确认；反之，如果企业承担了现时义务，但是导致经济利益流出企业的可能性若已不复存在,就不符合负债的确认条件,不应将其作为负债予以确认。

(2) 未来流出的经济利益的金额能够可靠地计量。负债的确认在考虑经济利益流出企业的同时,对于未来流出的经济利益的金额应当能够可靠计量。对于与法定义务有关的经济利益流出金额,通常可以根据合同或者法律规定的金额予以确定,考虑到经济利益流出的金额通常发生在未来期间,且有时未来期间较长,则有关金额的计量需要考虑货币时间价值等因素的影响。对于与推定义务有关的经济利益流出金额,企业应当根据履行相关义务所需支出的最佳估计数进行估计,并综合考虑有关货币时间价值、风险等因素的影响。

(三) 所有者权益

1. 所有者权益的定义

所有者权益是指企业的资产扣除负债后由所有者享有的剩余权益。

所有者权益又称为股东权益,即企业的净资产,它是企业资产总额中扣除债权人权益后应由所有者(股东)享有的部分,所有者权益是所有者对企业资产的剩余索取权,既可反映所有者投入资本的保值、增值情况,又体现了保护债权人权益的理念。

2. 所有者权益的来源构成

所有者权益的来源包括所有者投入的资本、直接计入所有者权益的利得和损失、留存收益等,通常由实收资本(或股本)、资本公积(含资本溢价或股本溢价、其他资本公积)、盈余公积和未分配利润构成,商业银行等金融企业按照规定在税后利润中提取的一般风险准备,也构成所有者权益。

所有者权益的来源如下:

(1) **所有者投入的资本。**所有者投入的资本是指所有者投入企业的资本部分,它既包括构成企业注册资本或者股本部分的金额,也包括投入资本超过注册资本或者股本部分的金额,即资本溢价或者股本溢价,这部分投入资本在我国企业会计准则体系中被计入了资本公积,并在资产负债表中的资本公积项目下反映。

(2) **直接计入所有者权益的利得和损失。**直接计入所有者权益的利得和损失是指不应计入当期损益、会导致所有者权益发生增减变动的、与所有者投入资本或者向所有者分配利润无关的利得或者损失。

利得是指由企业非日常活动所形成的、会导致所有者权益增加的、与所有者投入资本无关的经济利益的流入,利得包括直接计入所有者权益的利得和直接计入当期损益的利得。

损失是指由企业非日常活动所形成的、会导致所有者权益减少的、与向所有者分配利润无关的经济利益的流出,损失包括直接计入所有者权益的损失和直接计入当期损益的损失。

直接计入所有者权益的利得和损失主要包括可供出售金融资产的公允价值变动额、现金流量套期中套期工具公允价值变动额(有效套期部分)等。

(3) **留存收益。**留存收益是指企业历年实现的净利润留存于企业的部分,主要包括累计计提的盈余公积和未分配利润。

3. 所有者权益的确认条件

所有者权益的确认和计量主要取决于资产、负债、收入、费用等其他会计要素的确认和计量。

通常企业收入增加时,会导致资产的增加,相应地会增加所有者权益;企业发生费用时,会导致负债的增加,相应地会减少所有者权益。因此,企业日常经营的好坏和资产、负债的质量直接决定着企业所有者权益的增减变化和资本的保值、增值。

所有者权益反映的是企业所有者对企业资产的索取权，负债反映的是企业债权人对企业资产的索取权，而且通常债权人对企业资产的索取权要优先于所有者对企业资产的索取权，因此，所有者享有的是企业资产的剩余索取权。两者在性质上有本质区别，企业在会计确认、计量和报告中应当严格区分负债和所有者权益，以如实反映企业的财务状况，尤其是企业的偿债能力和产权比率等。

在实务中，企业某些交易或者事项可能同时具有负债和所有者权益的特征，在这种情况下，企业应当分别将属于负债和所有者权益的部分进行核算和列报。例如，企业发行的可转换公司债券，企业应当将其中的负债部分和权益性工具部分进行分拆，分别确认负债和所有者权益。

（四）收入

1. 收入的定义

收入是指企业在日常活动中形成的、会导致所有者权益增加的、与所有者投入资本无关的经济利益的总流入。

根据收入的定义，收入具有以下特征。

1）收入是企业在日常活动中形成的

日常活动是指企业为完成其经营目标所从事的经常性活动以及与之相关的活动。

例如，工业企业制造并销售产品、商业企业销售商品、保险公司签发保单、咨询公司提供咨询服务、软件企业为客户开发软件、安装公司提供安装服务、商业银行对外提供贷款、租赁公司出租资产等，均属于企业的日常活动。明确界定日常活动是为了将收入与利得相区分，日常活动是确认收入的重要判断标准，凡是日常活动所形成的经济利益的流入应当确认为收入；反之，非日常活动所形成的经济利益的流入不能确认为收入，而应当计入利得。比如，处置固定资产属于非日常活动，所形成的净利益就不应确认为收入，而应当确认为利得。再如，无形资产出租所取得的租金收入属于日常活动所形成的，应当确认为收入，但是处置无形资产属于非日常活动，所形成的净收益，不应当确认为收入，而应当确认为利得。

2）收入会导致所有者权益的增加

与收入相关的经济利益的流入会导致所有者权益的增加，不会导致所有者权益增加的经济利益的流入不符合收入的定义，不应确认为收入。例如，企业向银行借入款项，尽管也导致了企业经济利益的流入，但该流入并不导致所有者权益的增加，反而使企业承担了一项现时义务，所以不应将其确认为收入，应当确认为一项负债。

3）收入是与所有者投入资本无关的经济利益的总流入

收入应当会导致经济利益的流入，从而导致资产的增加。例如，企业销售商品，应当收到现金或者在未来有权收到现金，才表明该交易符合收入的定义。但是，经济利益的流入有时是所有者投入资本的增加所致，所有者投入资本的增加不应当确认为收入，应当将其直接确认为所有者权益。

2. 收入的确认条件

企业收入的来源渠道多种多样，不同收入来源的特征有所不同，其收入确认条件也往往存在一些差别，如销售商品、提供劳务、让渡资产使用权等。一般而言，收入只有在经济利益很可能流入从而导致企业资产增加或者负债减少、经济利益的流入额能够可靠计量时才能予以确认。

收入的确认至少应当符合以下条件:

(1) 与收入相关的经济利益应当很可能流入企业。

(2) 经济利益流入企业的结果会导致资产的增加或者负债的减少。

(3) 经济利益的流入额能够可靠计量。

(五) 费用

1. 费用的定义

费用是指企业在日常活动中发生的、会导致所有者权益减少的、与向所有者分配利润无关的经济利益的总流出。

根据费用的定义,费用具有以下特征:

1) 费用是企业在日常活动中形成的

费用必须是企业在其日常活动中所形成的,这些日常活动的界定与收入定义中涉及的日常活动的界定相一致。日常活动所产生的费用通常包括销售费用、管理费用等。将费用界定为日常活动所形成的,目的是将其与损失相区分,企业非日常活动所形成的经济利益的流出不能确认为费用,而应当计入损失。

2) 费用会导致所有者权益的减少

与费用相关的经济利益的流出应当会导致所有者权益的减少,不会导致所有者权益减少的经济利益的流出不符合费用的定义,不应确认为费用。

3) 费用导致的经济利益总流出与向所有者分配利润无关

费用的发生应当会导致经济利益的流出,从而导致资产的减少或者负债的增加(最终也会导致资产的减少)。

其表现形式包括现金或者现金等价物的流出,存货、固定资产和无形资产等的流出或者消耗等。

企业向所有者分配利润也会导致经济利益的流出,而该经济利益的流出属于投资者投资回报的分配,是所有者权益的直接抵减项目,不应确认为费用,应当将其排除在费用的定义之外。

2. 费用的确认条件

费用的确认除了应当符合定义外,还应当满足严格的条件,即费用只有在经济利益很可能流出从而导致企业资产减少或者负债增加、经济利益的流出额能够可靠计量时才能予以确认。

费用的确认至少应当符合以下条件:

(1) 与费用相关的经济利益应当很可能流出企业。

(2) 经济利益流出企业的结果会导致资产的减少或者负债的增加。

(3) 经济利益的流出额能够可靠计量。

(六) 利润

1. 利润的定义

利润是指企业在一定会计期间的经营成果。

通常情况下,如果企业实现了利润,则表明企业的所有者权益将增加,业绩得到了提升;反之,如果企业发生了亏损(即利润为负数),则表明企业的所有者权益将减少,业绩下降。利润是评价企业管理层业绩的指标之一,也是投资者等财务报告使用者进行决策时的重要参考。

2. 利润的来源构成

利润包括收入减去费用后的净额、直接计入当期损益的利得和损失等。

其中收入减去费用后的净额反映企业日常活动的经营业绩，直接计入当期损益的利得和损失反映企业非日常活动情况。

直接计入当期损益的利得和损失，是指应当计入当期损益、最终会引起所有者权益发生增减变动的、与所有者投入资本或者向所有者分配利润无关的利得或者损失。

企业应当严格区分收入和利得、费用和损失，以更加全面地反映企业的经营成果。

3. 利润的确认条件

利润反映收入减去费用、利得减去损失后的净额。

利润的确认主要依赖于收入和费用以及利得和损失的确认，其金额的确定也主要取决于收入、费用、利得、损失金额的计量。

二、会计要素的计量属性及其应用原则

（一）会计要素的计量属性

会计计量是为了将符合确认条件的会计要素登记入账并列报于财务报表而确定其金额的过程。企业应当按照规定的会计计量属性进行计量，确定相关金额。

计量属性是指予以计量的某一要素的特性方面，如桌子的长度、铁矿的重量、楼房的面积等。从会计角度看，计量属性反映的是会计要素金额的确定基础，主要包括历史成本、重置成本、可变现净值、现值和公允价值等。

1. 历史成本

历史成本又称为实际成本，是指取得或者制造某项财产物资时所实际支付的现金或者其他等价物。在历史成本计量下，资产按照其购置时支付的现金或者现金等价物的金额，或者按照购置资产时所付出的对价的公允价值计量；负债按照其因承担现时义务而实际收到的款项或者资产的金额，或者承担现时义务的合同金额，或者按照日常活动中为偿还负债预期需要支付的现金或者现金等价物的金额计量。

2. 重置成本

重置成本又称现行成本，是指按照当前市场条件，重新取得同样或者相似资产所需支付的现金或者现金等价物金额。在重置成本计量下，资产按照现在购买相同或者相似资产所需支付的现金或者现金等价物的金额计量；负债按照现在偿付该项债务所需支付的现金或者现金等价物的金额计量。

3. 可变现净值

可变现净值是指在正常生产经营过程中，以资产预计售价减去进一步加工成本和预计销售费用以及相关税费后的净值。在可变现净值计量下，资产按照其正常对外销售所能收到现金或者现金等价物的金额扣减该资产至完工时估计将要发生的成本、销售费用以及相关税费后的金额计量。可变现净值通常应用于存货减值情况下的后续计量。

4. 现值

现值是指对未来现金流量以恰当的折现率进行折现后的价值，是考虑货币时间价值的一种计量属性。在现值计量下，资产按照预计从其持续使用和最终处置中所取得的未来净现金流入量的折现金额计量；负债按照预计期限内需要偿还的未来净现金流出量的折现金

额计量。

5. 公允价值

公允价值是指市场参与者在计量日发生的有序交易中，出售一项资产所能收到或者转移一项负债所需支付的价格。

延伸阅读 1-4

公允价值——相关资产或负债

企业以公允价值计量相关资产和负债，应当考虑该资产或负债的特征。

相关资产或负债的特征，是指市场参与者在计量日对该资产或负债进行定价时考虑的特征，包括资产状况及所在位置、对资产出售或者使用的限制等。

以公允价值计量的相关资产或负债可以是单项资产或负债(如一项金融工具、一项非金融资产等)，也可以是资产组合、负债组合或者资产和负债的组合(如《企业会计准则第 8 号——资产减值》规范的资产组、《企业会计准则第 20——企业合并》规范的业务等)。企业是以单项还是以组合的方式对相关资产或负债进行公允价值计量，取决于该资产或负债的计量单元。

计量单元，是指相关资产或负债以单独或者组合方式进行计量的最小单位。相关资产或负债的计量单元应当由要求或者允许以公允价值计量的其他相关会计准则规定，但《企业会计准则第 39 号——公允价值》规范的市场风险或信用风险可抵销的金融资产和金融负债的公允价值计量除外。

延伸阅读 1-5

公允价值——有序交易和市场

企业以公允价值计量相关资产或负债，应当假定市场参与者在计量日出售资产或者转移负债的交易，是在当前市场条件下的有序交易。

有序交易，是指在计量日前一段时期内相关资产或负债具有惯常市场活动的交易。清算等被迫交易不属于有序交易。

企业以公允价值计量相关资产或负债，应当假定出售资产或者转移负债的有序交易在相关资产或负债的主要市场进行。不存在主要市场的，企业应当假定该交易在相关资产或负债的最有利市场进行。

主要市场，是指相关资产或负债交易量最大和交易活跃程度最高的市场。

最有利市场，是指在考虑交易费用和运输费用后，能够以最高金额出售相关资产或者以最低金额转移相关负债的市场。

(二) 各种计量属性之间的关系

在各种会计要素计量属性中，历史成本通常反映的是资产或者负债过去的价值，而重置成本、可变现净值、现值以及公允价值通常反映的是资产或者负债的现时成本或者现时价值，是与历史成本相对应的计量属性。

公允价值相对于历史成本而言，具有很强的时间概念。也就是说，当前环境下某项资产或者负债的历史成本可能是过去环境下该项资产或者负债的公允价值，而当前环境下某项资产或者负债的公允价值也许就是未来环境下该项资产或者负债的历史成本。

一项交易在交易时点通常是按公允价值交易的，随后就变成了历史成本，资产或者负债的历史成本许多就是根据交易时有关资产或者负债的公允价值确定的。比如，在非货币性资产交换中，如果交换具有商业实质，且换入、换出资产的公允价值能够可靠计量，换入资产入账成本的确定应当以换出资产的公允价值为基础，除非有确凿证据表明换入资产的公允价值更加可靠。在非同一控制下的企业合并交易中,合并成本也是以购买方在购买日为取得对被购买方的控制权而付出的资产、发生或承担的负债等的公允价值确定的。在应用公允价值时,当相关资产或者负债不存在活跃市场的报价或者不存在同类或者类似资产的活跃市场报价时,需要采用估值技术来确定相关资产或者负债的公允价值,而在采用估值技术估计相关资产或者负债的公允价值时,现值计量往往是比较普遍的一种估值方法,在这种情况下,公允价值就是以现值为基础确定的。

(三) 计量属性的应用原则

基本准则规定,企业在对会计要素进行计量时,一般应当采用历史成本,采用重置成本、可变现净值、现值、公允价值计量的,应当保证所确定的会计要素金额能够取得并可靠计量。

企业会计准则体系适度、谨慎地引入公允价值这一计量属性,是因为随着我国资本市场的发展,越来越多的股票、债券、基金等金融产品在交易所挂牌上市,使得这类金融资产的交易已经形成了较为活跃的市场,已经具备了引入公允价值的条件。在这种情况下,引入公允价值,更能反映企业此类交易的实际情况,对投资者等财务报告使用者的决策更具有相关性。

在引入公允价值过程中,我国充分考虑了国际财务报告准则中公允价值应用的三个级次,即:

(1) 资产或负债等存在活跃市场的,活跃市场中的报价应当用于确定其公允价值。

(2) 资产或负债等不存在活跃市场的,参考熟悉情况并自愿交易的各方最近进行的市场交易中使用的价格或参照实质上相同或相似的其他资产或负债等的市场价格确定其公允价值。

(3) 资产或负债等不存在活跃市场,且不满足上述两个条件的,应当采用估值技术等确定其公允价值。

企业会计准则体系引入公允价值是适度、谨慎和有条件的。原因是考虑到我国尚属新兴和转型的市场经济国家,如果不加限制地引入公允价值,有可能出现公允价值计量不可靠,甚至人为操纵利润的现象。因此,投资性房地产和生物资产等具体准则中规定,只有在公允价值能够取得并可靠计量的情况下,才允许采用公允价值计量。

本章小结

本章主要学习了:财务会计的含义、特征、目标;会计主体、持续经营、会计分期和货币计量四个会计基本假设;会计信息的质量要求,即可靠性、相关性、可理解性、可比性、实质重于形式、重要性、谨慎性和及时性等;资产、负债、所有者权益、收入、费用和利润,即反映企业财务状况及经营成果的会计要素;历史成本、重置成本、可变现净值、现值和公允价值等会计要素的计量属性。

本章重要概念

财务会计　会计基本假设　会计信息的质量要求　会计要素　会计要素的计量属性　计量属性的应用原则

推荐阅读资料

[1]《企业会计准则——基本准则》(2006 年 2 月 15 日财政部发布,2014 年 7 月 23 日财政部修改发布,自 2007 年 1 月 1 日施行)

[2] 陈立军. 中级财务会计[M]. 北京:中国人民大学出版社,2017.

[3] 杨有红. 中级财务会计[M]. 北京:北京大学出版社,2015.

[4] 中国注册会计师协会. 会计[M]. 北京:中国财政经济出版社,2018.

第二章　货币资金

- 内容简介
- 学习目的和要求
- 引例
- 第一节　现金
- 第二节　银行存款
- 第三节　其他货币资金
- 账簿格式
- 与财务报告的关系
- 本章小结
- 本章重要概念
- 推荐阅读资料

内容简介

本章主要讲解了货币资金三个组成部分的核算方法，包括现金、银行存款的序时核算方法与总分类核算方法以及其他货币资金的核算方法等，并分为三节进行讲解；本章重点为货币资金各组成部分的核算方法；难点为备用金的核算以及银行存款余额调节表的编制。

学习目的和要求

通过本章学习，学生应掌握现金的使用范围、库存现金限额及内部控制、现金与银行存款的序时核算与总分类核算、现金清查的核算、其他货币资金的核算、银行存款余额调节表的编制；明确货币资金包括的基本内容和有关的基本概念，如什么是现金、银行存款、其他货币资金；了解货币资金在管理与核算过程中应遵循的各项规定。

引例　伪造银行对账单，挪用2亿元被判死缓

曾在国家某科研基金管理机构任会计的卞某涉嫌贪污挪用公款2亿元一案，是新中国成立以来北京市涉案金额最高的一起职务侵占案件，最终卞某被法院判为死缓。

从媒体报道来看，卞某在案发前的8年期间里，利用其掌管该科研基金的专项资金下拨权，采用谎称支票作废、偷盖印鉴、削减拨款金额、伪造银行进账单和信汇凭证、伪造银行对账单等手段贪污、挪用公款达人民币2亿余元。卞某担负着资金收付的出纳职能，同时所有的银行单据和银行对账单也都由他一手经办，使他得以作案长达8年，却一直没有被察觉。审计部门曾经对该基金委的财务状况进行多次审计，但一直没有发现卞某挪用资金的问题。

案发当年的春节刚过，基金委财务局经费管理处刚来的一名大学生提前休假回来，去银行办事时顺手将此前都是由卞某经手的银行对账单取回，而此时卞某还没有对这次的对账单作假。以往这一工作由会计卞某负责。取回对账单后，这名大学生开始将对账单和内部账目进行核对，一笔金额为2 090万元的支出引起了这名大学生的注意，因在其印象里他没有听说此项开支。这名初入社会的大学生找到卞某就刨根问底，慌乱之下卞某道出实情，这桩涉案金额超过2亿元的大案也因此浮出水面。

据办案人员介绍："作为入账凭证，每一笔资金的流向都体现在银行的对账单上，而在基金委，卞某既管记账又管拨款，身份是会计却又掌握出纳的职能，这样就给他实施贪污、挪用提供了职务上的便利。比如，他挪出去3 000万元或者1 980万元，他把真对账单拿回来以后自己留下，在假对账单里，对于这笔钱他自己做得根本不体现出来。""银行对账单，都是从电脑打出来的，既然是电脑做的，卞某也有电脑，他也可以按照那种纸张和程序往下打。"打印出对账单后还必须要加盖银行印章，由于卞某长期和银行打交道，与银行

工作人员之间非常熟悉，所以有时候银行直接就把印章给他，让他自己盖，这时候卞某就可以一次盖很多。

卞某贪污、挪用巨额公款长达8年才案发，从一定意义上讲，暴露出了科研基金管理机构在基金管理方面的漏洞。卞某案发前，该基金管理机构有400万元科研基金因管理不善而流失，有关责任人被判刑6个月。参与该案办理的一名检察官认为，该基金委员会财务制度管理不规范和基金审批与监管环节中的漏洞给了卞某以可乘之机。办案组在侦查中发现，该基金委员会财务部门账务极其混乱，卞某担任会计期间，主管部门没有很好地查过账务，而且主管部门的财务处理也不严格，让卞某钻了空子。

该案例中，货币资金内部控制存在哪些缺陷？应如何予以完善？

货币资金是指企业的生产经营资金在周转过程中处于货币形态的那部分资金。

在企业的日常生产经营过程中，会发生大量的、重复性的有关货币资金的支付和收款业务。比如，由于采购材料、支付职工薪酬、支付水电费、支付办公费、缴纳税费以及归还银行借款等所发生的支付业务；由于销售产品、接受投资、取得职工归还借款，以及取得银行借款等所发生的收款业务。这些交易和事项的完成都离不开货币资金。

货币资金与货币性资产不是同一概念。**货币性资产**是指企业持有的货币资金以及将以固定或可确定金额的货币收取的资产。一般来说，资产负债表所列示的项目中属于货币性资产的有：货币资金、准备持有至到期的债券投资、应收账款、应收股利、应收票据、应收利息、应收补贴款、其他应收款等。

延伸阅读2-1

非货币性资产

非货币性资产是“货币性资产”的对称，是指货币性资产以外的资产，其基本特征是：这些资产在将来为企业带来的经济利益是不固定的或不可确定的。一般来说，资产负债表所列示的项目中属于非货币性资产的有：股权投资、预付账款、存货(在途物资、原材料、包装物、低值易耗品、库存商品、委托加工物资、委托代销商品、发出商品)、不准备持有至到期的债券投资、固定资产、工程物资、在建工程、无形资产等。

货币资金按其存放地点和用途的不同，分为现金、银行存款和其他货币资金三个部分，以下分别按货币资金的三个组成部分进行介绍。

第一节 现　金

一、现金的管理

(一) 现金的定义及特征

1. **现金**是通用的交换媒介，也是对其他资产计量的一般尺度。现金转化为企业其他形式的资产一般是没有任何难度的。

会计上的现金有狭义现金和广义现金之分。

狭义现金仅指库存现金，即企业金库中存放的现金，包括纸币和硬币。

广义现金包括库存现金、银行存款以及其他可以被普遍接受的流通手段，如银行汇票、银行本票等。

目前，国际会计惯例中的现金概念是指广义的现金概念。

我国的会计惯例是狭义现金概念与广义现金概念并存。在企业处理的日常交易业务中引用的是狭义现金概念。在企业提供的财务报表中(现金流量表)以及金融资产中所涉及的现金为广义现金概念，而且与国际上的广义现金概念相比，我国的广义现金概念所包括的内容还要更广泛一些，它还包括现金等价物。

本章中的现金为狭义现金概念，即仅包括纸币和硬币。

金融资产通常是指企业的库存现金、银行存款、应收账款、应收票据、其他应收款、股权投资、债权投资等。其中库存现金和银行存款属于货币资金，将在本章作专门的介绍。

现金概念如图 2-1 所示。

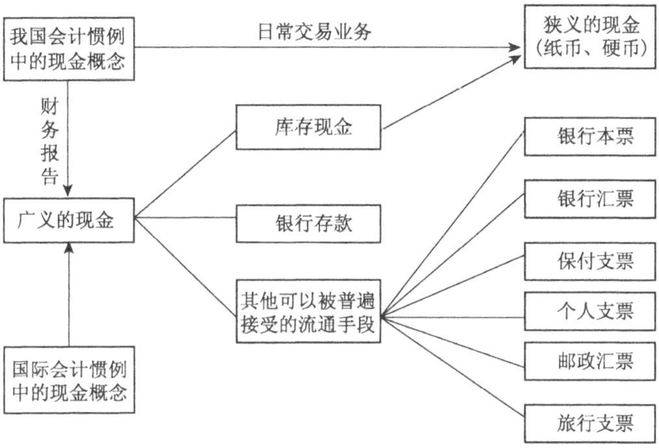

图 2-1　现金概念示意图

延伸阅读 2-2

现 金 等 价 物

现金等价物是指企业持有的期限短、流动性强、易于转换为已知金额现金、价值变动风险很小的投资。其中，“期限短”一般是指从购买日起 3 个月内到期。例如，可在证券市场上流通的 3 个月内到期的短期债券等。

现金等价物的定义本身，包含了判断一项投资是否属于现金等价物的四个条件，即：①期限短；②流动性强；③易于转换为已知金额的现金；④价值变动风险很小。其中，期限短、流动性强，强调了变现能力，而易于转换为已知金额的现金、价值变动风险很小，则强调了支付能力。现金等价物通常包括 3 个月内到期的短期债券投资。权益性投资变现的金额通常不确定，因而不属于现金等价物。

2. 现金的特征

现金作为货币资金的重要组成部分，具有如下特征：

(1) **货币性**，是指现金具有的货币属性，即它起着交易的媒介、价值衡量的尺度、会计记录的货币单位的作用。

(2) **通用性**，是指现金可以被企业直接用来支付各项费用或偿还各项债务。

(3) **流动性**，是指现金的使用一般不受任何约定的限制，可以在一定范围内自由流动。现金是企业资产中流动性最强的货币性资产。流动性主要是指资产转换成现金或负债到期清偿所需的时间，也指企业资源及负债接近现金的程度。

(二) 现金的使用范围与库存现金限额

1. 现金的使用范围

企业日常复杂的支出业务并不是都可以用现金来支付。现金的使用要严格遵循其使用规定。我国政府颁布的《现金管理暂行条例》对现金的使用范围有明确规定。它规定了在银行开立账户的企业可以用现金办理结算的具体经济业务。这些经济业务具体包括:

(1) 职工工资、津贴。

(2) 个人劳动报酬。

(3) 根据国家规定颁发给个人的科学技术、文化艺术、体育等各种奖金。

(4) 各种劳保、福利费用以及国家规定的对个人的其他支出。

(5) 向个人收购农副产品和其他物资的价款。

(6) 出差人员必须随身携带的差旅费。

(7) 结算起点以下的零星支出(结算起点为1 000元)。

(8) 中国人民银行确定需要支付现金的其他支出。

企业必须根据条例规定,结合本单位的实际情况,确定本单位现金的使用范围。不属于现金开支范围的业务应当通过银行办理转账结算。

2. 企业的库存现金的最高限额

为了满足企业日常零星开支所需,同时考虑到库存现金流动性强的特点,企业的库存现金都要由银行根据企业的实际需要情况核定一个最高限额,这个最高限额一般要满足一个企业 3 天至 5 天的日常零星开支所需的现金,边远地区和交通不便地区的企业库存现金可按多于 5 天、但最多不能超过 15 天的日常零星开支确定。企业必须严格按规定的限额控制现金结余量,超过限额的部分,必须及时送存银行,库存现金低于限额时,可以签发现金支票从银行提取现金,以补足限额。企业如需增加或减少库存限额,应当向开户银行提出申请,由开户银行核定。比如,企业原库存现金的最高限额为 3 万元,由于春交会的原因,3 万元的限额已经无法满足公司业务的需求,因此企业应向开户银行提出申请,由开户银行核定,将库存现金的最高限额由 3 万元提高到 5 万元。

(三) 现金的内部控制

现金的流动性决定了现金内部控制的必要性。除了道德与法制的约束外,一个企业必须强调现金内部控制,要严格现金内部控制的措施与手段,建立健全现金的内部控制制度,这样才能防止现金的丢失、被盗,以及违法乱纪行为的发生,以保持现金流动的合理性、安全性,提高现金的使用效果与获利能力。现金的内部控制包括如下几个方面内容。

1. 实行职能分开原则

(1) 要求库存现金实物管理与财务记录分开,不能由一人兼管。企业库存现金收支与保管应由出纳员负责。经管现金的出纳员不得兼管收入、费用、债权、债务等账簿的登记工作以及会计稽核和会计档案保管工作。

【例 2-1】 2×19 年 12 月 16 日,人事部王娜报销差旅费 600 元,持相关凭证到财务部门报销,出纳以现金支付。

表 2-1 **账簿登记职能分开**

记 账 凭 证		登记账簿人员
借:管理费用——差旅费	600	非出纳的其他会计人员
贷:库存现金	600	出 纳

(2) 印鉴分管制度。银行结算的有关印鉴,不能集中由出纳保管,应实行印鉴分管制

度，目的是便于分清责任，形成一种互相牵制的控制机制，防止挪用现金以及隐藏流入的现金。企业在银行开设银行账户时，需要在银行预留印鉴，也就是财务专用章加其法定代表人（单位负责人）或其授权的代理人的印鉴，印鉴要盖在银行印鉴卡上，留在银行。当企业需要通过银行对外支付时，必须在相关支付票据上（如支票、银行承兑汇票等）盖上印鉴。银行经过核对，确认所盖印鉴与预留印鉴相符后，方进行支付。

目前，企业普遍采用银行密码器，它是与预留印章配合使用鉴别票据真伪的一种辅助工具，支付密码是根据票据号码、金额、账号、日期等信息计算出的一组 16 位密码，填写在票据上与印鉴结合作为付款依据。由于支付密码根据票据的每一个要素，使用高强度加密算法计算而来，因此具有极高的安全性。按照中国人民银行总行的要求，电子支付密码主要应用在支票（包括现金支票、转账支票）、汇兑凭证（电/信汇凭证）、银行汇票申请书、银行本票申请书和人民银行规定的其他类票据上。支付密码的功能主要通过支付密码器实现。因此出纳员应将支付密码器妥善保管，以保证其安全。

企业应加强对预留银行印鉴的管理。银行账户预留印鉴、密码器和空白的结算凭证应根据实际情况由法定代表人（单位负责人）、财务负责人和出纳员分别保管，不能集中由出纳员保管，不得向其他部门或个人借用、泄漏。如因借用、泄密而造成经济损失，应由财务部查明原因，追究借用、泄密者的赔偿责任。

相关案例 2-1

上市公司出纳挪用公款炒股案

湖南某上市公司出纳梁某，采取偷盖公司银行印鉴和法人章，使用作废的、没有登记的现金支票等方法，在近 5 年期间先后挪用公司 3 000 多万元用于炒股。给单位造成损失达 1 137.8 万余元。长沙市中级人民法院以挪用公款罪和挪用资金罪，判处梁某 17 年有期徒刑。

该案例中，货币资金内部控制存在哪些缺陷？应如何完善？

2. 现金收付的交易必须有合法的原始凭证

企业无论是收到现金或是支付现金时，都要有确凿的原始凭证，以保证收入来源的合法性及支付的有效性，如总经理报销招待餐费，必须要有合法的餐费发票作为原始凭证。

3. 建立收据和发票的领用制度

企业应当建立发票和收据使用登记制度，设置发票和收据登记簿，记录发票和收据的领购、使用、结存等情况。领用及收回收据和发票时，应由领用人及保管人签字确认。对空白收据和发票应定期检查，以防止短缺。收据领用归档记录表如表 2-2 所示。

表 2-2 **华夏公司收据领用归档记录表**

领用日期 2×19 年		收据起讫编号	领用人签字	归档日期		归档人签字	保管人签收确认
月	日			月	日		
7	1	0080201-0080220	孙玉	8	12	孙玉	王红
8	12	0080221-0080240	孙玉	9	28	孙玉	王红
9	28	0080241-0080260	孙玉	11	24	孙玉	王红
11	24	0080261-0080280	孙玉	12	27	孙玉	王红

4. 加强监督与检查

(1) 要求出纳员做到日清月结。所谓日清月结就是出纳员办理现金出纳业务,必须做到按日清理,按月结账。这里所说的按日清理,是指出纳员应对当日的经济业务进行清理,全部登记日记账,结出库存现金账面余额,并与库存现金实地盘点数核对相符。如果出现不符,应及时查明原因并进行相应会计处理。

(2) 企业的审计部门以及财务部门的领导对现金的管理工作要进行经常性与突击性的监督与检查,包括检查现金收入与支出的所有记录。对发现的现金溢余与短缺,必须认真及时地查明原因,并按规定的要求进行处理。监督检查的目的是确保库存现金的安全与完整。

5. 企业的出纳员应定期进行轮换,不得一人长期从事出纳工作

一个人长期从事一项工作会形成惰性,不利于提高工作效率,同时可能会隐藏工作中的一些问题和不足。出纳工作每日都与资金打交道,时间长了,容易使出纳员产生麻痹和侥幸心理,增加其犯罪的机会和可能。通过人员的及时轮换,不仅可以避免上述情况的出现,而且对工作人员本身也是一种保护,所以及时进行人员的轮换是非常必要的。

会计职业道德 2-1

廉洁奉公,不贪不占

廉洁奉公就是洁身自好,为公众谋事;不贪不占就是会计人员不贪、不占、不收礼、不同流合污。

会计人员要正确认识自己手中的管理权是职业神圣权力的一种表现,绝不能把这种职业权力作为谋取私利的特权,不能挪用、侵占单位钱财;要深刻认识自己管理的钱财是单位的钱财,绝不允许任何人以任何方式浪费、侵吞单位财产。会计人员需牢记"物各有主,苟非己之所有,虽一毫而莫取"。

二、现金的序时核算

(一) 现金序时核算的方法

现金的序时核算是指根据现金的收支业务逐日逐笔地记录现金的增减及结存情况。它的方法是设置与登记库存现金日记账。

库存现金日记账是核算和监督现金日常收付结存情况的序时账簿。通过它可以全面、连续地了解和掌握企业每日现金的收支动态和库存余额,为日常分析、检查企业的现金收支活动提供资料。

库存现金日记账一般采用借方、贷方及余额三栏式格式,如表 2-3 所示。

表 2-3　**库存现金日记账——人民币户**

公司名称:华夏公司

账户名称:库存现金——人民币　　单位:元

2×19 年		凭证号数	摘　要	借　方	贷　方	余　额
月	日					
11	30		本月合计	4 650.00	3 350.00	2 300.00
12	1	现收 1	李丽归还借款	800.00		3 100.00
12	1	现付 1	王明报销差旅费		500.00	2 600.00
12	1	银付 3	提取现金	5 000.00		7 600.00

（续表）

2×19年		凭证号数	摘　要	借　方	贷　方	余　额
月	日					
12	1	现付2	购买办公用品		700.00	6 900.00
12	1		本日合计	5 800.00	1 200.00	6 900.00

库存现金日记账的借方栏和贷方栏，是根据审核签字后的现金收、付款凭证和从银行提取现金时填制的银行存款付款凭证等，按照经济业务发生的时间顺序，由出纳员逐日逐笔地登记的。

（二）出纳员应做的工作

1. 每日终了，出纳员应做好的各项工作

（1）在库存现金日记账上结出"本日合计"：即结出本日借方合计和本日贷方合计，然后计算出本日余额，记入余额栏。本日余额的计算公式如下：

本日余额 = 昨日余额 + 本日借方合计 − 本日贷方合计

6 900 = 2 300 + 5 800 − 1 200

（2）账实核对，将库存现金日记账上的本日余额与库存现金的实有额进行核对，两者应一致，若不一致，应及时查明原因，并进行相应的处理。

（3）将库存现金日记账上的本日余额与库存现金的限额进行比较，超过限额数，要及时送存银行；不足限额部分，应向银行提取，以保证日常开支的需要。

2. 每月终了，出纳员应做好的各项工作

（1）在库存现金日记账上结出"本月合计"：即结出本月借方合计和本月贷方合计，然后计算出本月余额，记入余额栏。本月余额的计算公式如下：

本月余额 = 本月期初余额 + 本月借方合计 − 本月贷方合计

（2）账账核对，将库存现金日记账余额同库存现金总账账户的月末余额核对相符。

（三）外币现金序时核算

有外币现金的企业，应分别按人民币现金、各种外币现金设置库存现金日记账进行序时核算，如"库存现金——美元户"日记账。

表2-4　**库存现金日记账——美元户**

公司名称：华夏公司

账户名称：库存现金——美元户　　单位：元

2×19年		凭证号数	摘要	汇率	借方外币	借方金额	贷方外币	贷方金额	方向	余额外币	余额金额
月	日										
12	1		期初余额	6.297 6					借	$20 000.00	¥125 952.00
12	15	现付25	李平借款	6.297 6			$10 000.00	¥62 976.00	借	$10 000.00	¥62 976.00
12	15	现付26	王晓借款	6.297 6			$5 000.00	¥31 488.00	借	$5 000.00	¥31 488.00
12	15		本日合计				$15 000.00	¥94 464.00	借	$5 000.00	¥31 488.00
12	19	现收6	李平还款	6.297 6	$1 000.00	¥6 297.60			借	$6 000.00	¥37 785.60
12	19		本日合计		$1 000.00	¥6 297.60			借	$6 000.00	¥37 785.60

（续表）

2×19年		凭证号数	摘要	汇率	借方外币	借方金额	贷方外币	贷方金额	方向	余额外币	余额金额
月	日										
12	26	现收 19	王晓还款	6.297 6	$400.00	¥2 519.04			借	$6 400.00	¥40 304.64
12	26		本日合计		$400.00	¥2 519.04			借	$6 400.00	¥40 304.64
12	31	转 218	汇兑损益结转	6.234 6				¥403.20	借	$6 400.00	¥39 901.44
12	31		本日合计					¥403.20	借	$6 400.00	¥39 901.44
12	31		本月合计		$1 400.00	¥9 816.64	$15 000.00	¥94 867.20	借	$6 400.00	¥39 901.44
12	31		本年累计		$56 499.41	¥355 810.68	$48 996.00	¥308 557.21	借	$6 400.00	¥39 901.44

三、现金的总分类核算

(一) 现金核算的凭证:审核其合法有效

企业发生现金的收付业务,必须取得或填制原始凭证,作为收付款的书面证明。例如,企业向银行提取现金,要签发现金支票,以支票存根作为提取现金的证明;将现金存入银行,要填写进账单,以银行加盖印章后退回的进账单回单作为存入现金的证明;支付职工差旅费的预借款,要取得经有关领导批准的借款单,作为付款的证明等。

所有这些作为收付款证明的原始凭证,财会部门要进行认真的审核。审核时应注意每笔款项收支是否符合现金管理制度的规定,是否符合开支标准,是否有批准的计划,原始凭证中规定的项目是否填写齐全,数字是否正确,手续是否完备等。经过审核无误后的原始凭证,即可据以填制收款凭证或付款凭证的依据,办理现金收支业务。

出纳员在收付现金以后,应在记账凭证或原始凭证上加盖“收讫”或“付讫”的戳记,表示款项已经收付。经过审核签字后的收、付款凭证,即可据以登记账簿。

收款凭证和付款凭证是用于现金和银行存款收付业务核算的依据。为了避免填制凭证和记账的重复,在实际工作中,对于从银行提取现金,或将现金存入银行时,应按照收、付款业务涉及的贷方账户来确认其凭证类型并正确填制记账凭证。例如,从银行提取现金业务,贷方账户为“银行存款”,因此凭证类型为“银付”,正确填写银行存款付款凭证,并以此凭证作为登记库存现金和银行存款日记账的依据;又如,将现金存入银行业务,贷方账户为“库存现金”,因此凭证类型为“现付”,正确填写库存现金付款凭证,并以此凭证作为登记库存现金和银行存款日记账的依据。

(二) 账户设置及账务处理

1. 账户的设置

为了总括地反映和监督企业库存现金的收支结存情况,需要设置“库存现金——××”账户。其中明细账户按币种来设置,如有美元现金的收付,则账户设置为“库存现金——美元户”,并进行明细核算。

该账户属于资产类。其借方反映库存现金的增加,贷方反映库存现金的减少,期末余额在借方,反映企业实际持有的库存现金。

2. 库存现金的核算

【例 2-2】 2×19 年 12 月 1 日,人事部李丽归还借款 800 元。

借:库存现金　　800

　贷:其他应收款——李丽　　800

【例 2-3】 2×19 年 12 月 18 日，零星销售商品 226 元，其中价款 200 元，增值税 26 元，现金收讫。

借：库存现金　　226
　贷：主营业务收入　　200
　　应交税费——应交增值税(销项税额)　　26

【例 2-4】 2×19 年 12 月 1 日，行政部王明报销差旅费 500 元，其中进项税额 18 元，出纳以现金支付。

借：管理费用——差旅费　　482
　应交税费——应交增值税(进项税额)　　18
　贷：库存现金　　500

【例 2-5】 2×19 年 12 月 1 日，行政部购买办公用品价款 700 元，增值税 91 元，现金支付，收到增值税专用发票。

借：管理费用——办公费　　700
　应交税费——应交增值税(进项税额)　　91
　贷：库存现金　　791

(三) 备用金的核算

备用金是指企业预付给职工和内部有关单位用作差旅费、零星采购和零星开支，事后需要报销的款项。为了防止浪费和挪用公款，必须建立备用金的预借、使用和报销制度，并认真加以执行。

企业的财会部门对于备用金的预借、使用和报销负有重要责任，需认真进行审核，执行国家有关财经制度，不得任意提高开支标准，对于违反国家规定的开支，应坚持原则，拒绝支付或不予报销。

1. 账户的设置

备用金的总分类核算，应设置“其他应收款”账户，它是资产类账户，用来核算企业除应收票据、应收账款、预付账款以外的其他各种应收、暂付款项，包括各种赔款、罚款、存储保证金、备用金、应向职工收取的各种垫付款项等。

在备用金数额较大或业务较多的企业中，可以将备用金从“其他应收款”账户中划分出来，单独设置“备用金”账户进行核算。

备用金核算账户根据备用金管理办法的不同会涉及两个账户：“其他应收款——××”及“备用金——××”。

备用金的明细分类核算，一般按领取备用金的单位或个人设置三栏式明细账。

2. 备用金的核算

备用金的管理办法一般有两种：

(1) 随借随用、用后报销制度。适用于不经常使用备用金的单位和个人；常用账户为“其他应收款——××”。核算步骤分为预借款及报销结算。

【例 2-6】 华夏公司人事部职工王英，2×19 年 12 月 8 日因公出差预借备用金 4 000 元，实际支出 3 000 元，其中进项税额 190 元。12 月 20 日经审核予以报销，剩余现金 1 000 元交回财会部门。

① 12 月 8 日预借时，应根据审核的借款单填制现金付款凭证，会计分录如下：

借：其他应收款——王英　　4 000
　　贷：库存现金　　4 000

② 12 月 20 日报销时：【同一天结算，可一个分录完成】

借：管理费用——差旅费　　2 810
　　应交税费——应交增值税(进项税额)　　190
　　库存现金　　1 000
　　贷：其他应收款——王英　　4 000

【例 2-7】 如果 12 月 20 日王英只将报销单据递交财会部门，剩余的 1 000 元于 12 月 23 日交回财会部门，则：

① 12 月 20 日报销时：

借：管理费用——差旅费　　2 810
　　应交税费——应交增值税(进项税额)　　190
　　贷：其他应收款——王英　　3 000

② 12 月 23 日将剩余的 1 000 元交回财会部门：

借：库存现金　　1 000
　　贷：其他应收款——王英　　1 000

【例 2-8】 华夏公司财会部门职工李晓，2×19 年 12 月 9 日因公出差预借备用金 2 000 元，实际支出 2 500 元，其中进项税额 165 元。12 月 16 日经审核予以报销，财会部门另支付现金 500 元。

① 12 月 9 日预借时，应根据审核的借款单填制现金付款凭证，会计分录如下：

借：其他应收款——李晓　　2 000
　　贷：库存现金　　2 000

② 12 月 16 日报销时:【同一天结算，可一个分录完成】

借：管理费用——差旅费　　2 335
　　应交税费——应交增值税(进项税额)　　165
　　贷：其他应收款——李晓　　2 000
　　　　库存现金　　500

(2) 定额备用金制度。定额备用金制度适用于备用金数额较大或业务较多的单位和个人。采用定额备用金制度的企业，一般在年终时进行一次清理，收回拨付的定额数，下一年度再根据实际需要重新申请定额，拨付现金。定额备用金一经核定不得随意增减。对于预付给职工或内部单位尚未使用的备用金或剩余备用金，应及时催促交回。

为了防止挪用现金，各部门或车间必须配有备用金负责人进行管理，财会部门应进行抽查。

常用账户为“备用金——××”。

核算步骤分为预借款、报销时补足、年终清理或年中取消。

第一步，按定额拨付现金时，借记“备用金——××”，贷记“库存现金”。

第二步，报销时，财会部门根据报销单据付给现金，补足用掉的数额，使备用金仍保持原有的定额数，借记有关账户，贷记“库存现金”。

第三步，年终清理或年中取消时，多退少补，清理或取消后，“备用金——××”账户余额为零。

与随借随用、用后报销制度相比，核算的主要差异在定额备用金在报销时补足定额。

【例 2-9】 华夏公司财会部门对行政部门实行定额备用金制度。根据核定的定额，2×19 年1 月 1 日付给定额备用金 30 000 元。会计分录如下：

① 预借时：

借：备用金——行政部门　　30 000
　贷：库存现金　　30 000

行政部门在一段时间内共发生备用金办公费 22 000 元，进项税额 2 860 元，3 月 20 日持开支凭证到财务部门报销。财务部门审核以后付给现金，补足定额。

② 报销时，支付现金补足定额：

借：管理费用——办公费　　22 000
　应交税费——应交增值税(进项税额)　　2 860
　贷：库存现金　　24 860

财会部门因管理需要决定取消定额备用金制度或年终清算时：行政部门持尚未报销的开支凭证 18 000 元，其中进项税额 1 050 元，余款 12 000 元，到财务部门办理报销和交回未用完备用金的手续。

③ 年终清算或年中取消：

借：管理费用——差旅费　　16 950
　应交税费——应交增值税(进项税额)　　1 050
　库存现金　　12 000
　贷：备用金——行政部门　　30 000

3. 随借随用、用后报销制度与定额备用金制度业务处理比较(如表 2-5 所示)

表 2-5　**两种备用金管理制度业务处理方法比较**

步骤 制度	预　借	报　销	注销备用金 或其他应收款
1. 随借随用、用后报销	借：其他应收款——×× 　贷：库存现金	结算： 借：管理费用等 　库存现金　【少花】 　贷：其他应收款——×× (或贷：库存现金)【多花】	报销时已注销
2. 定额备用金	借：备用金——×× 　贷：库存现金	借：管理费用等 　贷：库存现金【补足】	年中取消或年终清理 借：管理费用等 　库存现金　【少花】 　贷：备用金——×× (或贷：库存现金)【多花】

四、现金的清查

(一) 清查工作

为了保护现金的安全完整，做到账实相符，必须做好现金的清查工作。现金的清查工作包括出纳员的按日清理和清查小组定期或不定期的清查。

现金清查的基本方法是清点库存现金,并将现金实存数与现金日记账上的余额进行核对。实存数是指企业金库内实有的现款额,清查时不能用借条等单据来抵充现金。

(1) 出纳员的按日清理,是指出纳员每日终了应对当日的经济业务进行清理,登记日记账,结出库存现金账面余额,并与库存现金实地盘点数核对。

(2) 定期或不定期清查。一般应由企业审计部门以及财务部门的领导组成清查小组,对现金的管理工作要进行经常性与突击性的监督与检查。一般来说,现金清查采取突击盘点,不预先通知出纳员,以防预先做准备。

盘点时间最好是当天业务没有开始时或当天业务结束后,这样可以避免干扰日常业务。在当天业务结束后进行清查,这时出纳员已将现金收付账项全部登记入账,并结出账面余额。

清查小组检查现金收入与支出的所有记录,重点放在账款是否相符、有无白条抵库、有无私借公款、有无挪用公款及其他违纪违法行为的检查上。清查人员应在出纳员在场时清点现金,核对账实,并根据清查结果填制"现金盘点报告单"(如表 2-6 所示),注明实存数与账面余额。

如发现现金账实不符或有其他问题,应查明原因,报告主管负责人或上级领导部门处理。

表 2-6 **现金盘点报告单**

单位名称: 年 月 日

实存金额	账存金额	实存与账存对比	
		盘盈	盘亏
盘点结果及要点报告			
异常及建议事项			

盘点人签章: 出纳员签章: 财务部经理签章: 总经理签章:

(二) 账户设置及账务处理

1. 账户的设置

对于现金清查中发现的账实不符,即现金溢缺情况,通过"待处理财产损溢——待处理流动资产损溢"账户进行核算。

2. 现金盘盈、盘亏的账务处理

1) 现金盘亏的账务处理

现金清查中发现现金的短缺,应按短缺的金额,借记"待处理财产损溢——待处理流动资产损溢"账户,贷记"库存现金"账户。

经落实,属于应由责任人赔偿的部分,未收款时,借记"其他应收款——应收现金短缺款——××个人"账户,如直接收到赔款,则借记"库存现金"账户,贷记"待处理财产损溢——待处理流动资产损溢"账户;属于应由保险公司赔偿的部分,借记"其他应收款——应收保险赔款——××保险公司"账户,贷记"待处理财产损溢——待处理流动资产损溢"账户；属于无法查明的其他原因的部分，根据管理权限，经批准后作为盘亏损失处理，借记“管理费用”账户，贷记“待处理财产损溢——待处理流动资产损溢”账户；如为自然灾害造成的净损失，则借记“营业外支出”账户，贷记“待处理财产损溢——待处理流动资产损溢”账户。现金盘亏的账务处理如图 2-2 所示。

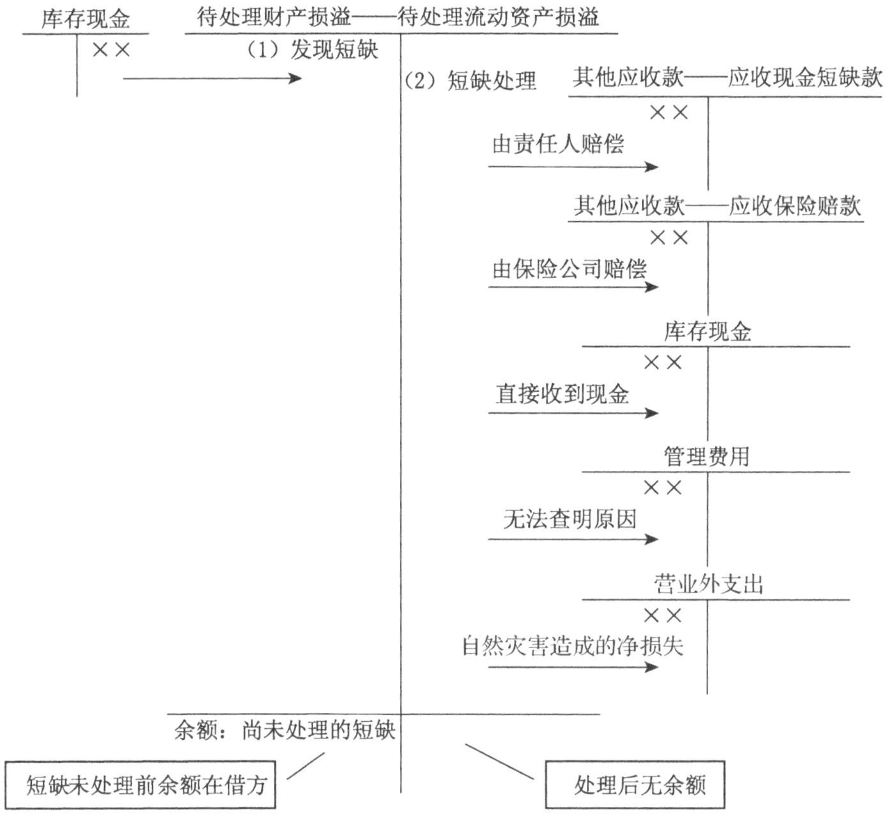

图 2-2　现金盘亏的账务处理示意图

【例 2-10】 华夏公司于 2×19 年 12 月 15 日，在对现金进行清查时，发现短缺 200 元。经落实，需由责任人赔偿 80 元，由保险公司赔偿 70 元，无法查明原因 50 元，并经批准进行相应的账务处理。

① 发现短缺：

借：待处理财产损溢——待处理流动资产损溢　200
　贷：库存现金　200

② 落实后账务处理：

借：其他应收款——应收现金短缺款——××个人　80
　其他应收款——应收保险赔款——××保险公司　70
　管理费用　50
　贷：待处理财产损溢——待处理流动资产损溢　200

2）现金盘盈的账务处理

现金清查中发现盘盈的现金溢余，应按盘盈的金额，借记“库存现金”账户，贷记“待处理财产损溢——待处理流动资产损溢”账户。

经落实，属于应支付给有关人员或单位的，应借记“待处理财产损溢——待处理流动资产损溢”账户，未支付时，贷记“其他应付款——应付现金溢余——××个人/单位”账户，如直接支付的，则贷记“库存现金”账户；属于无法查明原因的现金溢余，经批准后作为盘盈利得处理，借记“待处理财产损溢——待处理流动资产损溢”账户，贷记“营业外收入——盘盈利得”账户。现金盘盈的账务处理如图 2-3 所示。

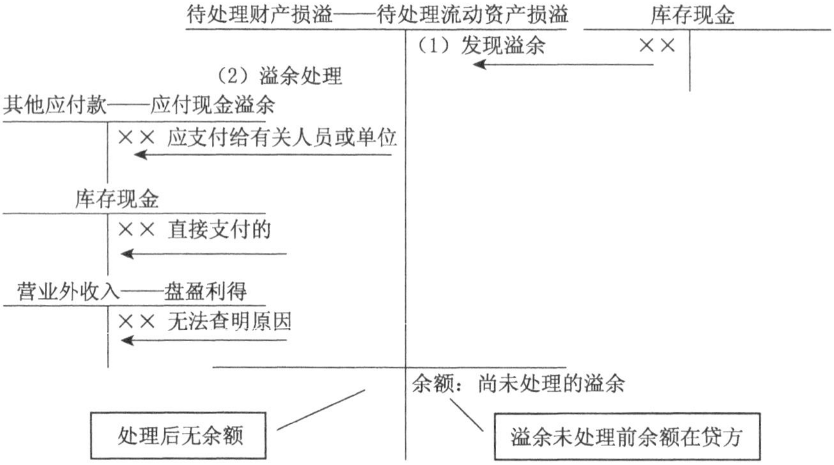

图 2-3　现金盘盈的账务处理示意图

【例 2-11】 华夏公司 2×19 年 12 月 30 日，在对现金进行清查时，发现溢余 100 元，溢余原因不明，经批准进行相应的账务处理。

① 发现溢余：

借：库存现金　　100

　　贷：待处理财产损溢——待处理流动资产损溢　　100

② 现金溢余原因不明，经批准记入“营业外收入”：

借：待处理财产损溢——待处理流动资产损溢　　100

　　贷：营业外收入——盘盈利得　　100

第二节　银行存款

一、开户和使用银行存款账户的规定

银行存款是指企业存放在本地银行的那部分货币资金。企业收入的一切款项，除留存限额内的现金之外，都必须送存银行。企业的一切支出除规定可用现金支付的之外，都必须遵守银行结算办法的有关规定，通过银行办理转账结算。

银行是全国的结算中心，各企业必须在银行开设账户，以办理存款、取款和转账等业务。为了维护金融秩序，规范全国银行账户的开立与使用，中国人民银行制定的《银行账户管理办法》规定，一个企业可以根据需要在银行开立四种账户，包括基本存款账户、一般存款账户、临时存款账户和专用存款账户。

(一) 四种账户开立与使用的比较(如表 2-7 所示)

表 2-7　**四种账户开立与使用对比表**

账户种类	定　义	作用及使用范围	相关规定
1. 基本存款账户	企业办理日常结算和现金收付业务的账户	企业职工薪酬等现金的支取只能通过本账户	一个企业只能在一家银行开立一个基本存款账户，即一个企业只有一个基本存款账户
2. 一般存款账户	企业在基本存款账户以外的银行借款转存以及与基本存款账户的企业不在同一地点的附属非独立核算的单位的账户	办理转账结算和现金缴存，但不能支取现金	不得在同一家银行的几个分支机构开立一般存款账户，如：在华夏银行山东路支行开了一般存款账户，就不能在华夏银行南京路支行再开一个一般存款账户
3. 临时存款账户	企业因临时经营活动需要而开立的账户	办理转账结算和根据国家现金管理的规定办理现金收付。使用范围：设立临时机构、异地临时经营活动、注册验资	可用于现金的缴存与支取，但用于注册验资的在验资期间不得支取现金。临时存款账户的有效期最长不得超过 2 年
4. 专用存款账户	企业因特殊用途需要而开立的账户	企业可申请专用存款账户的用途有：基本建设资金、更新改造资金、财政预算外资金、证券交易结算资金、期货交易保证金、单位银行卡备用金等	

(二) 银行存款账户的相关规定

企业办理存款账户后，在使用账户时应严格执行银行结算纪律的规定。具体内容包括：合法使用银行账户，不得转借给其他单位或个人使用；不得利用银行账户进行非法活动；不得签发没有资金保证的票据和远期支票，套取银行信用；不得签发、取得和转让没有真实交易和债权债务的票据，套取银行和他人的资金；不准无理拒绝付款、任意占用他人资金；不准违反规定开立和使用账户。

二、银行存款的序时核算

1. 银行存款的序时核算

银行存款的序时核算是指根据银行存款的收支业务逐日逐笔地记录银行存款的增减及结存情况。

银行存款序时核算的方法是设置与登记银行存款日记账。

银行存款日记账是核算和监督银行存款日常收付结存情况的序时账簿。通过它，可以全面、连续地了解和掌握每日企业银行存款的收支动态和余额，为日常分析、检查企业的银行存款收支活动提供资料。

银行存款日记账一般采用收入、支出及结存三栏式格式，如表 2-8 所示。

表 2-8　**银行存款日记账**

公司名称:华夏公司

账户名称:银行存款——华夏银行山东路支行　单位:元

2×19 年		凭证号数	摘　要	借　方	贷　方	余　额
月	日					
11	30		本月合计	450 000.00	380 000.00	200 000.00
12	1	银收 1	收到华美公司货款	50 000.00		250 000.00
12	1	银付 1	支付亚通公司货款		80 000.00	170 000.00
12	1	银付 2	支付电费		7 000.00	163 000.00
12	1	银付 3	提取现金		5 000.00	158 000.00
12	1	现付 3	将现金存入银行	20 000.00		178 000.00
12	1		本日合计	70 000.00	92 000.00	178 000.00

银行存款日记账的借方栏和贷方栏,是根据审核签字后的银行收、付款凭证和存入银行现金时的现金付款凭证等,按照经济业务发生的时间顺序,由出纳员逐日逐笔地进行登记的。

(1) 每日终了,出纳员应做好以下工作:

在银行存款日记账上结出"本日合计":即结出本日借方合计和本日贷方合计,然后计算出本日余额,记入余额栏。本日余额的计算公式如下:

本日余额 = 昨日余额 + 本日借方合计 − 本日贷方合计

如表 2-8 中 12 月 1 日的余额为:178 000=200 000+70 000−92 000

(2) 每月终了,出纳员应做好以下各项工作:

第一,在银行存款日记账上结出"本月合计":即结出本月借方合计和本月贷方合计,然后计算出本月余额,记入余额栏。本月余额的计算公式如下:

本月余额 = 本月期初余额 + 本月借方合计 − 本月贷方合计

第二,账实核对,将银行存款日记账余额与银行对账单余额进行核对,并编制银行存款余额调节表。

第三,账账核对,将银行存款日记账余额同银行存款总账账户的月末余额进行核对。

2. 外币银行存款的核算

有外币银行存款的企业,应按币种及开户行设置银行存款日记账进行序时核算,如"银行存款——美元户——中国银行山东省分行"日记账。

三、银行存款的总分类核算

(一) 银行存款核算的凭证:审核其合法有效

企业发生银行存款的收付业务,必须取得或填制原始凭证,作为收付款的书面证明。例如,企业向银行提取现金,要签发现金支票,以支票存根作为银行存款付款的证明;将现金存入银行,要填写进账单,以银行加盖印章后退回的进账单回单作为银行存款收款的证明;收到销售货款,应以发票记账联、进账单或收款收据等作为收款证明;支付水电费、办公费等,要取得经有关领导签字批准的水电费发票、办公费发票等，作为付款的证明等。

作为收付款证明的原始凭证，财会部门要进行认真的审核。审核原始凭证中规定的项目是否填写齐全，数字是否正确，手续是否完备等。经过审核无误后的原始凭证，才可据以填制记账凭证。

（二）账户设置及账务处理

1. 账户的设置

为了总括地反映和监督企业银行存款的收支结存情况，需要设置“银行存款——××”账户。其中明细账户按币种及开户行来设置，如中国银行美元户，则账户设置为“银行存款——美元户——中国银行”，并进行明细核算；如果企业没有外币户，那么明细账户直接以开户行来设置，如核算农业银行的业务往来，则账户设置为“银行存款——农业银行南京路分理处”，也可以在农业银行后加上简写的账号，如账户设置为“银行存款——农业银行南京路分理处 4263”，以方便日常业务的进行，如银行对账时能够很快找到相应的账簿。

该账户属于资产类。其借方反映银行存款的增加，贷方反映银行存款的减少，期末余额在借方。

2. 银行存款的核算

【例 2-12】 2×19 年 12 月 3 日，华夏公司收到转账支票一张，金额 113 000 元，为销售商品货款，其中价款 100 000 元，增值税 13 000 元；另收到电汇款一笔，金额 50 000 元，为甲公司预付的货款；均存入农业银行南京路分理处 4263 户中。

（1）收到销售商品货款：

借：银行存款——农业银行南京路分理处 4263	113 000	
贷：主营业务收入		100 000
应交税费——应交增值税（销项税额）		13 000

（2）收到购货单位预付货款：

借：银行存款——农业银行南京路分理处 4263	50 000	
贷：预收账款——甲公司		50 000

【例 2-13】 2×19 年 12 月 5 日，开出转账支票一张，金额 5 650 元，为支付管理部门的电费价款 5 000 元，增值税 650 元；以电汇的方式支付材料款 22 600 元，其中价款 20 000 元，增值税2 600 元，发票已收，材料已验收入库。以上款项均由工商银行哈尔滨路支行 7264 户支付。

（1）支付电费：

借：管理费用	5 000	
应交税费——应交增值税（进项税额）	650	
贷：银行存款——工商银行哈尔滨路支行 7264		5 650

（2）支付材料款：

借：原材料	20 000	
应交税费——应交增值税（进项税额）	2 600	
贷：银行存款——工商银行哈尔滨路支行 7264		22 600

四、银行存款余额调节表

企业为了正确掌握银行存款的实有数,需要定期将企业银行存款日记账与来自银行的银行对账单进行核对,每月至少要核对一次,并编制银行存款余额调节。

(一)对账方法

将银行存款日记账和银行对账单双方业务和数字都一致地打"√",最后未打"√"的金额便是造成两者不相符的原因。归纳起来,造成不符的原因有两个方面:

第一,企业和银行存在一方或双方同时记账错误,如银行将企业收款串户记账或银行、企业记账时发生数字错误,如企业将支付水费969元记为996元等。

第二,存在未达账项,未达账项是指结算凭证在企业和银行之间的传递存在时间差,造成一方已收到凭证并已入账,而另一方尚未收到凭证仍未入账的款项。例如,2×18年12月30日,公司开出转账支票一张支付货款,金额50 000元,企业已依据支票存根及发票或收据等凭证记账,即贷记"银行存款",而收款方却在2×19年1月3日向其开户行存入该款项,那么这一笔经济业务就出现了12月份企业已支付,而银行未支付的未达账项。未达账项大多由月末业务产生的单据存在时间差而造成的。

未达账项一般有如下四种情况:

(1) 企业已收款记账,而银行尚未收款记账,即"企业已收,银行未收。"

(2) 企业已付款记账,而银行尚未付款记账,即"企业已付,银行未付。"

(3) 银行已收款记账,而企业尚未收款记账,即"银行已收,企业未收。"

(4) 银行已付款记账,而企业尚未付款记账,即"银行已付,企业未付。"

当有记账错误和未达账项存在时,银行存款日记账的余额与银行对账单的余额是不相等的。在这种情况下,银行存款日记账余额与银行对账单余额有可能都不能代表企业银行存款的实有数,这时通过编制银行存款余额调节表得到的"调整后的余额"才是企业银行存款的实有数。

需要说明的是,在实务中,如果是首次核对,则只需将银行存款日记账和银行对账单进行核对,据以编制银行存款余额调节表,之后的月份进行核对时,还应将上一个月编制的银行存款余额调节表同本月的银行存款日记账和本月的银行对账单一起进行核对。比如,上述"第二"中所涉及的企业已付款记账,而对方却在2×19年1月3日才向其开户行存入该50 000元款项的经济业务,在编制2×18年12月30日的银行存款余额调节表时,会出现在"企业已付,银行未付"未达账项上,等到企业编制2×19年1月31日的银行存款余额调节表时,这笔经济业务会出现在1月份的银行对账单款项减少项目中,但1月份的银行存款日记账却不会出现(因登记在2×18年12月),这一笔实际上是与2×18年12月30日的银行存款余额调节表中"企业已付,银行未付"未达账项的50 000元相对应的,因此应将这对应的两笔同时打"√",否则又会误认为还是未达账项。所以在实务中,之后的月份进行核对时,一定要将上一个月编制的银行存款余额调节表拿出一同核对。图2-4为银行对账示意图。

(二)银行存款余额调节表的编制方法有以下三种

1. 根据错记金额和未达账项,同时将银行存款日记账余额和银行对账单余额调整至银行存款实有数

这一方法为实务中企业一般采用的方法。计算公式如下:

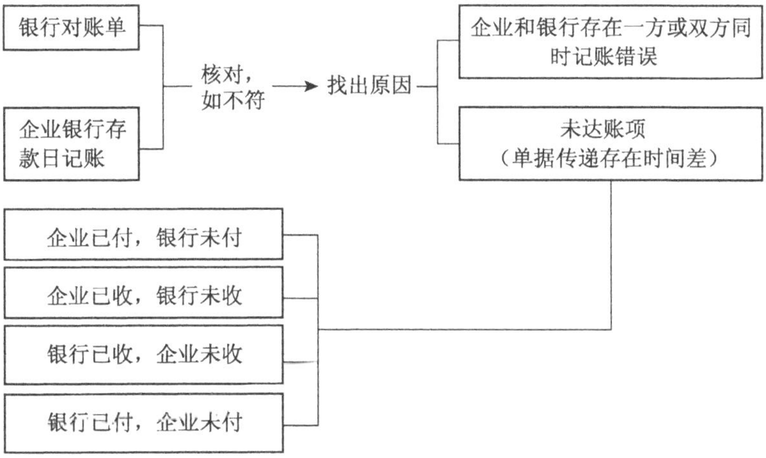

图 2-4　银行对账示意图

银行对账单余额＋“企业已收，银行未收”＋“银行误记、串记（少记）”－“企业已付，银行未付”－“银行误记、串记（多记）”＝企业银行存款日记账余额＋“银行已收，企业未收”＋企业误记（少记）－“银行已付，企业未付”－企业误记（多记）

银行存款余额调节表如表 2-9 所示。

表 2-9　　**银行存款余额调节表**

2×19 年 12 月 31 日

公司名称:华夏公司　　开户行:　　账号:　　单位:元

项　目	金　额	项　目	金　额
银行对账单余额		企业银行存款日记账余额	
加:企业已收,银行未收		加:银行已收,企业未收	
1.		1.	
2.		2.	
3.		3.	
4.		4.	
银行误记、串记(少记)		企业误记(少记)	
减:企业已付,银行未付		减:银行已付,企业未付	
1.		1.	
2.		2.	
3.		3.	
4.		4.	
银行误记、串记(多记)		企业误记(多记)	
调整后余额		调整后余额	

企业银行存款日记账调整后的余额＝企业银行存款日记账余额＋“银行已收，企业未收”－“银行已付，企业未付”±企业误记（误减或误加金额）

2. 以银行对账单余额为出发点，根据误记、串记金额和未达账项，将对账单余额调整到银行存款日记账的余额

计算公式如下：

银行对账单余额+“企业已收，银行未收”－“企业已付，银行未付”±银行错减或错增金额－(“银行已收，企业未收”－“银行已付，企业未付”±企业错减或错增金额)＝企业银行存款日记账余额

3. 以企业银行存款日记账的余额为出发点，根据误记、串记金额和未达账项，将银行存款日记账的余额调整到对账单余额

计算公式如下：

企业银行存款日记账的余额+“银行已收，企业未收”－“银行已付，企业未付”±企业错减或错增金额－(“企业已收，银行未收”－“企业已付，银行未付”±银行错减或错增金额)＝银行对账单余额

分析以上3种计算方法，后两种方法的计算程序恰好相反，共同点是只能检验企业或银行的误记金额及未达账项，不能确定企业银行存款的实有数；第1种方法不仅能检验企业或银行的误记金额及未达账项，而且还能确定企业银行存款的实有数，即调整后的余额即是企业银行存款的实有数，因此第1种方法为实务中企业一般采用的方法。

【例2-14】 华夏公司的开户行是中国农业银行山东路支行，账号：6228×××9236。2×19年12月31日，银行存款日记账的余额为90 773元，银行对账单的余额为236 000元，经过对银行存款日记账和银行对账单进行核对，发现12月份的未达账项及误记账的情况如下：

(1) 26日公司收到货款9 600元，出纳员误记为9 900元。

(2) 27日企业开出转账支票60 000元支付货款，持票人尚未到银行办理结算手续。

(3) 27日收到货款10 000元，银行误记为100 000元。

(4) 27日支付运费969元，出纳员误记为996元。

(5) 28日银行收取企业贷款利息5 000元，企业尚未收到付款通知。

(6) 28日银行将本公司存入的一笔款项串记至另一家公司账户中，金额40 000元。

(7) 28日银行代企业支付电费4 500元，企业尚未收到付款通知。

(8) 29日企业送存银行转账支票一张，金额35 000元，银行已承办，企业已凭回单记账，但银行尚未入账，对账单没有记录。

(9) 30日银行收到货款80 000元，但企业尚未收到收款通知。

编制的银行存款余额调节表如表2-10所示。

表2-10 **银行存款余额调节表**

2×19年12月31日 单位：元

公司名称：华夏公司 开户行：中国农业银行山东路支行 账号：6228×××9236

项目	金额	项目	金额
银行对账单余额	236 000	企业银行存款日记账余额	90 773
加：企业已收，银行未收	35 000	加：银行已收，企业未收	
1. 29日送存银行转账支票，银行尚未入账	35 000	1. 30日银行收货款，企业未收收款通知	80 000
2.		2.	
3.		3.	
4.		4.	

（续表）

项　目	金　额	项　目	金　额
银行误记、串记（少记）	40 000	企业误记（少记）	27
减：企业已付，银行未付	60 000	减：银行已付，企业未付	9 500
1. 27日企业开出转账支票，持票人未结算	60 000	1. 28日银行收取贷款利息，企业未收付款通知	5 000
2.		2. 28日银行代付电费，企业未收付款通知	4 500
3.		3.	
4.		4.	
银行误记、串记（多记）	90 000	企业误记（多记）	300
调整后余额	161 000	调整后余额	161 000

（三）关于银行存款余额调节表的注意事项

（1）银行存款余额调节表不能作为原始凭证记账。

（2）银行对账单不能作为原始凭证记账。

（3）《企业内部控制应用指引》规定，企业应当加强对银行对账单的稽核和管理。出纳员一般不得同时从事银行对账单的获取、银行存款余额调节表的编制等工作。确需出纳员办理上述工作的，应当指定其他人员定期进行审核、监督。

相关思考2-1

银行存款余额调节表编制完毕后，就万事大吉了吗？后续需要做什么呢？

（1）银行存款余额调节表编制完毕后，重要的是需进行后续跟踪，误记、串记的要及时处理，特别是由银行造成的，要及时与银行沟通进行及时处理，未达账项的单据要尽快取回，并依据取回的原始凭证进行账务处理。

（2）实务中，应尽量减少造成银行对账单与企业银行存款日记账不符的因素，这就要求出纳员：①在编制记账凭证时，认真仔细，数据书写需输入准确；②日常要及时到银行取回收付款单据，取回后依据单据及时进行账务处理，特别是到了月末，一定要到各开户行将未取回的收付款单据取回，并依此进行相应的会计处理。

第三节　其他货币资金

一、其他货币资金的定义及内容

（一）其他货币资金的定义

其他货币资金是指除现金、银行存款之外的其他各种货币资金，即存放地点和用途均与现金和银行存款不同的货币资金。

（二）其他货币资金的内容

其他货币资金包括外埠存款、银行汇票存款、银行本票存款、信用卡存款、信用证保证金存款以及存出投资款等。具体内容如下：

（1）**外埠存款**是指企业到外地进行临时或零星采购时，汇往采购地银行开立采购专户的款项。

(2) **银行汇票存款**是指企业为取得银行汇票,按照规定存入银行的款项。

(3) **银行本票存款**是指企业为取得银行本票,按照规定存入银行的款项。

(4) **信用卡存款**是指企业为取得信用卡,按照规定存入银行的款项。

(5) **信用证保证金存款**是指企业为取得信用证,按照规定存入银行的保证金。

(6) **存出投资款**是指企业已存入证券公司但尚未购买股票、基金等投资对象的款项。

二、其他货币资金的核算

(一) 账户的设置

企业应设置“其他货币资金”账户进行其他货币资金的总分类核算;为了详细反映企业各项其他货币资金的增减变动及结存情况,还应在“其他货币资金”总账账户下按其组成内容分设明细账户,按银行汇票或本票、信用证的收款单位、外埠存款的开户银行等设置,如“其他货币资金——外埠存款——中国银行北京海淀区支行”“其他货币资金——银行汇票——星火公司”。

(二) 其他货币资金的核算

1. 外埠存款的核算

为了满足企业临时或零星采购的需要,将款项委托当地银行汇往采购地银行开立采购专户时,需填写汇款委托书,采购专户存款只付不收,款项付完后结束该账户。

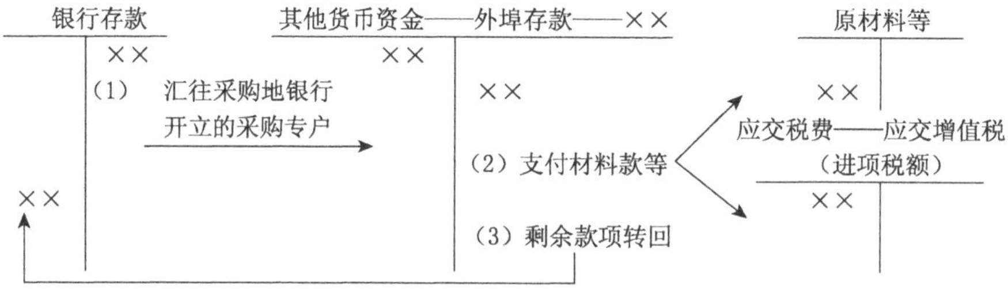

图 2-5 外埠存款核算示意图

外埠存款的核算一般分为以下环节:

(1) 款项汇往采购地银行开立采购专户时:

借:其他货币资金——外埠存款——××
　　贷:银行存款

(2) 支付材料款等,财会部门收到供应单位的货物发票、运单等凭证时:

借:原材料/材料采购等
　　应交税费——应交增值税(进项税额)
　　贷:其他货币资金——外埠存款——××

(3) 采购完毕,采购员离开采购地时,采购专户如有余额,应将剩余的外埠存款转回至企业当地银行账户:

借:银行存款
　　贷:其他货币资金——外埠存款——××

【例 2-15】 华夏公司 2×19 年 12 月 5 日，因零星采购原材料的需要，将款项 80 000 元汇往北京中国银行海淀区支行开立的采购专户。财务部门根据银行汇款回单进行相应会计处理。

借：其他货币资金——外埠存款——中国银行北京海淀区支行	80 000	
贷：银行存款		80 000

【例 2-16】 2×19 年 12 月 16 日，支付材料款，财务部门收到供应单位开来的增值税专用发票，价款 50 000 元，增值税 6 500 元，材料已验收入库。财会部门根据增值税发票进行相应会计处理。

借：原材料	50 000	
应交税费——应交增值税(进项税额)	6 500	
贷：其他货币资金——外埠存款——中国银行北京海淀区支行		56 500

【例 2-17】 2×19 年 12 月 18 日，外埠采购业务完毕，采购员将剩余的外埠存款转回至企业当地银行账户，财会部门根据收款通知进行相应会计处理。

借：银行存款	23 500	
贷：其他货币资金——外埠存款——中国银行北京海淀区支行		23 500

2. 银行汇票的核算

(1) 企业要使用银行汇票办理结算时，应填写“银行汇票委托书”，并将相应款项交存银行，取得银行汇票时，应当根据银行盖章的委托书存根联进行账务处理，应按“银行汇票”及收款单位进行明细核算。

借：其他货币资金——银行汇票——××
　贷：银行存款

(2) 企业使用银行汇票后，应根据发票账单及开户行转来的银行汇票第四联等凭证进行账务处理。

借：原材料/材料采购等
　应交税费——应交增值税(进项税额)
　贷：其他货币资金——银行汇票——××

(3) 银行汇票使用完毕，如有多余款项退回时：

借：银行存款
　贷：其他货币资金——银行汇票——××

(4) 如银行汇票因超出付款期限或其他原因未曾使用而退回时：

借：银行存款
　贷：其他货币资金——银行汇票——××

【例 2-18】 2×19 年 12 月 6 日，华夏公司从蓝天公司采购原材料，向银行提交“银行汇票委托书”，并交存 120 000 元，银行受理后签发银行汇票和解讫通知，华夏公司根据委托书的存根联记账。

借：其他货币资金——银行汇票——蓝天公司　　120 000
　　贷：银行存款　　120 000

【例 2-19】 2×19 年 12 月 9 日，华夏公司用银行签发的银行汇票支付原材料款，并收到蓝天公司开具的增值税专用发票，采购价款 100 000 元，增值税 13 000 元。企业根据银行转来的银行汇票第四联及蓝天公司开具的发票等凭证进行会计处理。

借：原材料　　100 000
　　应交税费——应交增值税(进项税额)　　13 000
　　贷：其他货币资金——银行汇票—蓝天公司　　113 000

【例 2-20】 2×19 年 12 月 10 日，华夏公司收到银行退回的多余款项 7 000 元，根据收款通知进行会计处理。

借：银行存款　　7 000
　　贷：其他货币资金——银行汇票——蓝天公司　　7 000

3. 银行本票的核算

银行本票的核算程序同银行汇票相比，不同的是两者涉及的明细账户不一样。银行本票涉及的账户是“其他货币资金——银行本票——××”。

4. 信用卡存款的核算

信用卡存款根据信用卡的开户行及账号进行明细核算，如“其他货币资金——信用卡——中国农业银行宁夏路支行 9682 卡”，表示在中国农业银行宁夏路支行申请的信用卡，最后四位卡号为 9682。

(1) 企业申领信用卡时，应按规定填制申请表，并按银行要求递交支票交存资金和有关资料，银行开立信用卡存款账户，发给信用卡。需要注意的是所递交的支票应通过企业基本存款账户开出。企业根据银行盖章退回的进账单，编制分录：

借：其他货币资金——信用卡——××
　　贷：银行存款

(2) 企业使用信用卡支付有关费用或购物时，根据发票等相关原始凭证：

借：管理费用/销售费用等　　【记入相关账户】
　　贷：其他货币资金——信用卡——××

(3) 企业信用卡在使用过程中，如要续存资金时，需签发支票存入，并根据进账单编制分录：

借：其他货币资金——信用卡——××
　　贷：银行存款

【例 2-21】 2×19 年 12 月 1 日，华夏公司向中国建设银行山东路支行申请办理信用卡，递交支票交存资金 50 000 元，企业收到最后四位卡号为 7622 的信用卡，并根据进账单进行会计处理。

借：其他货币资金——信用卡——中国建设银行山东路支行 7622 卡　　50 000
　　贷：银行存款　　50 000

【例 2-22】 2×19 年 12 月 6 日，华夏公司专设销售机构用信用卡购办公用品共支付 3 390元，取得增值税专用发票，其中增值税 390 元。

借：销售费用——办公费 3 000

应交税费——应交增值税(进项税额) 390

贷：其他货币资金——信用卡——中国建设银行山东路支行 7622 卡 3 390

【例 2-23】 2×19 年 12 月 28 日，信用卡资金不足，华夏公司开出支票续存资金 40 000 元。

借：其他货币资金——信用卡——中国建设银行山东路支行 7622 卡 40 000

贷：银行存款 40 000

5. 信用证保证金存款的核算

信用证(Letter of Credit，L/C)，是指开证银行应申请人的要求并按其指示向第三方开立的载有一定金额的，在一定的期限内凭符合规定的单据付款的书面保证文件。信用证是国际贸易中最主要、最常用的支付方式。

信用证保证金按收款单位进行明细核算，如“其他货币资金——信用证保证金——德国 A 公司”。

(1) 开证申请人根据合同填写开证申请书并缴纳保证金，根据开户银行盖章退回的相关凭证，编制会计分录：

借：其他货币资金——信用证保证金——××

贷：银行存款

(2) 根据收到的供货单位信用证结算凭证及所附发票，并经核对无误后进行账务处理，如果保证金不足支付货款，则用“银行存款”补足：

借：原材料/库存商品等 【记入相关账户】

应交税费——应交增值税(进项税额)

贷：其他货币资金——信用证保证金——××

银行存款 【不足部分，以银行存款补足】

6. 存出投资款的核算

为了提高闲置资金的利用率，企业会在证券市场进行股票、债券等投资。

(1) 企业首先应向证券公司申请资金账户，账户的名称为本公司名称，然后将资金划入在证券公司开立的资金账户，如果以转账支票划款，“收款人”应填写本公司的名称。企业根据银行划款凭证：

借：其他货币资金——存出投资款

贷：银行存款

(2) 购买股票、债券等投资性金融资产时：

借：持有至到期投资等 【记入相关账户】

贷：其他货币资金——存出投资款

(3) 如需续存，则续存后根据相关凭证：

借：其他货币资金——存出投资款

　　贷：银行存款

账 簿 格 式

1. 库存现金日记账：详见表 2-3
2. 银行存款日记账：详见表 2-8
3. 其他货币资金明细账：详见表 2-11

表 2-11　　　　**其他货币资金明细账**

公司名称：华夏公司

账户名称：其他货币资金——银行汇票——蓝天公司　　　　单位：元

2×19 年		凭证号数	摘　要	借　方	贷　方	余　额
月	日					
12	6	银付 4	申请汇票，交存款项	120 000.00		120 000.00
12	9	币付 1	支付原材料款		116 000.00	4 000.00
12	10	币付 2	退回多余款		4 000.00	0.00
12	31		本月合计	120 000.00	120 000.00	0.00

与财务报告的关系

资产负债表中“货币资金”项目，反映企业库存现金、银行存款、外埠存款、银行汇票存款、银行本票存款、信用卡存款、信用证保证金存款、存出投资款等的合计数。本项目应根据“库存现金”“银行存款”“其他货币资金”账户期末余额的合计数填列。

【例 2-24】 华夏公司编制 2×19 年 12 月 31 日的资产负债表，“库存现金”总账账户余额为 35 000 元、“银行存款” 总账账户余额为 480 000 元、“其他货币资金” 总账账户余额为 260 000 元。问“货币资金”项目的期末余额应填列的金额是多少？

“货币资金”项目期末余额＝35 000＋480 000＋260 000＝775 000(元)

本 章 小 结

本章主要学习货币资金三个组成部分的核算。通过讲授，要求学生掌握现金的使用范围、库存现金限额及内部控制、现金与银行存款的序时核算与总分类核算、现金清查的核算、其他货币资金的核算；结合实务着重掌握备用金的核算以及银行存款余额调节表的编制。从而为处理企业涉及的各项经济业务结算奠定良好的基础。

本章重要概念

货币资金　库存现金　备用金　银行存款　银行存款余额调节表　其他货币资金

推荐阅读资料

[1]《企业会计准则——基本准则》(2014 年 7 月 23 日财政部修订发布,自 2014 年 7 月 23 日起施行)

[2]《企业会计准则——应用指南》(2006 年 10 月 30 日财政部发布,自 2007 年 1 月 1 日起在上市公司范围内施行)

[3] 陈立军. 中级财务会计[M]. 北京:中国人民大学出版社,2017.

第三章 存 货

内容简介

本章主要讲解存货的概念、特征、确认条件及分类，存货的初始计量，发出存货的计量，存货的期末计量，计划成本法以及存货的清查；本章重点为外购存货的会计处理、委托加工存货的会计处理、发出存货的计价方法、生产经营领用原材料的会计处理、生产经营领用周转材料的会计处理、销售库存商品的会计处理、销售原材料的会计处理、在建工程领用存货的会计处理、计划成本法的基本核算程序、存货跌价准备的计提方法、存货盘盈与盘亏的会计处理；本章难点为附有现金折扣条件的赊购会计处理、外购存货发生短缺的会计处理、委托加工应税消费品的会计处理、生产经营领用周转材料的会计处理、在建工程领用存货的会计处理、成本差异的形成与分摊、存货跌价准备的会计处理。

学习目的和要求

通过本章学习，应掌握以不同方式取得存货的成本构成、外购存货的会计处理、委托加工存货的会计处理、发出存货的计价方法、生产经营领用原材料的会计处理、生产经营领用周转材料的会计处理、销售库存商品的会计处理、销售原材料的会计处理、在建工程领用存货的会计处理、计划成本法的基本核算程序、存货跌价准备的计提方法、存货盘盈与盘亏的会计处理；明确存货的概念及特征，如哪些资产属于企业的存货范围等；了解存货的分类、存货可变现净值的确定及应遵循的各项规定。

引例 哪些属于企业的存货

如果你被邀请到华美冰箱厂参观，你看到了：

(1) 办公楼。

(2) 办公室里运行的空调。

(3) 材料库中的不锈钢板。

(4) 运输材料周转使用的塑料托盘。

(5) 车间生产线上的冰箱外壳。

(6) 成品库中的冰箱。

你能判断出哪些属于企业的存货吗?

等学习完本章后我们便能清楚地进行判断,并且还能够学习到取得存货的初始计量、发出存货的计量、存货的期末计量和存货发生盘盈及盘亏等的会计处理。

第一节　存货及其分类

一、存货的概念与特征

(一) 存货的概念

存货是指企业在日常活动中持有以备出售的产成品或商品、处在生产过程中的在产品、在生产过程或提供劳务过程中耗用的材料、物料等。

存货区别于固定资产等非流动资产的最基本的特征是,企业持有存货的最终目的是出售,包括可供直接销售的产成品、商品,以及需经过进一步加工后出售的原材料等。

(二) 存货的特征

存货具有如下主要特征。

1. 存货是一种具有物质实体的有形资产

存货包括原材料、周转材料、在产品、产成品或商品等各类具有物质实体的物资,有别于没有实物形态的金融资产、无形资产等。

2. 存货属于流动资产,具有较大的流动性

存货通常都将在1年或超过1年的一个营业周期内被销售或耗用,并不断地被重置,具有较强的变现能力和较大的流动性,因而属于流动资产。

3. 存货以在正常生产经营过程中被销售或耗用为目的而取得

存货区别于固定资产等非流动资产的最基本的特征是,企业持有存货的最终目的是出售,包括可供直接销售的产成品、商品,以及需经过进一步加工后出售的原材料等。

具体包括:

(1) 准备在正常经营过程中予以出售的,如产成品或商品以及准备直接出售的半成品等。

(2) 仍处于生产过程中、待制成产成品后再予以出售的,如在产品、半成品等。

(3) 在生产过程或提供劳务过程中准备耗用的,如材料和物料、周转材料等。

企业在判断一个资产项目是否属于存货时,必须考虑持有该项资产的目的,即在生产经营过程中的用途或所起的作用。

【例3-1】 以下不属于企业存货的有(　　)。

A. 为建造固定资产而购入的材料

B. 为生产产品而购入的原材料

C. 生产和销售机器设备的企业产成品库中的设备

D. 为生产产品使用的机器设备

E. 为国家储备的特种物资

F. 为国家储备的专项物资

分析:选项A,为建造固定资产而购入的材料属于工程物资,设置的账户为"工程物资",领用工程物资投入自营工程时,将其成本转入"在建工程"账户,工程完工,并达到预定可使用状态时,最终转入"固定资产"账户。"工程物资"账户的期末余额反映企业尚未使用的各项工程物资的实际成本,在资产负债表中"在建工程"项目填列,因此选项A不属于存货。选项D中为生产产品使用的机器设备,属于企业的固定资产,不属于存货。选项E和选项F因不参加企业的经营周转,也不属于存货。而选项B属于在生产过程中被耗用的存货,选项C是以销售为目的的存货。因此答案为选项A、D、E 、F。

4. 存货属于非货币性资产,存在价值减损的可能性

存货通常能够在正常生产经营过程中被销售或耗用,并最终转换为货币资金。但由于存货的价值易受市场价格、产品更新换代、商品过时或消费者偏好改变等因素的影响,存货能够转换的货币资金数额不固定或具有较大的不确定性。当存货长期不能被销售或耗用时,就有可能变为积压物资或需要降价销售,必将给企业带来损失。

二、存货的确认条件

企业在确认某项资产是否作为存货时,首先判断其是否符合存货的概念,在此前提下,应当同时满足以下两个条件,才能确认为存货。

(一) 与该存货有关的经济利益很可能流入企业

资产最重要的特征是预期会给企业带来经济利益。如果某一项目预期不能给企业带来经济利益,就不能确认为企业的资产。存货是企业的一项重要的流动资产,因此,对存货的确认,关键是判断其是否很可能给企业带来经济利益或其所包含的经济利益是否很可能流入企业。

通常,拥有存货的所有权是与该存货有关的经济利益很可能流入企业的一个重要标志。一般来说,凡企业拥有所有权的存货,无论存入何处,都应包括在企业的存货中;而尚未取得所有权或者已将所有权转移给其他企业的存货,即使存入企业,也不应包括在企业的存货中。

但需要注意的是,在有些交易方式下,存货实物的交付及所有权的转移与所有权上主要风险和报酬的转移可能并不同步,此时,存货的确认就应当注重交易的经济实质,而不能仅依据其所有权的归属。例如,通常情况下的售后回购交易,销货方在销售商品时,商品的所有权已经转移给了购货方,但由于销货方承诺将来回购商品,因而销货方仍然保留了商品所有权上的主要风险。该交易的实质是销售方以商品为质押向购货方融通资金,销货方通常并不确认销售收入,所销售的商品仍应包括在销售方的存货中。除非有确凿证据表明售后回购交易满足销售商品收入的确认条件,这时销售的存货才不属于销货方,而是属于购货方;等回购时,将回购的商品作为购买商品处理。

(二) 存货的成本能够可靠地计量

成本能够可靠地计量是资产确认的一项基本条件。存货作为企业资产的重要组成部分,要予以确认,并且其成本要能够可靠地计量。

存货的成本能够可靠地计量必须以取得的确凿证据为依据,并且其具有可验证性。如果存货成本不能可靠地计量,则不能确认为一项存货。比如,企业承诺的订货合同,由于并

未实际发生，不能可靠确定其成本，因此就不能确认为购买企业的存货。

三、存货的分类

（一）存货按经济用途的分类

企业的存货通常包括以下内容：

（1）**原材料**，指企业在生产过程中经加工改变其形态或性质并构成产品主要实体的各种原料及主要材料、辅助材料、外购半成品（外购件）、修理用备件（备品备件）、包装材料、燃料等。

延伸阅读3-1

工程物资

为建造固定资产等各项工程而储备的各种材料，虽然同属于材料，但是由于用于建造固定资产等各项工程，则不符合存货的定义，因此不能作为企业存货，而是作为工程物资进行核算，记入“工程物资”账户。在资产负债表中，工程物资项目反映企业尚未使用的各项工程物资的实际成本，这一项目应根据“工程物资”账户的期末余额填列。

（2）**在产品**，指企业正在制造、尚未完工的产品，包括正在各个生产工序加工的产品，以及已加工完毕但尚未检验或已检验但尚未办理入库手续的产品。

（3）**半成品**，指经过一定生产过程并已检验合格交付半成品仓库保管，但尚未制造完工成为产成品，仍需进一步加工的中间产品。

（4）**产成品**，指工业企业已经完成全部生产过程并验收入库，可以按照合同规定的条件送交订货单位，或者可以作为商品对外销售的产品。企业接受外来原材料加工制造的代制品和为外单位加工修理的代修品，制造和修理完成验收入库后应视同企业的产成品。

（5）**商品**，指商品流通企业外购或委托加工完成验收入库用于销售的各种商品。

（6）**周转材料**，指企业能够多次使用、但不符合固定资产定义的材料，如为了包装本企业商品而储备的各种包装物、各种工具、管理用具、玻璃器皿、劳动保护用品以及在经营过程中周转使用的容器等低值易耗品和建造承包商的钢模板、木模板、脚手架等其他周转材料。

但是，周转材料符合固定资产定义的，应当作为固定资产处理。

延伸阅读3-2

固定资产

《企业会计准则第4号——固定资产》给固定资产作了明确定义，固定资产是指同时具有下列特征的有形资产：①为生产商品、提供劳务、出租或经营管理而持有的；②使用寿命超过一个会计年度。

以下资产作为固定资产进行管理：

（1）属于生产经营主要设备的物品，使用寿命超过一个会计年度，无单价限制。

（2）不属于生产经营主要设备的物品，使用年限超过2年，单位价值在2 000元以上。

企业一般应设置“周转材料”账户核算其成本，将“包装物”与“低值易耗品”作为“周转材料”的二级科目。也可以单独设置“包装物”“低值易耗品”账户核算企业的包装物和低值易耗品。

（二）存货按存放地点的分类

在生产经营过程中，企业不断地购进、耗用和销售存货，因而存货分布于供、产、销各个

环节,通常包括:

(1) **在途存货**,指已经取得所有权但尚在运输途中或虽已运抵企业但尚未验收入库的存货,包括以下情况:

第一,已经取得所有权但尚在运输途中的存货。

第二,虽已运抵企业但尚未验收入库的存货。

(2) **在库存货**,指已经购进或生产完工并验收入库的各种原材料、周转材料、半成品、产成品以及商品。

(3) **在制存货**,指正处于本企业各生产工序加工制造过程中的在产品,以及委托外单位加工但尚未完成的材料物资。

(4) **在售存货**,指已发运给购货方但尚不能完全满足收入确认的条件,仍然应作为销货方存货的发出商品、委托代销商品等。

(三) 存货按取得方式的分类

存货按取得方式可分为外购的存货、自制的存货、委托加工的存货、投资者投入的存货、接受捐赠的存货、通过债务重组或非货币性资产交换取得的存货以及盘盈的存货等。

第二节 存货的初始计量

存货的初始计量,是指企业在取得存货时,对其入账价值的确定,存货的初始计量应以取得存货的实际成本为基础。

企业取得存货应当按照成本进行计量。存货成本包括采购成本、加工成本和其他成本三个组成部分。

存货的取得方式多种多样,如通过外购、自制、委托加工、接受捐赠、接受投资者投资、非货币性资产交换、债务重组、企业合并等方式取得存货,在不同的取得方式下,存货成本的具体构成内容并不完全相同。因此,在核算取得存货的实际成本时,应结合存货的取得方式分别确定。

一、外购存货

外购存货是企业取得存货的主要方式之一。企业外购存货主要包括原材料和商品。

(一) 外购存货的成本

1. 外购存货的成本内容

外购存货的成本即存货的采购成本,指企业物资从采购到入库前所发生的全部支出,包括购买价款、相关税费、运输费、装卸费、保险费以及其他可归属于存货采购成本的费用。

(1) 存货的购买价款,是指企业购入的材料或商品的发票账单上列明的价款,但不包括按规定可以抵扣的增值税额。

(2) 存货的相关税费,是指企业购买、自制或委托加工存货发生的进口关税、消费税、资源税和不能抵扣的增值税进项税额等应计入存货采购成本的税费。

(3) 其他可归属于存货采购成本的费用,即采购成本中除上述各项以外的可归属于存货采购成本的费用,如在存货采购过程中发生的仓储费、包装费、运输途中的合理损耗、大宗物资的市内运杂费、入库前的挑选整理费等。这些费用能分清负担对象的，应直接计入存货的采购成本；不能分清负担对象的，应选择合理的分配方法，分配计入有关存货的采购成本，可按所购存货的数量或采购价格比例进行分配。

2. 不应计入外购存货成本的相关费用

（1）市内零星货物运杂费、采购人员的差旅费、采购机构以及供应部门的经费等，一般不包括在存货的采购成本中。

（2）企业采购用于广告营销活动的特定产品，向客户预付货款未取得商品时，应作为预付账款进行会计处理，待取得相关商品时计入当期损益（销售费用）。企业取得广告营销性质的服务比照该原则进行处理。

3. 外购存货发生短缺、毁损等情况

对于在存货采购过程中发生毁损、短缺等情况，应及时查明原因，区别情况进行相应的会计处理：

（1）属于运输途中的合理损耗，应计入有关存货的采购成本。

（2）属于供货单位或运输单位的责任，应由责任人补足存货或赔偿货款，不计入存货的采购成本。需要特别注意的是，在由责任人赔偿货款时，涉及增值税的，应进行相应处理。

（3）属于自然灾害或意外事故等非常原因造成的存货短缺、毁损，报经批准后，扣除保险公司和过失人赔偿后的净损失，记入“营业外支出”账户。

4. 商品流通企业进货费用的处理

商品流通企业在采购商品过程中发生的运输费、装卸费、保险费以及其他可归属于存货采购成本的费用，应计入所购商品成本。在实务中，企业也可以将发生的运输费、装卸费、保险费以及其他可归属于存货采购成本的费用先进行归集，期末，按照所购商品的存销情况进行分摊。对于已售商品的进货费用，计入主营业务成本；对于未售商品的进货费用，计入期末存货成本。

商品流通企业采购商品的进货费用金额较小的，可以在发生时直接计入当期销售费用。

（二）外购存货的会计处理

在实务中，外购存货验收入库、收到发票等账单及货款结算在时间上有时同步完成，有时存在时间差。另外，在付款方式上存在赊购方式或预付货款等方式。因此，企业外购存货时也需根据实际情况进行相应的会计处理。

1. 存货验收入库与货款结算同时完成

1）账户的设置

在这种情况下，企业应于支付货款或开出商业承兑汇票，并且在存货验收入库后，根据发票账单等结算凭证确定存货的成本，对其确认入账。由于存货已验收入库，因此借记“原材料”“库存商品”“周转材料”等账户，贷记“银行存款”“其他货币资金”等账户，如以商业汇票支付货款，则贷记“应付票据”账户。

2）存货验收入库与货款结算同时完成的核算

借：原材料/库存商品等账户
　　应交税费——应交增值税（进项税额）　　【可以抵扣的增值税进项税额】
　贷：银行存款/其他货币资金/应付票据等账户　　【实际付款金额】

【例 3-2】 华夏公司 2×19 年 12 月 3 日从乙公司购入一批原材料，收到的增值税专用发票上注明材料价款 30 000 元，增值税 3 900 元；另外发生装卸费 1 200 元(不含税金额)、保险费 600 元(不含税金额)均收到增值税专用发票。款项已通过开出的银行承兑汇票支付，原材料已验收入库。

借：原材料	【30 000＋1 200＋600】	31 800	
应交税费——应交增值税(进项税额)	【3 900＋1 200×6%＋600×6%】	4 008	
贷：应付票据——乙公司			35 808

【例 3-3】 华夏公司 2×19 年 12 月 8 日购入一批原材料，收到的增值税专用发票上注明材料价款 100 000 元，增值税 13 000 元，另外支付运费 1 000 元(不含税价)，装卸费 500 元(不含税价)，并收到了运输单位开具的增值税专用发票。货款由工商银行电汇支付，运费及装卸费由中国银行的转账支票支付。原材料已验收入库。

分析：本题中，运费的增值税税率为 10%，装卸费的增值税税率为 6%，因此：

$$运费可抵扣的进项税额 = 1\ 000 \times 9\% = 90(元)$$
$$装卸费可抵扣的进项税额 = 5\ 00 \times 6\% = 30(元)$$

所以：

$$原材料的采购成本 = 100\ 000 + 1\ 000 + 500 = 101\ 500(元)$$
$$增值税进项税额 = 13\ 000 + 90 + 30 = 13\ 120(元)$$

借：原材料	101 500	
应交税费——应交增值税(进项税额)	13 120	
贷：银行存款——工商银行		113 000
银行存款——中国银行		1 620

2. 货款已结算但存货尚在运输途中

1) 账户的设置

企业已经支付货款或开出商业汇票，但存货尚在运输途中或虽已运达企业但尚未验收入库，首先应按发票账单等结算凭证确定存货成本，借记“在途物资”账户，此账户记录在途存货的成本，等到存货运达企业并验收入库后，再由“在途物资”账户转入“原材料”或“库存商品”等账户，即存货状态也由在途存货转为在库存货。

2) 货款已结算但存货尚在运输途中的核算

(1) 货在途。

借：在途物资
　　应交税费——应交增值税(进项税额)
　　贷：银行存款/应付票据等账户

(2) 运达企业并验收入库。

借：原材料/周转材料等账户
　　贷：在途物资

【例 3-4】 华夏公司 2×19 年 12 月 12 日购入一批原材料，收到的增值税专用发票上注明材料价款 50 000 元，增值税 6 500 元，款项已通过银行转账支付，但材料尚在运输途中。12 月 16 日，该批原材料运达企业并验收入库。

(1) 12月12日,货在途。

借:在途物资　　50 000
　　应交税费——应交增值税(进项税额)　　6 500
　　贷:银行存款　　　　56 500

(2) 12月16日,原材料运达企业并验收入库。

借:原材料　　50 000
　　贷:在途物资　　　　50 000

注意:12月16日,原材料运达企业并验收入库时,记入"原材料"的成本为"在途物资"的采购成本50 000元。

3. 存货已验收入库但货款尚未结算

1) 账户的设置

存货先到,结算凭证后到的情况下由于未收到发票账单等结算凭证,因而无法准确计算入库存货的实际成本,因此为了简化会计核算手续,在存货入库时可暂不作账务处理,如果本月月末发票账单仍未到达,为了反映企业资产(存货)及负债(应付账款)的情况,应将已入库的存货估价入账,借记"原材料""周转材料"等账户,贷记"应付账款——暂估应付账款——××",下月月初以红字分录冲回,如果下月月末发票账单仍未到,则依旧月末暂估,次月红字冲回。待结算凭证到达,企业付款或开出商业汇票后,按发票账单等结算凭证于收到结算凭证的当月确定存货的成本,对其确认入账。

2) 存货已验收入库但货款尚未结算的核算

(1) 存货已验收入库,但发票账单等结算凭证尚未到达。

暂不作会计处理。

(2) 本月内。

① 结算凭证到达企业,支付货款。

借:原材料/周转材料等账户
　　应交税费——应交增值税(进项税额)
　　贷:银行存款/应付票据等账户

② 月末时,结算凭证仍未到达,应暂估入账;如企业采用计划成本法,则以计划成本暂估入账,注意暂估时无进项税额,因为未收到结算凭证。

借:原材料/周转材料等账户
　　贷:应付账款——暂估应付账款——××

(3) 下月月初,针对上月月末的暂估分录编制红字分录冲回。

借:原材料/周转材料等账户
　　贷:应付账款——暂估应付账款——××

(4) 结算凭证到达,企业付款时。

借:原材料/周转材料等账户
　　应交税费——应交增值税(进项税额)
　　贷:银行存款/应付票据等账户

【例 3-5】 华夏公司 2×19 年 11 月 2 日从福林公司购入一批原材料,材料已验收入库,但发票账单等结算凭证尚未到达。月末时,结算凭证仍未到达,该批原材料估价 110 000 元。12 月 6 日,结算凭证到达企业,增值税专用发票上注明原材料价款 100 000 元,增值税进项税额 13 000 元,华夏公司开出银行承兑汇票一张,金额 113 000 元。

(1) 11 月 2 日,原材料已验收入库,但发票账单等结算凭证尚未到达。

暂不作会计处理。

(2) 11 月 30 日,结算凭证仍未到达,应暂估入账。

借:原材料　　110 000

　　贷:应付账款——暂估应付账款——福林公司　　110 000

(3) 12 月 1 日,编制红字分录冲回。

借:原材料　　[110 000]

　　贷:应付账款——暂估应付账款——福林公司　　[110 000]

(4) 12 月 6 日,结算凭证到达,企业开出银行承兑汇票。

借:原材料　　100 000

　　应交税费——应交增值税(进项税额)　　13 000

　　贷:应付票据——福林公司　　113 000

4. 采用预付账款方式购入存货

预付账款是指企业按照购货合同规定预付给供应单位的款项。企业预付货款后,有权要求供货方按照购货合同规定发货。预付账款必须以购销双方签订的购货合同为条件,按照规定的程序和方法进行会计核算。

1) 账户的设置

企业应设置"预付账款"账户核算预付账款的增减变动及结存情况,期末余额一般在借方,反映企业实际预付的款项,如果为贷方余额,则表示应付而未付的款项。该账户应按供货单位进行明细核算,如"预付账款——甲公司"。

2) 采用预付账款方式购入存货的核算

预付账款的核算包括预付款项、收到货物、结算三个方面。

核算原则:在核算的过程中应自始至终采用"预付账款"账户。

(1) 预付款时,按实付金额。

借:预付账款——××

　　贷:银行存款

(2) 存货验收入库,按供货单位的发票账单等结算凭证确定存货成本,按可抵扣的增值税借记"应交税费——应交增值税(进项税额)",同时转销"预付账款"。

借:原材料/库存商品等账户

　　应交税费——应交增值税(进项税额)

　　贷:预付账款——××

（3）结算，多退少补。

① 货款不足时，需补付。

借：预付账款——××
　　贷：银行存款

② 货款多支付，供货单位将多余款项退回。

借：银行存款
　　贷：预付账款——××

【结算时，多退少补的分录，先看银行存款是增加还是减少，增加借记“银行存款”，减少贷记“银行存款”，对方账户都是“预付账款”。】

如果在存货验收入库时，同时结算，那么（2）、（3）可以合并，即

A. 货款不足时，结算时补付。

借：原材料/库存商品等账户
　　应交税费——应交增值税（进项税额）
　　贷：预付账款——××　【结算前的账面余额】
　　　　银行存款　【付少，补付】

B. 货款多支付，结算时供货单位将多余款项退回。

借：原材料/库存商品等账户
　　应交税费——应交增值税（进项税额）
　　银行存款　【付多，退回】
　　贷：预付账款——××　【结算前的账面余额】

【实务中（2）、（3）是否合并，要根据经济业务发生的实际情况，如果同一天发生，则可合并，否则应按经济业务发生的当日分别编制相应分录。】

【例 3-6】 2×19 年 11 月 20 日，华夏公司预付星光公司 70 000 元，采购一批原材料。12 月 2 日星光公司交付原材料，并开具增值税专用发票，材料价款50 000 元，增值税 6 500 元。12 月 16 日华夏公司收到多支付的货款 13 500 元。

（1）11 月 20 日，预付账款。

	借方	贷方
借：预付账款——星光公司	70 000	
贷：银行存款		70 000

（2）12 月 2 日，材料验收入库。

	借方	贷方
借：原材料	50 000	
应交税费——应交增值税（进项税额）	6 500	
贷：预付账款——星光公司		56 500

（3）12 月 16 日，收到多付的款项。

	借方	贷方
借：银行存款	13 500	
贷：预付账款——星光公司		13 500

如果企业预付账款不多，也可不设置“预付账款”账户，而启用“应付账款”账户。当企业

预付款项时，借记“应付账款”账户，贷记“银行存款”账户。在收到存货以及结算时均使用“应付账款”账户，即自始至终采用“应付账款”账户。

【例 3-7】 资料同[例 3-6]，如果企业预付款项不多，启用“应付账款”账户进行核算。

(1) 11 月 20 日，预付账款。

借：应付账款——星光公司　　70 000
　　贷：银行存款　　70 000

(2) 12 月 2 日，材料验收入库。

借：原材料　　50 000
　　应交税费——应交增值税(进项税额)　　6 500
　　贷：应付账款——星光公司　　56 500

(3) 12 月 16 日，收到多付的款项。

借：银行存款　　13 500
　　贷：应付账款——星光公司　　13 500

5. 采用赊购方式购入存货

企业在购买材料、商品或接受劳务等经营活动时，会取得商业信用，如供货商在发货时同意给予买方 60 天的信用期限，买方可以在取得存货时不支付货款，而在不超过 60 天时支付货款，实际上买方取得了一项短期融资。在商业信用情况下，企业购买材料、商品或接受劳务等经营活动时便产生了赊购业务。

1) 账户的设置

企业应设置“应付账款”账户核算应付账款的增减变动及结存情况，期末余额一般在贷方，反映企业应支付的款项，如果余额在借方，则表示预付的款项。该账户应按供货单位进行明细核算，如“应付账款——乙公司”。

应付账款应于收到相关发票账单时按其注明的价值入账，具体包括：

(1) 材料、商品或劳务价款。

(2) 增值税进项税额。

(3) 销货方代购货方垫付的运杂费和包装费等(购货方应负担的)。

2) 采用赊购方式购入存货的核算

(1) 按赊购存货的发票账单等凭证确定存货成本，按可抵扣的增值税借记“应交税费——应交增值税(进项税额)”账户，同时确认“应付账款”。

借：原材料/在途物资等账户
　　应交税费——应交增值税(进项税额)
　　贷：应付账款——××

(2) 支付货款时，冲减“应付账款”。

借：应付账款——××
　　贷：银行存款

【例 3-8】 2×18 年 12 月 9 日，华夏公司从保立公司赊购一批周转材料。保立公司开具的增值税专用发票上注明价款 10 000 元，增值税 1 300 元，另外保立公司代垫运杂费及仓储费 1 000 元收到普通发票。根据购货合同规定，保立公司给予华夏公司的信用期限为 1 个月，华夏公司于 2×19 年 1 月 9 日支付全部款项。

(1) 2×18 年 12 月 9 日，赊购周转材料。

借：周转材料	【价款+运杂费及仓储费】	11 000	
应交税费——应交增值税(进项税额)		1 300	
贷：应付账款——保立公司			12 300

(2) 2×19 年 1 月 9 日，支付款项。

借：应付账款——保立公司	12 300	
贷：银行存款		12 300

3) 含现金折扣的赊购业务

如果销货方在赊销商品时为了尽快回笼资金，向购货方附有现金折扣条件，则会计处理有总价法和净价法两种方法，我国企业会计准则要求采用总价法。

在总价法下应付账款按实际交易金额入账，如果购货方在现金折扣期限内付款，则购货方取得的现金折扣(少付金额)作为一项理财收入，冲减当期的"财务费用"，即贷记"财务费用"。

现金折扣的表达方式如"2/10，1/20，N/30"，其表示"如能在 10 日内付款，可按价款的 2%享受现金折扣；如超过 10 日并在 20 日内付款，可按价款的 1%享受现金折扣；如超过 20 天付款，则不享受现金折扣，信用期限为 30 天"。

通常情况下，享受现金折扣的价款为不含增值税的价款。在实务操作中应以合同规定为准。

【例 3-9】 华夏公司已执行新会计准则，2×19 年 11 月 1 日，华夏公司从海天公司赊购一批原材料，并验收入库。海天公司开具的增值税专用发票上注明价款 60 000 元，增值税 7 800 元。海天公司为了鼓励华夏公司提前付款，根据购货合同规定，给华夏公司开出的现金折扣条件为"2/10，1/20，N/30"，假设现金折扣不考虑增值税。在折扣期内华夏公司不是极可能取得现金折扣，应采用总价法。

(1) 11 月 1 日，华夏公司收到原材料。

借：原材料	60 000	
应交税费——应交增值税(进项税额)	7 800	
贷：应付账款——海天公司		67 800

(2) 华夏公司支付款项。

① 假设在 2×19 年 11 月 8 日支付货款。

现金折扣＝60 000×2%＝1 200(元)

实际付款金额＝67 800－1 200＝66 600(元)

借：应付账款——海天公司	【账面余额】	67 800	
贷：银行存款	【借贷必平衡，差额】		66 600
原材料			1 200

② 假设在 2×19 年 11 月 16 日支付货款。

现金折扣＝60 000×1%＝600(元)

实际付款金额＝67 800－600＝67 200(元)

借：应付账款——海天公司　　67 800
　　贷：银行存款　　67 200
　　　　原材料　　600

③ 假设在 2×19 年 11 月 26 日支付货款。

由于超过了 20 日,因此不享受现金折扣,全额支付。

借：应付账款——海天公司　　67 800
　　贷：银行存款　　67 800

相关思考 3-1

在有现金折扣的情况下,销货方应如何进行账务处理(总价法)

[例 3-9]中,请编制出海天公司的会计分录:

(1) 11 月 1 日,海天公司销售业务发生时,根据有关销货发票。

借：应收账款——华夏公司　　67 800
　　贷：主营业务收入　　60 000
　　　　应交税费——应交增值税(销项税额)　　7 800

(2) 海天公司收到款项。

① 假设在 2×19 年 11 月 8 日收到货款。

现金折扣=60 000×2%=1 200(元)

实际收款金额=67 800−1 200=66 600(元)

借：银行存款　　66 600
　　主营业务收入　　1 200
　　贷：应收账款——华夏公司　　67 800

② 假设在 2×19 年 11 月 16 日收到货款。

现金折扣=60 000×1%=600(元)

实际收款金额=67 800−600=67 200(元)

借：银行存款　　67 200
　　主营业务收入　　600
　　贷：应收账款——华夏公司　　67 800

③ 假设在 2×19 年 11 月 26 日收到货款。

由于超过了 20 日,无现金折扣,全额收款。

借：银行存款　　67 800
　　贷：应收账款——华夏公司　　67 800

(三) 外购存货发生短缺的会计处理

对于在存货采购过程中发生毁损、短缺等情况,应及时查明原因,区别情况进行相应的会计处理。

(1) 尚待查明原因的短缺存货,应先将短缺存货的成本转入“待处理财产损溢——待处理流动资产损溢”账户。

(2) 待查明原因,区别情况进行相应的会计处理。

表 3-1　　**外购存货发生短缺的会计处理**

短缺原因	会计处理	会计账户
① 运输途中的合理损耗	应计入有关存货的采购成本	“原材料”“周转材料”等
② 供货单位责任	补足存货，冲减“应付账款”	“应付账款”（冲减为借方，货到为贷方）
	赔偿，冲减“应付账款”，同时需将进项税额转出	“应付账款”（借方）、“应交税费——应交增值税（进项税额转出）”（贷方）
③ 运输单位责任	赔偿，记入“其他应收款”，同时需将进项税额转出	“其他应收款”“应交税费——应交增值税（进项税额转出）”
④ 自然灾害或意外事故等非常原因	扣除保险公司和过失人赔款后的净损失记入“营业外支出”	“其他应收款”“营业外支出”

【例 3-10】 2×19 年 12 月 10 日，华夏公司从海川公司购入 A 材料 1 000 件，单位价格 30 元。海川公司开具的增值税专用发票上注明价款 30 000 元，增值税进项税额 3 900 元，款项已通过银行转账支付，但材料尚在运输途中。12 月 18 日，A 材料运达企业验收入库时发现短缺 60 件，原因待查。

（1）12 月 10 日，支付货款，材料尚在运输途中。

借：在途物资　　30 000
　　应交税费——应交增值税（进项税额）　　3 900
　　贷：银行存款　　33 900

（2）12 月 18 日，验收入库时发现短缺 60 件，原因待查，其余材料入库。

借：原材料　　【940 件×30 元】　　28 200
　　待处理财产损溢——待处理流动资产损溢　　【60 件×30 元】　　1 800
　　贷：在途物资　　30 000

（3）查明材料短缺的原因，进行相应的会计处理。

① 假定短缺的材料属于运输途中的合理损耗。

借：原材料　　1 800
　　贷：待处理财产损溢——待处理流动资产损溢　　1 800

② 假定短缺的材料为供货单位海川公司的责任。

A. 假定为海川公司少发货，经协商，由其补发材料。

借：应付账款——海川公司　　【冲减“应付账款”】　　1 800
　　贷：待处理财产损溢——待处理流动资产损溢　　1 800

收到海川公司补发的材料时。

借：原材料　　1 800
　　贷：应付账款——海川公司　　【货到】　　1 800

B. 假定为海川公司少发货，由于海川公司不再生产A材料，因此，经协商，由其赔偿。

借：应付账款——海川公司　　【存货成本＋进项税额转出】　　2 034
　　贷：待处理财产损溢——待处理流动资产损溢　　1 800
　　　　应交税费——应交增值税(进项税额转出)　　【1 800×13%】　　234

收到海川公司赔偿。

借：银行存款　　2 034
　　贷：应付账款——海川公司　　2 034

③ 假定短缺的材料为运达运输公司责任，经协商，由其赔偿。

借：其他应收款——运达运输公司　　【存货成本＋进项税额转出】　　2 034
　　贷：待处理财产损溢——待处理流动资产损溢　　1 800
　　　　应交税费——应交增值税(进项税额转出)　　【1 800×13%】　　234

收到运达运输公司赔偿。

借：银行存款　　2 034
　　贷：其他应收款——运达运输公司　　2 034

④ 假定材料短缺为台风造成，由保险公司赔偿1 000元，赔款已银行收讫。

借：银行存款　　1 000
　　营业外支出——非常损失　　【净损失】　　800
　　贷：待处理财产损溢——待处理流动资产损溢　　1 800

延伸阅读3-3

关于进项税额转出的相关规定

下列项目的进项税额不得从销项税额中抵扣，已抵扣的进项税额需转出：

(1) 非正常损失的购进货物及相关的应税劳务；

(2) 非正常损失的在产品、产成品所耗用的购进货物或者应税劳务。

非正常损失，指因管理不善造成的被盗、丢失、霉烂变质的损失。该规定对需要作进项税额转出的非正常损失作了限制性解释，仅列举了“因管理不善造成的被盗、丢失、霉烂变质的损失”3种情形，不包括自然灾害，存货自然灾害损失进项税不转出事实上是由国家相应承担了部分损失，此规定体现了国家在立法上人性化的原则。

[例3-10]中，由于台风造成的损失已经为1 800元，如果进项税额要求转出的话，则损失会增加288元。本例中损失金额相对较小，如果台风造成的损失非常大时，如损失200 000元，则计算的进项税额转出为32 000元，对于企业，无疑是雪上加霜。因此，税法规定因自然灾害造成损失的购进货物及相关劳务，不需要将已抵扣的进项税额转出。

二、自制存货

(一) 自制存货的成本

1. 自制存货的成本内容

企业通过进一步加工取得的存货主要包括产成品、在产品、半成品、委托加工物资等，其成本由采购成本、加工成本构成。某些存货还包括使存货达到目前场所和状态所发生的其他成本，如可直接认定的产品设计费用等。具体内容如下：

1）采购成本

采购成本是由所使用或消耗的原材料采购成本转移而来的。

2）存货加工成本

计量加工取得的存货的成本，重点是要确定存货的加工成本。存货的加工成本由直接人工和制造费用构成，其实质是企业在进一步加工存货的过程中追加发生的生产成本，不包括直接由材料存货转移来的价值。

企业在加工存货过程中发生的直接人工和制造费用，如果能够直接计入有关的成本核算对象，则应直接计入该成本核算对象。否则，应按照合理方法分配计入有关成本核算对象。分配方法一经确定，不得随意变更。

（1）直接人工是指企业在生产产品过程中直接从事产品生产的工人的职工薪酬。直接人工和间接人工的划分依据通常是生产工人是否与所生产的产品直接相关（即可否直接确定其服务的产品对象）。

直接人工的分配：

如果企业生产车间同时生产几种产品，则其发生的直接人工应采用合理方法分配计入各产品成本中。由于工资形成的方式不同，则直接人工的分配方法也不同。比如，按计时工资或者按计件工资分配直接人工。

（2）制造费用是指企业为生产产品和提供劳务而发生的各项间接费用。制造费用是一种间接生产成本，包括企业生产部门（如生产车间）管理人员的职工薪酬、折旧费、办公费、水电费、机物料消耗、劳动保护费、季节性和修理期间的停工损失等。

制造费用的分配：

由于企业各个生产车间或部门的生产任务、技术装备程度、管理水平和费用水准各不相同，因此，制造费用的分配一般应按生产车间或部门先进行归集，然后根据制造费用的性质，合理选择分配方法。也就是说，企业所选择的制造费用分配方法，必须与制造费用的发生具有较密切的相关性，并且使分配到每种产品上的制造费用金额科学合理，同时还应当适当考虑计算手续的简便。在各种产品之间分配制造费用的方法，通常有按生产工人工资、生产工人工时、机器工时、耗用原材料的数量或成本、直接成本（原材料、燃料、动力、生产工人工资等职工薪酬之和）及产成品产量等分配。

月末，企业应当根据在产品数量的多少、各月在产品数量变化的大小、各项成本比重大小以及定额管理基础的好坏等具体条件，采用适当的分配方法将直接人工、制造费用以及直接材料等生产成本在完工产品与在产品之间进行分配。常用的分配方法有：不计算在产品成本法、在产品按固定成本计价法、在产品按所消耗直接材料成本计价法、约当产量比例法、在产品按定额成本计价法、定额比例法等。

企业在进行成本计算时，应当根据其生产经营特点、生产经营组织类型和成本管理要求，确定成本计算方法。成本计算的基本方法有品种法、分批法和分步法三种。

企业具体选用哪种分配方法分配制造费用，由企业自行决定。分配方法一经确定，不得随意变更。如需变更，应当在财务报表附注中予以说明。

3）其他成本

其他成本是指除采购成本、加工成本以外，使存货达到目前场所和状态所发生的其他支出。例如，为特定客户设计产品所发生的可直接确定为该存货成本的设计费用、符合资本化条件的存货发生的借款费用、在生产过程中为使存货达到下一个生产阶段所必需的仓储费用等，如酿造企业为使产品达到规定的质量标准，必须经过储存过程，此储存过程是产品达到质量标准必不可少的环节，因此相关仓储费用应计入存货的成本。

企业发生的一般产品设计费用以及不符合资本化条件的借款费用，应当计入当期损益。

2. 不应计入存货成本的相关费用

下列费用不应当计入存货成本，而应当在其发生时计入当期损益：

(1) 非正常消耗的直接材料、直接人工及制造费用应计入当期损益，不得计入存货成本。例如，企业超定额的废品损失以及由自然灾害而发生的直接材料、直接人工及制造费用，由于这些费用的发生无助于使该存货达到目前场所和状态，不应计入存货成本，而应计入当期损益。

(2) 仓储费用。这里所说的仓储费用是指企业在采购入库后发生的储存费用，包括存货在加工环节和销售环节的一般仓储费用，应计入当期损益。

但是，在生产过程中为达到下一个生产阶段所必需的仓储费用则应计入存货成本。例如，某种酒类产品生产企业为使生产的酒达到规定的产品质量标准所必须发生的仓储费用，应计入酒的成本而不是计入当期损益。另外存货在采购过程中发生的仓储费用，应计入外购存货的成本。

(3) 不能归属于使存货达到目前场所和状态的其他支出，不符合存货的定义和确认条件，应在发生时计入当期损益，不得计入存货成本。

(二) 自制取得存货的会计处理

企业经过自行加工取得的存货验收入库时，按计算的实际成本，将存货由在制存货转为在库存货。

【例 3-11】 2×19 年 12 月 30 日，华夏公司的基本生产车间二车间制造完成一批甲产品，实际生产成本为 300 000 元，该批甲产品验收入库。

借：库存商品——甲产品	300 000	
贷：生产成本——基本生产成本——二车间——甲产品		300 000

三、委托加工存货

随着社会分工进一步细化，专业化生产和协作加强，又由于设备、技术、人力等方面的局限，则常常要委托其他单位代为加工存货，然后，将加工好的存货收回或直接销售。委托加工存货包括委托加工材料、包装物、低值易耗品、库存商品、半成品等。

委托加工是指由委托方提供原料和主要材料，受托方只代垫部分辅助材料，按照委托方的要求加工货物并收取加工费的经营活动。对于由受托方提供原材料生产的产品，或者受托方先将原材料卖给委托方，然后再接受加工的产品，以及由受托方以委托方名义购进原材料生产的产品，不论在财务上是否作销售处理，都不得作为委托加工产品，而应当按照销售自制产品进行相应的会计处理。

(一) 委托加工存货的成本

1. 委托加工存货的成本

委托加工存货的成本一般包括加工过程中实际耗用的存货成本、加工费、运输费、装卸费等,以及按规定应计入加工成本的相关税费。这里的相关税费是指不能抵扣的增值税进项税以及不能抵扣的消费税。

2. 委托加工应税消费品

根据税法规定,企业委托加工应税消费品时,除受托方为个人之外,应由受托方在向委托方交货时代收代缴消费税。

(1) 对于委托方收回后直接出售的应税消费品,由受托方代收代缴的消费税应直接计入委托加工物资的成本,即借记“委托加工物资”账户,待销售委托加工存货时,不需要再缴纳消费税。

(2) 对于委托方收回后用于连续生产的应税消费品,由受托方代收代缴的消费税准予抵扣,即借记“应交税费——应交消费税”账户,待连续生产的应税消费品生产完工并销售时,从生产完工的应税消费品应纳消费税额中抵扣。

(二) 委托加工存货的会计处理

1. 账户的设置

为了核算委托加工存货的成本,需设置“委托加工物资”账户,对于委托方收回后用于连续生产的应税消费品,对准予抵扣的由受托方代收代缴的消费税,应借记“应交税费——应交消费税”账户。“委托加工物资”账户如图 3-1 所示。

委托加工物资	
委托加工物资的成本	委托加工完毕转入存货项目的价值
余额:未完工的委托加工物资	

图 3-1　“委托加工物资”账户示意图

2. 委托加工存货的会计处理

根据《消费税暂行条例》的规定,委托加工应税消费品,按照受托方的同类消费品的销售价格计算缴纳消费税;没有同类消费品销售价格的,按照组成计税价格计算纳税。

$$\text{组成计税价格} = \frac{\text{材料成本} + \text{加工费}}{1 - \text{消费税税率}}$$

$$\text{应纳消费税额} = \text{组成计税价格} \times \text{消费税税率}$$

【例 3-12】 2×19 年 12 月 5 日,华夏公司发出一批 A 材料,委托丙公司加工成 B 材料(属于应税消费品)。发出 A 材料的实际成本为 16 000 元,另支付运杂费 1 000 元。2×19 年 12 月 20 日,华夏公司收回 B 材料,B 材料收回后用于连续生产;同日支付加工费 2 000 元(不含增值税额),及由丙公司代收代缴的消费税。适用的增值税税率为 13%,适用的消费税税率为 10%。

$$\text{应纳消费税额} = \frac{16\,000 + 2\,000}{1 - 10\%} \times 10\% = 2\,000(\text{元})$$

(1) 12 月 5 日,华夏公司发出一批 A 材料,并支付运杂费,收到增值税普通发票。

借:委托加工物资	17 000	
贷:原材料——A 材料		16 000
银行存款		1 000

(2) 12 月 20 日,华夏公司支付加工费及消费税。

借:委托加工物资　【加工费】	2 000	
应交税费——应交增值税(进项税额)	260	
——应交消费税　【连续生产,可抵扣】	2 000	
贷:银行存款		4 260

(3) 12 月 20 日,华夏公司收回加工完成的 B 材料。

借:原材料——B 材料	19 000	
贷:委托加工物资		19 000

账户核算如图 3-2 所示。

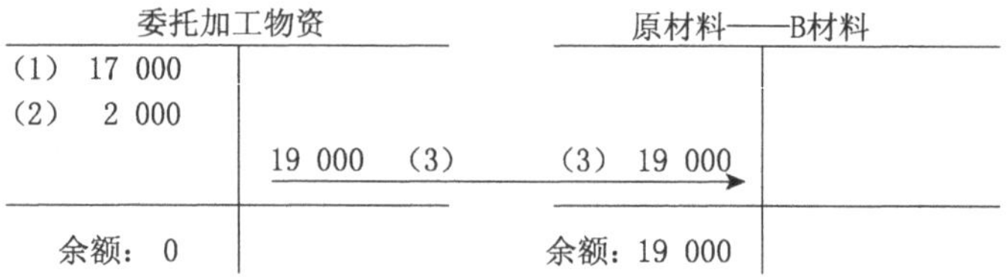

图 3-2　委托加工存货核算示意图

【例 3-13】 2×19 年 12 月 5 日,华夏公司发出一批 A 材料,委托丙公司加工成 B 产品(属于应税消费品)。发出 A 材料的实际成本为 16 000 元,另支付运杂费 1 000 元。2×19 年 12 月 20 日,华夏公司收回 B 产品,B 产品收回后直接出售;同日支付加工费 2 000 元(不含增值税额),及由丙公司代收代交的消费税。华夏公司适用的增值税税率为 13%,适用的消费税税率为 10%。

$$应纳消费税额 = \frac{16\ 000 + 2\ 000}{1 - 10\%} \times 10\% = 2\ 000(元)$$

(1) 12 月 5 日,华夏公司发出一批 A 材料,并支付运杂费,收到增值税普通发票。

借:委托加工物资	17 000	
贷:原材料——A 材料		16 000
银行存款		1 000

(2) 12 月 20 日,华夏公司支付加工费及消费税。

借:委托加工物资　【加工费+消费税】	4 000	
应交税费——应交增值税(进项税额)	260	
贷:银行存款		4 260

(3) 12 月 20 日,华夏公司收回加工完成的 B 产品。

借：库存商品——B产品　　21 000

　贷：委托加工物资　　21 000

账户核算如图 3-3 所示。

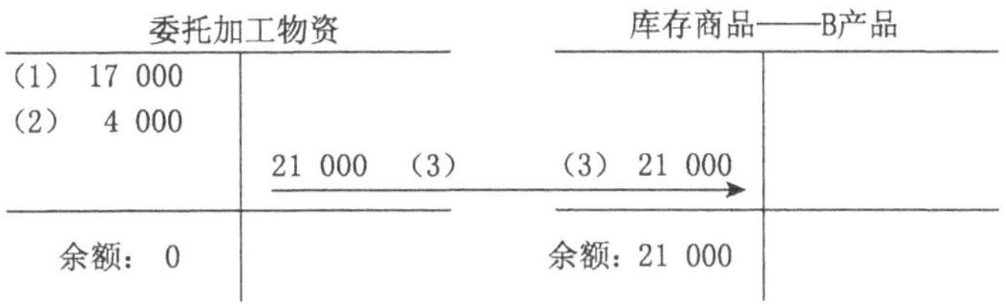

图 3-3　委托加工存货核算示意图

[例 3-12]与[例 3-13]不同之处在于委托加工的应税消费品收回后的目的不同，目的不同，受托方代收代缴消费税的会计处理也就不同。

第三节　发出存货的计量

一、存货成本流转假设

随着存货的取得，存货不断流入企业；随着存货的销售或耗用，存货从一个生产环节流向另一个生产经营环节，最终流出企业，这就形成了生产经营过程中的存货流转。

存货流转包括实物流转和成本流转两个方面。理想的状态是存货的成本流转与实物流转相一致，即取得存货时确定的存货入账成本应当随着该存货的销售或耗用而同步结转。但在实务中，企业的存货进出量很大，存货的品种多，存货的单位成本多变，在实际流转过程中，实物流转顺序和成本流转顺序一般是不一致的，则难以保证各种存货的成本流转与实物流转相一致。

会计上的处理方法是不强求存货的成本流转与实物流转相一致，只要按照一个假定的成本流转方式来确定发出存货的成本和库存存货的成本即可，这就出现了存货成本的流转假设。

二、发出存货成本的计量方法

采用某种存货成本流转的假设，在期末存货与发出存货之间分配成本，就产生了不同的存货成本分配方法，即发出存货成本的计量方法，如先进先出法、移动加权平均法、月末一次加权平均法、个别计价法、后进先出法等。由于采用不同的计量方法得出的发出存货及结存存货的成本各不相同，因此，发出存货成本计量方法的选择，将会影响企业的财务状况和经营成果。

企业应当根据各类存货的实物流转方式、企业管理的要求、存货的性质等实际情况，合理地选择发出存货成本的计量方法，以合理确定当期发出存货的实际成本。

对于性质和用途相似的存货，应当采用相同的成本计算方法确定发出存货的成本。

存货计价方法一经选定，前后各期应保持一致，并在会计报表附注中予以披露。

我国企业会计准则规定,企业在确定发出存货的成本时,可以采用先进先出法、移动加权平均法、月末一次加权平均法和个别计价法。

企业不得采用后进先出法确定发出存货的成本。

相关思考 3-2

我国企业会计准则为什么不允许采用后进先出法

后进先出法是以后入库的存货先发出这一存货成本流转假设为前提的,对先发出的存货成本计量按后入库的存货单位成本计价,后发出的存货成本计量按先入库的存货单位成本计价,据以确定本期发出存货和期末结存存货成本的一种方法。

按照后进先出法,期末存货的成本是按早期购货成本确定的,因此脱离了目前的市场价值,不能真实反映资产(存货)状况。

因此,我国企业会计准则规定,不允许采用后进先出法。

(一) 先进先出法

1. 定义

先进先出法是指以先购入的存货先发出(销售或耗用)这样一种存货实物流转假设为前提,对发出存货进行计价的一种方法。采用这种方法,先购入的存货成本在后购入存货成本之前转出,即先购入存货的成本先转出,据此确定发出存货和期末存货的成本。

2. 核算

【例 3-14】 2×19 年 12 月份,华夏公司 A 商品的期初结存和本期购销情况如表 3-2、表 3-3 所示。

表 3-2　**存货明细账**

存货名称及规格:A 商品　　数量单位:件　金额单位:元

2×19年		凭证编号	摘要	收入			发出			结存		
月	日			数量	单价	金额	数量	单价	金额	数量	单价	金额
12	01		期初余额							150	60	9 000
12	08	转字 03	销售				70					
12	15	银付 06	购进	100	62	6 200						
12	20	转字 08	销售				50					
12	24	转字 12	销售				90					
12	28	银付 16	购进	200	68	13 600						
12	30	银收 14	销售				60					
12	31		本月合计	300		19 800	270			180		

要求:采用先进先出法计算 A 商品本月发出和月末结存成本。

分析:先进先出法假定"先入库的存货先发出去",根据这一前提,即先入库存货的成本先转出,计入销售或耗用存货的成本应顺着收入存货批次的单位成本次序计算。

表 3-3　　存货明细账

存货名称及规格：A 商品　　数量单位：件　金额单位：元

2×16 年		凭证编号	摘要	收入			发出			结存		
月	日			数量	单价	金额	数量	单价	金额	数量	单价	金额
12	01		期初余额							150	60	9 000
12	08	转字 03	销售				70	60	4 200	80	60	4 800
12	15	银付 06	购进	100	62	6 200				80 100	60 62	11 000
12	20	转字 08	销售				50	60	3 000	30 100	60 62	8 000
12	24	转字 12	销售				30 60	60 62	5 520	40	62	2 480
12	28	银付 16	购进	200	68	13 600				40 200	62 68	16 080
12	30	转字 24	销售				40 20	62 68	3 840	180	68	12 240
12	31		本月合计	300		19 800	270		16 560	180	68	12 240

本月每次发出存货的成本、本月发出存货总成本和月末结存成本的计算如下：

(1) 本月每次发出存货的成本：

12 月 8 日发出 A 商品的成本＝70×60＝4 200(元)

12 月 20 日发出 A 商品的成本＝50×60＝3 000(元)

12 月 24 日发出 A 商品的成本＝30×60＋60×62＝5 520(元)

12 月 30 日发出 A 商品的成本＝40×62＋20×68＝3 840(元)

(2) 本月发出存货总成本＝4 200＋3 000＋5 520＋3 840＝16 560(元)

(3) 月末结存成本＝9 000＋19 800－16 560＝12 240(元)

或者

月末结存成本＝180×68＝12 240(元)

【说明：为了体现发出及结存存货金额的构成，以便于理解，因此将表 3-3 中的“数量”按不同的单价填写，实务账簿只填写数量总额。】

根据本例题，存货的计价方法仅是为了核算发出及结存存货的成本，与物品实际入库或发出的次序并无多大关系。

3. 优缺点

其优点是可以随时确定发出存货的成本，保证了产品成本和销售成本计算的及时性，并且期末存货成本是按最近购货成本确定的，比较接近现行的市场价值，以反映企业存货这项资产状况。

其缺点是计算比较繁琐、工作量大。先进先出法要求对发出的存货要逐笔进行计价并登记明细账的发出与结存，有时对同一批发出的存货要采用两个或两个以上的单位成本计价，核算手续比较繁琐，特别是对于存货进出量频繁的企业更是如此。

4. 对财务报告的影响

在物价上涨期间,会高估当期利润和期末存货的价值;在物价下跌期间,会低估当期利润和期末存货的价值。

(二) 月末一次加权平均法

1. 定义

月末一次加权平均法是指以当月全部进货数量加上月初存货数量作为权数,去除当月全部进货成本加上月初存货成本,计算出存货的加权平均单位成本,再以此为基础计算当月发出存货的成本和期末存货的成本的一种方法。

2. 核算步骤

(1) 计算出加权平均单位成本:

$$\text{加权平均单位成本}=\frac{\text{月初结存存货的成本}+\text{本月验收入库存货的成本}}{\text{月初结存存货的数量}+\text{本月验收入库存货的数量}}$$

(2) 计算月末结存存货的成本:

由于在计算加权平均单位成本时往往不能除尽,为了保证月末结存存货的数量、单位成本与总成本相一致,在实务中,应先按加权平均单位成本计算出月末结存存货的成本,然后倒挤本月发出存货的成本,并将计算的尾差倒挤到发出存货的成本中,这种方法叫**倒挤法**。

$$\text{月末结存存货的成本}=\text{加权平均单位成本}\times\text{月末结存存货的数量}$$

(3) 计算本月发出存货的成本:

$$\text{本月发出存货的成本}=\text{月初结存存货的成本}+\text{本月验收入库存货的成本}-\text{月末结存存货的成本}$$

【例 3-15】 2×19 年 12 月份,华夏公司 A 商品的期初结存和本期购销情况如表3-2所示,要求采用月末一次加权平均法计算 A 商品本月发出成本及月末结存成本。

(1) 加权平均单位成本$=\frac{9\ 000+19\ 800}{150+300}=64$(元/件)

(2) 月末结存存货的成本$=180\times64=11\ 520$(元)

(3) 本月发出存货的成本$=9\ 000+19\ 800-11\ 520=17\ 280$(元)存货明细账如 3-4 所示。

表 3-4　　**存 货 明 细 账**

存货名称及规格:A 商品　　数量单位:件　金额单位:元

2×19 年		凭证编号	摘要	收入			发出			结存		
月	日			数量	单价	金额	数量	单价	金额	数量	单价	金额
12	01		期初余额							150	60	9 000
12	08	转字 03	销售				70			80		
12	15	银付 06	购进	100	62	6 200				180		
12	20	转字 08	销售				50			130		

（续表）

2×19年		凭证编号	摘要	收　入			发　出			结　存		
月	日			数量	单价	金额	数量	单价	金额	数量	单价	金额
12	24	转字12	销售				90			40		
12	28	银付16	购进	200	68	13 600				240		
12	30	转字24	销售				60			180		
12	31		本月合计	300		19 800	270		17 280	180	64	11 520

3. 优缺点

采用月末一次加权平均法，只有月末一次计算加权平均单位成本并结转发出存货的成本，平时不对发出存货进行计价。因此，其优点是核算工作量小，简便易行，适合于存货收发比较频繁的企业。

其缺点是平时无法提供发出存货和结存存货的成本，不利于企业存货的管理。

（三）移动加权平均法

1. 定义

移动加权平均法是指以每次进货的成本加上原有库存存货的成本，除以每次进货数量与原有库存存货的数量之和，据以计算移动加权平均单位成本，作为在下次进货前计算各次发出存货成本的依据的一种方法。

该方法要求平时每入库一批存货，就要计算一个加权平均单位成本，并据以对其后结存存货及发出存货进行计价。

2. 核算步骤

(1) 计算移动加权平均单位成本：

$$\text{移动加权平均单位成本}=\frac{\text{原有存货的成本}+\text{本批验收入库存货的成本}}{\text{原有存货的数量}+\text{本批验收入库存货的数量}}$$

(2) 计算某批存货发出后结存存货的成本：

与月末一次加权平均法类似，移动加权平均法也采用倒挤法，即先按移动加权平均单位成本计算出某批存货发出后结存存货的成本，然后倒挤出某批发出存货的成本。

$$\text{某批存货发出后结存存货成本}=\text{移动加权平均单位成本}\times\text{某批存货发出后结存存货数量}$$

(3) 计算某批发出存货的成本：

$$\text{某批发出存货的成本}=\text{某批存货发出前存货的成本}-\text{某批存货发出后存货的成本}$$

【例3-16】 2×19年12月份，华夏公司A商品的期初结存和本期购销情况如表3-2所示，要求采用移动加权平均法计算A商品本月每次发出存货的成本、本月发出存货总成本和月末结存成本。（单价保留两位小数，金额保留整数）

存货明细账如表3-5所示。

表 3-5　　　　　　　　　　　　**存货明细账**

存货名称及规格:A 商品　　　　　　　　　　　　　　　　数量单位:件
　　　　　　　　　　　　　　　　　　　　　　　　　　　金额单位:元

2×19 年		凭证编号	摘要	收入			发出			结存		
月	日			数量	单价	金额	数量	单价	金额	数量	单价	金额
12	01		期初余额							150	60.00	9 000
12	08	转字 03	销售				70	60	4 200	80	60.00	4 800
12	15	银付 06	购进	100	62	6 200				180	61.11	11 000
12	20	转字 08	销售				50		3 056	130	61.11	7 944
12	24	转字 12	销售				90		5 500	40	61.11	2 444
12	28	银付 16	购进	200	68	13 600				240	66.85	16 044
12	30	转字 24	销售				60		4 011	180	66.85	12 033
12	31		本月合计	300		19 800	270		16 767	180	66.85	12 033

(1) 本月每次发出存货的成本:

A. 12 月 08 日,发出存货的成本=60×70=4 200(元)

B. 计算 12 月 20 日发出存货的成本:

① 12 月 15 日,购进后移动加权平均单位成本:

$$\text{移动加权平均单位成本} = \frac{4\ 800 + 6\ 200}{80 + 100} = 61.11(\text{元} / \text{件})$$

② 12 月 20 日,销售后的成本=61.11×130=7 944(元)

③ 12 月 20 日,发出存货的成本=发出前存货的成本－发出后存货的成本=11 000－7 944=3 056(元)

C. 计算 12 月 24 日发出存货的成本:

① 12 月 24 日,销售后的成本=61.11×40=2 444(元)

② 12 月 24 日,发出存货的成本=7 944－2 444=5 500(元)

D. 计算 12 月 30 日发出存货的成本:

① 12 月 28 日,购进后移动加权平均单位成本:

$$\text{权平均单位成本} = \frac{2\ 444 + 13\ 600}{40 + 200} = 66.85(\text{元} / \text{件})$$

② 12 月 30 日,销售后的成本=66.85×180=12 033(元)

③ 12 月 30 日,发出存货的成本=16 044－12 033=4 011(元)

(2) 本月发出存货的总成本=4 200+3 056+5 500+4 011=16 767(元)

(3) 月末 A 商品结存成本=12 月 30 日销售后的成本=66.85×180=12 033(元)

3. 优缺点

其优点是可以随时掌握发出存货和结存存货的成本,为存货的管理及时提供所需信息。其缺点是工作量较大,不适合存货收发较频繁的企业。

（四）个别计价法

1. 定义

个别计价法也称个别认定法、具体辨认法、分批实际法，其特征是注重所发出存货具体项目的实物流转与成本流转之间的联系，逐一辨认各批发出存货和期末存货所属的购进批别或生产批别，分别按其购入或生产时所确定的单位成本计算各批发出存货和期末存货的成本的一种方法。该方法把每一种存货的实际成本作为计算发出存货成本和期末存货成本的基础，即达到了存货的成本流转与实物流转完全一致。

对于不能替代使用的存货、为特定项目专门购入或制造的存货以及提供的劳务，通常采用个别计价法确定发出存货的成本，如房产、船舶、飞机、重型设备以及珠宝、名画等贵重物品。

在实际工作中，越来越多的企业采用计算机信息系统进行会计处理，个别计价法可以广泛应用于发出存货的计价，并且个别计价法确定的存货成本最为准确。

2. 核算

某批发出存货的成本＝该批存货发出数量×该批存货实际的单位成本

【例 3-17】 2×19 年 12 月份，华夏公司 A 商品的期初结存和本期购销情况如表 3-2 所示，20 日销售的存货中有 30 件属于期初结存的商品，有 20 件属于 15 日购进的商品，要求采用个别计价法计算 20 日发出存货的成本。

12 月 20 日发出 A 商品的成本 ＝ 30 × 60 ＋ 20 × 62 ＝ 3 040(元)

3. 优缺点

其优点是存货的成本流转与实物流转完全一致，因而能准确地反映本期发出存货和期末结存存货的成本。

其缺点是采用这种方法必须具备详细的存货收、发、结存记录，日常核算繁琐，存货实物流转的操作程序也很复杂。

三、发出存货的会计处理

企业持有存货有两个基本目的，即持有以备出售和持有以备继续加工或耗用。因此，企业应当根据各类存货的特点及用途，对发出存货进行相应的会计处理。

（一）生产经营领用原材料

原材料在生产经营过程中被领用，其原有实物形态会发生改变乃至消失，其成本也随之形成产品成本或直接转化为费用。企业应根据原材料的消耗特点，按发出原材料的用途，进行相应的会计处理。

【例 3-18】 华夏公司 2×19 年 12 月领用 C 材料的实际成本为 390 000 元，其中二车间甲产品基本生产领用 280 000 元、供电车间辅助生产领用 60 000 元、二车间一般耗用 40 000 元、管理部门领用 10 000 元。

借：生产成本——基本生产成本——二车间——甲产品——直接材料	280 000	
生产成本——辅助生产成本——供电车间——原材料	60 000	
制造费用——二车间——原材料	40 000	
管理费用——原材料	10 000	
贷：原材料——C 材料		390 000

(二) 生产经营领用周转材料

1. 周转材料的转销方法

企业的周转材料符合存货的定义和确认条件的,按照使用次数分次计入成本、费用。余额较小的,可在领用时一次计入成本、费用,以简化核算。但为加强实物管理,应当在备查簿上进行登记。

也就是说,企业应根据周转材料的消耗方式、价值大小、耐用程度等选择适当的转销方法,将其价值一次或分次计入有关成本、费用,方法有:

(1) 一次转销法:为简化核算,对于符合存货定义和确认条件且金额较小的周转材料,可以在领用时一次计入成本、费用,但为加强实物管理,应当在备查簿上进行登记。

(2) 分次摊销法:对于符合存货定义和确认条件且金额较大的周转材料,按照使用次数分次计入成本、费用。

2. 核算账户

由于企业领用周转材料的用途不同,则会计处理涉及的账户也不同,周转材料领用及相关账户如表 3-6 所示。

表 3-6 **生产经营领用周转材料**

领用部门	用　　途	涉及收入类账户	涉及成本、费用类账户
生产部门	构成产品实体一部分		生产成本
车间	一般性物料消耗		制造费用
销售部门	随同商品出售不单独计价的		销售费用
	随同商品出售并单独计价的	其他业务收入	其他业务成本
	用于出租的(销售产品时)	其他业务收入	其他业务成本
	用于出借		销售费用
管理部门	自用		管理费用

需要注意的是,周转材料报废时,残料作价入库或对外销售,均需冲销原入账账户,如原管理部门领用周转材料,采用一次转销法,领用时记入“管理费用”,报废时残料作价 200 元入库,则需冲销“管理费用”200 元,即贷记“管理费用”200 元。

【例 3-19】 华夏公司 2×19 年 12 月领用一批周转材料,账面价值为 28 000 元,其中三车间一般性物料消耗领用 16 000 元、供电车间辅助生产领用 10 000 元、管理部门领用 2 000 元。采用一次转销法进行核算。

借:制造费用——三车间——周转材料　　16 000
　　生产成本——辅助生产成本——供电车间——周转材料　　10 000
　　管理费用——周转材料　　2 000
　　贷:周转材料　　28 000

【例 3-20】 承[例 3-19],2×20 年 2 月,管理部门领用的周转材料报废,残料以原材料作价 300 元入库。

借:原材料　　300
　　贷:管理费用　　【冲销原入账账户】　　300

（三）销售存货

存货准则规定企业应当将已售存货的成本结转为当期损益，计入营业成本。这就是说，企业在确认存货销售收入的当期，应当将已售存货的成本结转为当期营业成本。

1. 销售库存商品、产成品

1）账户的设置

销售库存商品、产成品收入应记入“主营业务收入”账户，计算的增值税额，应贷记“应交税费——应交增值税（销项税额）”账户，成本结转至“主营业务成本”账户。

2）核算

存货为商品、产成品的，企业应采用先进先出法、移动加权平均法、月末一次加权平均法或个别计价法确定已销售商品的实际成本。

【例 3-21】 2×19 年 12 月，华夏公司向东盛公司销售一批库存商品，售价20 000 元，价款尚未收到。该批库存商品的成本为 16 000 元。

（1）确认收入：

借：应收账款——东盛公司	22 600	
贷：主营业务收入		20 000
应交税费——应交增值税（销项税额）		2 600

（2）结转成本：

借：主营业务成本	16 000	
贷：库存商品		16 000

2. 销售原材料

1）账户的设置

销售原材料时，收入应记入“其他业务收入”账户，计算的增值税额，应贷记“应交税费——应交增值税（销项税额）”账户，成本结转至“其他业务成本”账户。

2）核算

存货为非商品存货的，如材料等，应将已出售材料的实际成本予以结转，计入当期其他业务成本。这里所讲的材料销售不构成企业的主营业务。如果材料销售构成了企业的主营业务，则该材料为企业的商品存货，而不是非商品存货。

【例 3-22】 2×19 年 12 月，华夏公司向 G 公司销售一批不再使用的原材料，售价10 000元，价款银行已收。该批原材料的成本为 8 500 元。

（1）确认收入：

借：银行存款	11 300	
贷：其他业务收入		10 000
应交税费——应交增值税（销项税额）		1 300

（2）结转成本：

借：其他业务成本	8 500	
贷：原材料		8 500

延伸阅读3-4

已售存货计提的存货跌价准备的处理

对已售存货计提了存货跌价准备的,还应结转已计提的存货跌价准备,冲减当期主营业务成本或其他业务成本,实际上是按已售产成品或商品的账面价值结转主营业务成本或其他业务成本。企业按存货类别计提存货跌价准备的,也应按比例结转相应的存货跌价准备。

(四)在建工程领用存货

以自营方式建造固定资产的过程中领用存货,其账务处理如表3-7所示。

表3-7 **在建工程领用存货**

在建工程	领用外购原材料	领用自产产品
有形动产	借:在建工程 贷:原材料	借:在建工程 贷:库存商品
不动产	借:在建工程 贷:原材料	借:在建工程 贷:库存商品

1. 建造有形动产领用外购原材料或自产产品

建造有形动产领用外购原材料或自产产品应按外购原材料或自产产品的实际成本转入所建工程的成本。

【例3-23】 2×19年6月,华夏公司自制一台设备,领用了一批原材料,原材料的成本为20 000元,另外又领用了一批自产产品,产成品的成本为40 000元。

分析:自制一台设备,即有形动产,因此领用的存货均应按其实际成本转入在建工程的成本。

(1)领用原材料

借:在建工程 20 000
  贷:原材料 20 000

(2)领用自产产品

借:在建工程 40 000
  贷:库存商品 40 000

2. 建造不动产领用外购原材料或自产产品

(1)建造不动产领用外购原材料

借:在建工程
  贷:原材料

【例3-24】 2×19年7月,华夏公司自建车间,领用了一批原材料,原材料的成本为30 000元,原材料购入时已抵扣增值税进项税额3 900元。

领用时:

借:在建工程 30 000
  贷:原材料 30 000

(2)建造不动产领用自产产品

建造不动产领用自产产品应按自产产品的实际成本转入所建工程的成本。

借：在建工程
　　贷：库存商品

相关思考 3-3

如在建工程领用自产产品，如何进行会计处理？

2×19 年 6 月，华夏公司自建车间，领用了一批自产产品，产成品的成本为 40 000 元。

分析：由于自建工程为车间，即不动产，按自产产品的实际成本转入所建工程的成本：

借：在建工程　　40 000
　　贷：库存商品　　40 000

相关思考 3-4

哪些行为属于视同销售行为？

根据现行税法规定，下列行为应当视同销售：

(1) 将货物交付其他单位或者个人代销；

(2) 销售代销货物；

(3) 设有两个以上机构并实行统一核算的纳税人，将货物从一个机构移送至其他机构用于销售，但相关机构设在同一县(市)的除外；

(4) 将自产、委托加工的货物用于集体福利或个人消费；

(5) 将自产、委托加工或购买的货物作为投资；

(6) 将自产、委托加工或购买的货物用于分配给股东或投资者；

(7) 将自产、委托加工或购买的货物无偿赠送他人；

(8) 单位或者个体工商户向其他单位或者个人无偿提供服务，但用于公益事业或者以社会公众为对象的除外；

(9) 单位或者个人向其他单位或者个人无偿转让无形资产或者不动产，但用于公益事业或者以社会公众为对象的除外。

第四节　计划成本法

对于存货品种、规格、数量繁多，收发频繁的企业来说，如果存货采用实际成本法进行日常核算，则要求存货的收入和发出凭证、明细分类账、总分类账均按实际成本计价，工作量很大，核算成本也很高，同时会影响会计信息的及时性。为了简化存货的核算，企业可以采用计划成本法对存货的收入、发出及结存进行日常核算。目前，计划成本法在我国大中型企业中应用比较广泛。

计划成本是指在正常的市场条件下，企业取得存货应当支付的合理成本，其组成内容与实际成本完全一致，包括采购成本、加工成本和其他成本。

一、计划成本法的核算程序

计划成本法是指存货的日常收入、发出和结存均按预先制定的计划成本计价，并设置“材料成本差异”账户登记实际成本与计划成本之间的差异；月末，再通过对存货成本差异的分摊，将发出存货和结存存货的计划成本调整为实际成本进行反映的一种核算方法。

采用计划成本法进行存货日常核算的程序如下。

1. 制定存货的计划成本目录

采用计划成本法核算的前提是对每一品种、规格的存货制定计划成本，规定存货的分类以及各类存货的名称、规格、编号、计量单位和单位计划成本。

计划成本一般由财务部门会同采购等部门共同制定，因为采购部门比较了解市场情况。

计划成本法要求制定的计划成本应尽可能接近实际成本，以利于发挥计划成本的考核和控制功能。

除特殊情况外，计划成本在年度内一般不作调整。

2. 设置“材料成本差异”账户

1）“材料成本差异”账户

该账户登记存货实际成本与计划成本之间的差异，本账户的设置有两种方式：

（1）“材料成本差异”为总账账户，并分别“原材料”“周转材料”等按照类别或品种进行明细核算，如“材料成本差异——原材料”“材料成本差异——周转材料”等。

（2）在“原材料”“周转材料”等总账账户下设置“成本差异”明细账户进行核算，如“原材料——成本差异”“周转材料——成本差异”。

如果企业产成品采用计划成本法，则采用“产品成本差异”账户进行核算。

材料成本差异 ＝ 实际成本 － 计划成本

差为正数，表示实际成本大于计划成本，称作“超支差”；差为负数，表示实际成本小于计划成本，称作“节约差”。也就是说，“材料成本差异”账户的借方登记材料实际成本大于计划价格成本的超支额，贷方登记材料实际成本小于计划价格成本的节约额。

在发出材料时，先按计划成本结转，期末再将计划成本调整为实际成本。公式变换为：

实际成本 ＝ 计划成本 ＋ 材料成本差异

在这个式子中，材料成本差异是正数则加，是负数则减。

2）“材料成本差异”的主要账务处理

（1）入库材料发生的材料成本差异，实际成本大于计划成本的差异，借记本账户，贷记“材料采购”账户；实际成本小于计划成本的差异编制相反的会计分录。

（2）结转发出材料应负担的材料成本差异，应从本账户的贷方转入各有关账户，即借记“生产成本”“管理费用”“销售费用”“委托加工物资”“其他业务成本”等账户，贷记本账户；超支额用蓝字结转，节约额用红字结转，即借贷方的账户不变，金额用蓝字或红字书写，通常手工登账采用这种方法。

使用财务软件的企业，节约额转出采用编制相反会计分录的方法，即借记“材料成本差异——××”，贷记“生产成本”“制造费用”等账户。

（3）本账户期末借方余额，反映企业库存原材料等的实际成本大于计划成本的差异；贷方余额反映企业库存原材料等的实际成本小于计划成本的差异。

3. 设置“材料采购”账户

该账户的意义在于对购入存货的实际成本与计划成本进行对比。

该账户的借方登记购入存货的实际成本，贷方登记购入存货的计划成本，存货验收入库时将计算的实际成本与计划成本的差额，转入“材料成本差异”账户。

4. 计算存货的实际成本

存货的日常收入、发出、结存均按计划成本计价；月末，通过存货成本差异的分摊，将本月发出存货的计划成本和月末结存存货的计划成本调整为实际成本。

延伸阅读 3-5

“材料成本差异”账户的设置

“材料成本差异”账户的明细分类核算，可按材料类别进行，也可按全部材料合并进行。按材料类别进行明细分类核算，可使成本中材料费的计算比较正确，但要相应多设材料成本差异明细分类账，增加核算工作量。如果将全部材料合并一起核算，虽可简化核算工作，但会影响成本计算的正确性。

因此，在决定材料成本差异的明细分类核算时，既要考虑到成本计算的正确性，又要考虑核算时人力上的可能性。

二、存货的取得及成本差异的形成

企业购进存货时的实际成本登记在“材料采购”账户的借方；存货验收入库时，将计划成本登记在“材料采购”账户的贷方，“材料采购”账户借方与贷方的差额，即实际成本与计划成本的差额，由“材料采购”账户转入到“材料成本差异”账户，此时“材料成本差异”产生，即材料成本差异产生的时点是存货验收入库时。

材料成本差异 ＝ 实际成本 － 计划成本

对于已验收入库但月末仍未收到发票账单的存货，按计划成本暂估入库，次月月初再用红字编制相同的会计分录予以冲回；次月收到发票账单并结算时，按正常的程序进行会计处理，如果在次月月末仍未收到发票账单，则依旧在月末按计划成本暂估入库。即对于已验收入库，但月末仍未收到发票账单的存货，并不产生材料成本差异。

【例 3-25】 朝日公司的存货采用计划成本法核算。2×19 年 2 月 3 日，购入一批原材料，增值税专用发票上注明的价款为 50 000 元，增值税 6 500 元。货款已通过银行转账支付。2 月 5 日，材料验收入库。该批原材料的计划成本为55 000 元。

(1) 2×19 年 2 月 3 日，采购原材料，按实际成本入账：

借：材料采购	【实际成本】	50 000	
应交税费——应交增值税(进项税额)		6 500	
贷：银行存款			56 500

(2) 2×19 年 2 月 5 日。

① 原材料验收入库，按计划成本入账：

借：原材料	【计划成本】	55 000	
贷：材料采购	【计划成本】		55 000

② “材料采购”账户借贷方进行对比，产生材料成本差异：

借：材料采购	5 000	
贷：材料成本差异		5 000

[例 3-25](2)中,①及②可以合并,即验收入库和材料成本差异的产生由一个分录完成,即:

借:原材料	【计划成本】	55 000	
贷:材料采购	【实际成本】		50 000
材料成本差异	【差,节约】		5 000

本题原材料的计划成本为 55 000 元,实际采购成本为 50 000 元,节约 5 000 元,所以"材料成本差异"产生在贷方,为节约差额。

【例 3-26】 承[例 3-25],假设增值税专用发票上注明的价款为 60 000 元,增值税 7 800 元。

(1) 2×19 年 2 月 3 日,采购原材料,按实际成本入账:

借:材料采购	【实际成本】	60 000	
应交税费——应交增值税(进项税额)		7 800	
贷:银行存款			67 800

(2) 2×19 年 2 月 5 日。

① 原材料验收入库,按计划成本入账:

借:原材料	【计划成本】	55 000	
贷:材料采购	【计划成本】		55 000

② "材料采购"账户借贷方进行对比,产生材料成本差异:

借:材料成本差异	5 000	
贷:材料采购		5 000

[例 3-26](2)中,①及②可以合并,即验收入库和材料成本差异的产生由一个分录完成,即:

借:原材料	【计划成本】	55 000	
材料成本差异	【差,超支】	5 000	
贷:材料采购	【实际成本】		60 000

本题原材料的计划成本为 55 000 元,实际采购成本为 60 000 元,超支了 5 000 元,所以"材料成本差异"产生在借方,为超支差额。

通过[例 3-25]及[例 3-26]总结如下:

首先,只有在存货验收入库时,才能产生"材料成本差异"。

其次,差异产生分录的编制方法:对"材料采购"账户的借贷方进行对比,金额小的一方,就用"材料采购"账户补足,对方便为"材料成本差异"账户。如果"材料成本差异"在借方,便为超支差;如果在贷方,便为节约差。即编制②分录的方法是:对比(1)和(2)①中"材料采购"账户,哪方小就用"材料采购"账户补足,对方账户便是"材料成本差异"。"材料成本差异"挤到借方便是超支差,挤到贷方便是节约差。

[例 3-25](1)中"材料采购"为借方 50 000 元,(2)中①分录"材料采购"为贷方55 000 元,"材料采购"借方小,小 5 000,因此(2)中②分录需借记 5 000 补足,对方(贷方)便为"材料成本差异"账户,即分录为:借:材料采购 5 000,贷:材料成本差异 5 000。

本题计划成本为 5 5000 元，业务人员以 50 000 元的成本购入，可见节约了成本，分录中“材料成本差异”为贷方，体现了节约差。

[例 3-26](1)中“材料采购”为借方 60 000 元，(2)中①分录“材料采购”为贷方55 000元，“材料采购”贷方小，小 5 000，因此(2)中②分录需贷记 5 000 补足，对方(借方)便为“材料成本差异”账户，即分录为：借：材料成本差异 5 000，贷：材料采购 5 000。

本题计划成本为 5 5000 元，业务人员以 60 000 元的成本购入，可见成本超支，分录中“材料成本差异”为借方，体现了超支差。

延伸阅读 3-6

实务中对材料成本差异的操作

在会计实务中，为了简化收入存货和结转存货成本差异的核算手续，企业平时收到存货时，也可以先不记录存货的增加，也不结转形成的存货成本差异。

月末时，再将本月已付款或已开出、承兑商业汇票并已验收入库的存货，按实际成本和计划成本分别汇总，一次登记本月存货的增加，并计算和结转本月存货成本差异。

三、存货的发出及成本差异的分摊

企业采用计划成本法对存货进行日常核算，发出存货时先按计划成本计价；月末，再将月初结存存货的成本差异和本月取得存货形成的成本差异，在本月发出存货和期末结存存货之间进行分摊，将本月发出存货和期末结存存货的计划成本调整为实际成本。

(一) 计划成本法下存货的发出

采用计划成本法对存货进行日常核算，发出存货时先按计划成本计价。

【例 3-27】 昌盛公司 2×19 年 10 月 1 日，结存原材料的计划成本为 60 000 元，“材料成本差异——原材料”账户贷方余额为 2 000 元。10 月份验收入库并收到发票等结算凭证的原材料计划成本 500 000 元，实际成本 510 000 元，材料成本差异为超支 10 000 元。

10 月份领用原材料的计划成本为 520 000 元，其中一车间甲产品基本生产领用 420 000 元、供水车间辅助生产领用 80 000 元、一车间一般耗用 8 000 元、管理部门领用 2 000 元、对外销售 10 000 元。

按计划成本发出原材料：

借：生产成本——基本生产成本——一车间——甲产品——直接材料	420 000	
生产成本——辅助生产成本——供水车间——原材料	80 000	
制造费用——一车间——原材料	8 000	
管理费用——原材料	2 000	
其他业务成本　　　　【对外销售原材料】	10 000	
贷：原材料		520 000

(二) 发出存货成本差异的分摊

1. 发出存货成本差异分摊的相关规定

存货成本差异是随着存货的入库而产生，随着存货的出库而结转的。月初结存存货的成本差异和本月取得存货形成的成本差异，最终应由本月发出存货和期末结存存货来共同分摊，本月发出存货时，应根据发出存货的受益对象，将应由已消耗存货应负担的成本差异，从“材料成本差异”账户转入有关账户。

发出存货应负担的成本差异必须按月分摊,不得在季末或年末进行一次分摊。

2. 材料成本差异率

企业为了便于分摊存货成本差异,通常将材料成本差异率作为分摊存货成本差异的依据。

企业应当按照类别或品种(如原材料、周转材料等)对存货成本差异进行明细核算,并计算相应的材料成本差异率,不能使用一个综合差异率。在计算发出存货应负担的成本差异时,除委托外部加工发出的存货可按月初材料成本差异率计算外,其他情况发出的存货均应使用本月材料成本差异率。

$$\text{本月材料成本差异率}=\frac{\text{月初结存材料的成本差异}+\text{本月验收入库材料的成本差异}}{\text{月初结存材料的计划成本}+\text{本月验收入库材料的计划成本}}\times 100\%$$

$$\text{月初材料成本差异率}=\frac{\text{月初结存材料的成本差异}}{\text{月初结存材料的计划成本}}\times 100\%$$

在计算本月材料成本差异率时,本月收入存货的计划成本金额不应包括已验收入库但发票等结算凭证月末时尚未到达、企业按计划成本估价入账的原材料金额。

3. 成本差异的分摊

本月发出存货时,应根据发出存货的受益对象,将应由已消耗存货应负担的成本差异,从“材料成本差异”账户转入有关账户。

本月发出存货应负担的成本差异 = 发出存货的计划成本 × 本月材料成本差异率

企业在分摊发出存货应负担的成本差异时,由于实务中账务处理的手段不同,则方法也有所不同:

(1) 在手工登记账簿时,实际成本大于计划成本的超支差异,用蓝字登记;实际成本小于计划成本的节约差异,用红字登记。即

① 超支差异分摊时:

借:生产成本等账户　　　　【按受益对象】
　　贷:材料成本差异

② 节约差异分摊时:

借:生产成本等账户　　　　【按受益对象】□
　　贷:材料成本差异　　　　□

(2) 企业在使用财务软件的情况下,对于节约差异分摊时一般采用借贷相反的方法。即

① 超支差异分摊时,同手工账方法:

借:生产成本等账户　　　　【按受益对象】
　　贷:材料成本差异

② 节约差异分摊时,采用借贷方向相反的方法:

借:材料成本差异
　　贷:生产成本等账户　　　　【按受益对象】

【例 3-28】 承[例 3-27],要求对发出存货时,分摊材料成本差异进行账务处理。

(1) 计算本月材料成本差异率:

$$本月材料成本差异率=\frac{-2\ 000+10\ 000}{60\ 000+500\ 000}\times 100\%=1.43\%$$

(2) 分摊材料成本差异:

生产成本(基本生产成本)=420 000×1.43%=6 006(元)

生产成本(辅助生产成本)=80 000×1.43%=1 144(元)

制造费用=8 000×1.43%=114.40(元)

管理费用=2 000×1.43%=28.60(元)

其他业务成本=10 000×1.43%=143(元)

借:生产成本——基本生产成本——一车间——甲产品——原材料		6 006.00	
——辅助生产成本——供水车间——原材料		1 144.00	
制造费用——一车间——原材料		114.40	
管理费用——原材料		28.60	
其他业务成本		143.00	
贷:材料成本差异	【5 200 000×1.43%】		7 436.00

通过以上发出存货成本差异的分摊,将发出存货由计划成本调整为实际成本,如 10 月份因领用原材料产生的管理费用的实际成本为 2 028.60 元[2 000(计划成本)+28.60(超支调增)]。

(三) 月末计算存货的实际成本

月初结存存货的成本差异和本月取得存货形成的成本差异,由本月发出存货分摊之后的差异余额,实际就成为应由期末结存存货分摊的差异额。其金额为:

$$\text{“材料成本差异”账户月末余额}=\text{本账户期初余额}+\text{本期验收入库产生的成本差异额}-\text{发出存货分摊的差异额}$$

也就是说,期末结存存货原为计划成本,或加或减“材料成本差异”“产品成本差异”账户后,将材料或产成品的计划成本调整为实际成本。

月末结存存货的实际成本 = 结存存货的计划成本 + 结存存货应负担的超支差异

或

月末结存存货的实际成本=结存存货的计划成本−结存存货应负担的节约差异

即资产负债表中存货的期末余额体现的是实际成本,而非计划成本。

【例 3-29】 承[例 3-27]和[例 3-28],要求:计算结存原材料的实际成本,据以编制资产负债表。

(1) “原材料”账户期末余额(计划成本)=60 000+500 000−520 000 =40 000(元)

(2) “材料成本差异”账户期末余额=−2 000+10 000−7 436=564(元),期末余额为正数,表示超支。

(3) 结存原材料的实际成本=40 000+564=40 564(元)。

10 月月末编制资产负债表时,存货项目中的原材料存货,应当按原材料的实际成本 40 564 元参与计算。

相关思考3-5

资产负债表中“存货”项目如何填列

资产负债表中“存货”项目，反映企业期末在库、在途和在加工中的各种存货的可变现净值。

本项目应根据“材料采购”“在途物资”“原材料”“周转材料”“低值易耗品”“包装物”“委托加工物资”“生产成本”“发出商品”“库存商品”“委托代销商品”“受托代销商品”等账户的期末余额合计，减去“受托代销商品款”“存货跌价准备”账户期末余额后的金额填列；材料采用计划成本法核算，以及库存商品采用计划成本法或售价金额核算法核算的企业，还应按加或减材料成本差异、商品进销差价后的金额填列。

可见，采用计划成本法，期末存货还需加或减“材料成本差异”及“产品成本差异”账户之后的余额填列，即最终以实际成本进行填列。

四、计划成本法的优点

通过以上计划成本法的核算，不难看出，计划成本法具有如下优点。

1. 可以简化存货的日常核算手续

在计划成本法下，同一种存货只有一个单位计划成本，因此，存货明细账平时可以只登记收、发、存数量，而不必登记收、发、存金额。需要了解某项存货的收、发、存金额时，只以该项存货的单位计划成本乘以相应的数量即可求得，避免了繁琐的存货计价，简化了存货的日常核算手续。

2. 有利于考核采购部门的工作业绩

计划成本法的显著特点是可以通过实际成本与计划成本的比较，计算出实际成本脱离计划成本的差异，并通过差异的分析，寻求实际成本脱离计划成本的原因，据以考核采购部门的工作业绩，促使采购部门不断降低采购成本。

鉴于以上优点，计划成本法在我国大中型工业企业中应用比较广泛。

第五节 存货的期末计量

资产负债表日，当存货成本低于可变现净值时，存货按成本计量；当存货成本高于可变现净值时，存货按可变现净值计量，同时按照成本高于可变现净值的差额计提存货跌价准备，计入当期损益。即：资产负债表日，存货应当按照成本与可变现净值孰低法进行计量。

一、成本与可变现净值的含义

（一）成本

成本是指期末存货的实际成本。

(1) 采用先进先出法、加权平均法等存货计价方法，对发出存货（或期末存货）进行计价所确定的期末存货账面成本。

(2) 企业在日常核算中采用计划成本法或售价金额核算法核算的存货成本，实质上也是存货的实际成本。比如，采用计划成本法，通过“材料成本差异”或“产品成本差异”账户将材料或产成品的计划成本调整为实际成本；采用售价金额核算法，通过“商品进销差价”账户将商品的售价调整为实际成本（进价）。

（二）可变现净值

可变现净值是指在日常活动中，存货的估计售价减去至完工时估计将要发生的成本、估计的销售费用以及相关税费后的金额。存货的可变现净值由存货的估计售价、至完工时将要发生的成本、估计的销售费用和估计的相关税费等内容构成。可变现净值具有以下基本特征：

（1）确定存货可变现净值的前提是企业在进行日常活动，即企业在进行正常的生产经营活动。如果企业不是在进行正常的生产经营活动，如企业处于清算过程，那么不能按照存货准则的规定确定存货的可变现净值。

（2）可变现净值表现为存货的预计未来净现金流量，而不是简单地等于存货的售价或合同价。企业预计的销售存货现金流量，并不完全等于存货的可变现净值。存货在销售过程中可能发生的销售费用和相关税费，以及为达到预定可销售状态还可能发生的加工成本等相关支出，构成现金流入的抵减项目。企业预计的销售存货现金流量，扣除这些抵减项目后，才能确定存货的可变现净值。

（3）不同存货可变现净值的构成不同：

产成品、商品和用于出售的材料等直接用于出售的商品存货，在正常生产经营过程中，应当以该存货的估计售价减去估计的销售费用和相关税费后的金额确定其可变现净值。

需要经过加工的材料存货，在正常生产经营过程中，应当以所生产的产成品的估计售价减去至完工时估计将要发生的成本、估计的销售费用和相关税费后的金额确定其可变现净值。

二、确定存货的可变现净值应考虑的因素

企业在确定存货的可变现净值时，应当以取得的确凿证据为基础，并且考虑持有存货的目的、资产负债表日后事项的影响等因素。

（一）确定存货的可变现净值应当以取得的确凿证据为基础

确定存货的可变现净值必须建立在取得的确凿证据的基础上。这里所讲的"确凿证据"是指对确定存货的可变现净值和成本有直接影响的客观证明。

1. 存货成本的确凿证据

存货的采购成本、加工成本和其他成本及以其他方式取得存货的成本，应当以取得外来原始凭证、生产成本账簿记录等作为确凿证据。

2. 存货可变现净值的确凿证据

存货可变现净值的确凿证据，是指对确定存货的可变现净值有直接影响的确凿证明，如产成品或商品的市场销售价格、与产成品或商品相同或类似商品的市场销售价格、销货方提供的有关资料和生产成本资料等。

（二）确定存货的可变现净值应当考虑持有存货的目的

由于企业持有存货的目的不同，确定存货可变现净值的计算方法也不同，如用于出售的存货和用于继续加工的存货，其可变现净值的计算就不相同。因此，企业在确定存货的可变现净值时，应考虑持有存货的目的。企业持有存货的目的通常可以分为如下几种：

（1）持有以备出售的存货，如商品、产成品，其中又分为有合同约定的存货和没有合同约定的存货。

(2) 将在生产过程或提供劳务过程中耗用的存货，如材料等。

(三) 确定存货的可变现净值应当考虑资产负债表日后事项等的影响

确定存货可变现净值时，应当以资产负债表日取得最可靠的证据估计的售价为基础，并考虑持有存货的目的，资产负债表日至财务报告批准报出日之间存货售价发生波动的，如有确凿证据表明其对资产负债表日存货已经存在的情况提供了新的或进一步的证据，则在确定存货可变现净值时应当予以考虑，否则，不应予以考虑。

三、存货可变现净值确定的具体应用

对于企业持有的各类存货，在确定其可变现净值时，最关键的问题是确定估计售价。企业应当区分如下情况确定存货的估计售价：

(1) 为执行销售合同或者劳务合同而持有的存货，且销售合同订购数量等于企业持有存货数量的，通常应当以产成品或商品的合同价格作为其可变现净值的计算基础。

【例 3-30】 2×19 年 9 月 1 日，甲公司与乙公司签订了一份不可撤销的销售合同，双方约定，2×20 年 1 月 20 日，甲公司应按每台 31 万元的价格向乙公司提供 W1 型机器 10 台。

2×19 年 12 月 31 日，甲公司 W1 型机器的账面成本为 280 万元，数量为 10 台，单位成本为 28 万元。

2×19 年 12 月 31 日，W1 型机器的市场销售价格为 30 万元/台。假定不考虑相关税费和销售费用。

根据甲公司与乙公司签订的销售合同规定，该批 W1 型机器的销售价格已由销售合同约定，并且其库存数量等于销售合同约定的数量。因此，在这种情况下，计算 W1 型机器的可变现净值应以销售合同约定的价格 310 万元(31×10)作为计算基础。

(2) 如果企业持有存货的数量多于销售合同订购数量，超出部分的存货的可变现净值应当以产成品或商品的一般销售价格作为计算基础。

【例 3-31】 2×19 年 11 月 1 日，甲公司与乙公司签订了一份不可撤销的销售合同，双方约定，2×20 年 4 月 20 日，甲公司应按每台 30 万元的价格向乙公司提供 W2 型机器 12 台。

2×19 年 12 月 31 日，甲公司 W2 型机器的成本为 392 万元，数量为 14 台，单位成本为 28 万元。

根据甲公司销售部门提供的资料表明，向乙公司销售的 W2 型机器的平均运杂费等销售费用为 0.12 万元/台；向其他客户销售 W2 型机器的平均运杂费等销售费用为 0.1 万元/台。

2×19 年 12 月 31 日，W2 型机器的市场销售价格为 32 万元/台。

在本例中，能够证明 W2 型机器的可变现净值的确凿证据是甲公司与乙公司签订的有关 W2 型机器的销售合同、市场销售价格资料、账簿记录和公司销售部门提供的有关销售费用的资料等。

根据该销售合同规定，库存的 W2 型机器中的 12 台的销售价格已由销售合同约定，其余 2 台并没有由销售合同约定。因此，在这种情况下，对于销售合同约定的数量(12 台)的 W2 型机器的可变现净值应以销售合同约定的价格 30 万元/台作为计算基础，而对于超出部分(2 台)的 W2 型机器的可变现净值应以市场销售价格 32 万元/台作为计算基础。

$$
\begin{aligned}
\text{W2 型机器的可变现净值} &= (30\times12-0.12\times12)+(32\times2-0.1\times2) \\
&= (360-1.44)+(64-0.2) \\
&= 358.56+63.8 \\
&= 422.36(\text{万元})
\end{aligned}
$$

(3) 如果企业持有存货的数量少于销售合同订购数量，实际持有与该销售合同相关的存货应以销售合同所规定的价格作为可变现净值的计算基础。如果该合同为亏损合同，还应同时按照《企业会计准则第 13 号——或有事项》的规定确认预计负债。

(4) 没有销售合同约定的存货(不包括用于出售的材料)，其可变现净值应当以产成品或商品的一般销售价格(即市场销售价格)作为计算基础。

【例 3-32】 2×19 年 12 月 31 日，甲公司 W3 型机器的账面成本为 300 万元，数量为 10 台，单位成本为 30 万元。

2×19 年 12 月 31 日，W3 型机器的市场销售价格为 32 万元/台。预计发生的相关税费和销售费用合计为 1 万元/台。

甲公司没有签订有关 W3 型机器的销售合同。由于甲公司没有就 W3 型机器签订销售合同。因此，在这种情况下，计算 W3 型机器的可变现净值应以一般销售价格总额 320 万元(32×10)作为计算基础。

(5) 用于出售的材料等通常以市场价格作为其可变现净值的计算基础。这里的市场价格是指材料等的市场销售价格。如果用于出售的材料存在销售合同约定，应以合同价格作为其可变现净值的计算基础。

【例 3-33】 2×19 年 12 月 1 日，甲公司根据市场需求的变化，决定停止生产 W4 型机器。为减少不必要的损失，决定将原材料中专门用于生产 W4 型机器的外购 D 材料全部出售。2×19 年 12 月 31 日，其账面成本为 200 万元，数量为 10 吨。据市场调查，D 材料的市场销售价格为 10 万元/吨，同时可能发生销售费用及相关税费共计为 0.5 万元。

在本例中，由于企业已决定不再生产 W4 型机器。因此，该批 D 材料的可变现净值不能再以 W4 型机器的销售价格作为其计算基础，而应以其本身的市场销售价格作为计算基础。即

$$\text{该批 D 材料的可变现净值}=10\times10-0.5=99.5(\text{万元})$$

四、计提存货跌价准备的方法

(一) 企业通常应当按照单个存货项目计提存货跌价准备

企业通常应当按照单个存货项目计提存货跌价准备。在企业采用计算机信息系统进行会计处理的情况下，完全有可能做到按单个存货项目计提存货跌价准备。在这种方式下，企业应当将每个存货项目的成本与其可变现净值逐一进行比较，按较低者计量存货，并且按成本高于可变现净值的差额计提存货跌价准备。这就要求企业应当根据管理要求和存货的特点，明确规定存货项目的确定标准。比如，将某一型号和规格的材料作为一个存货项目，将某一品牌和规格的商品作为一个存货项目，等等。

(二) 对于数量繁多、单价较低的存货，可以按照存货类别计提存货跌价准备

如果某一类存货的数量繁多并且单价较低，企业可以按存货类别计量成本与可变现净

值,即按存货类别的成本总额与可变现净值总额进行比较,每个存货类别均取较低者确定存货期末价值。

【例 3-34】 甲公司的有关资料及存货期末计量如表 3-8 所示,假设甲公司在此之前没有对存货计提跌价准备。假定不考虑相关税费和销售费用。

表 3-8　**按存货类别计提存货跌价准备**

2×19 年 12 月 31 日　单位:元

商品	数量	成本		可变现净值		按存货类别确定的账面价值	计提的存货跌价准备
		单价	金额	单价	金额		
第一组							
A 商品	400	10	4 000	9	3 600		
B 商品	500	7	3 500	8	4 000		
合计			7 500		7 600	7 500	
第二组							
C 商品	200	50	10 000	48	9 600		
D 商品	100	45	4 500	44	4 400		
合计			14 500		14 000	14 000	500
第三组							
E 商品	700	100	70 000	80	56 000		
合计			70 000		56 000	56 000	14 000
总计			92 000		77 600	77 500	14 500

(三) 与在同一地区生产和销售的产品系列相关、具有相同或类似最终用途或目的,且难以与其他项目分开计量的存货,可以合并计提存货跌价准备

存货具有相同或类似最终用途或目的,并在同一地区生产和销售,意味着存货所处的经济环境、法律环境、市场环境等相同,具有相同的风险和报酬。在这种情况下,可以对该存货进行合并计提存货跌价准备。

(四) 存货存在下列情形之一的,通常表明存货的可变现净值低于成本

(1) 该存货的市场价格持续下跌,并且在可预见的未来无回升的希望。

(2) 企业使用该项原材料生产的产品的成本大于产品的销售价格。

(3) 企业因产品更新换代,原有库存原材料已不适应新产品的需要,而该原材料的市场价格又低于其账面成本。

(4) 因企业所提供的商品或劳务过时或消费者偏好改变而使市场的需求发生变化,导致市场价格逐渐下跌。

(5) 其他足以证明该项存货实质上已经发生减值的情形。

(五) 存货存在下列情形之一的,通常表明存货的可变现净值为零

(1) 已霉烂变质。

(2) 已过期且无转让价值。

(3) 生产中已不再需要,并且已无使用价值和转让价值。

(4) 其他足以证明存货已无使用价值和转让价值的情形。

需要注意的是,资产负债表日同一项存货中一部分有合同价格约定、其他部分不存在合同价格约定的,应当分别确定其可变现净值,并与其相对应的成本进行比较,分别确定存货跌价准备的计提或转回金额,由此计提的存货跌价准备不得相互抵销。

五、存货跌价准备的会计处理

(一) 存货跌价准备的计提和转回

1. 账户的设置

(1) 企业应设置"存货跌价准备"账户,核算企业计提的存货跌价准备,"存货跌价准备"是资产类(存货)的备抵账户。

(2) "资产减值损失"账户,该账户反映企业各项资产发生的减值损失,属损益类账户。

2. 存货跌价准备的计提和转回的会计处理

资产负债表日,企业应首先确定存货的可变现净值,在确定存货可变现净值的基础上,将存货的可变现净值与其成本进行比较,确定本期存货的减值金额,然后再将本期存货的减值金额与"存货跌价准备"账户原有的余额进行比较,按下列公式计算确定本期应计提的存货跌价准备金额:

$$\text{某期应计提的存货跌价准备} = \text{当期可变现净值低于成本的差额} - \text{“存货跌价准备”账户的原有余额}$$

通过以上公式,可见要得出某期应计提的存货跌价准备金额,需先求出当期可变现净值低于成本的差额,然后再与"存货跌价准备"账户原有的余额进行比较。

根据以上公式,会出现以下几种情况:

(1) 如果计提存货跌价准备前,"存货跌价准备"账户无余额,应按本期存货可变现净值低于成本的差额计提存货跌价准备。

(2) 如果本期存货可变现净值低于成本的差额大于"存货跌价准备"账户原有贷方余额,应按两者之差补提存货跌价准备。

(3) 如果本期存货可变现净值低于成本的差额等于"存货跌价准备"账户原有贷方余额,不需要计提存货跌价准备。

(4) 如果本期存货可变现净值低于成本的差额小于"存货跌价准备"账户原有贷方余额,表明以前引起存货减值的影响因素已经部分消失,存货的价值部分得以恢复,企业应当相应地恢复存货的账面价值,即按两者之差冲减已计提的存货跌价准备。

(5) 如果本期存货可变现净值高于成本,表明以前引起存货减值的影响因素已经完全消失,存货的价值全部得以恢复,企业应将存货的账面价值恢复至账面成本,即将已计提的存货跌价准备全部转回。

需要注意的是:转回的存货跌价准备与计提该准备的存货项目或类别应当存在直接对应关系;当符合存货跌价准备转回的条件时,应在原已计提的存货跌价准备的金额内转回。即转回的存货跌价准备应当以该项存货、该类存货或该合并存货原已计提的存货跌价准备金额为限(以将存货跌价准备的余额冲减至零为限),恢复后的存货账面价值不应超过该存货原先的入账成本。

【例 3-35】 华盛公司从 2×16 年度开始，对期末结存存货按成本与可变现净值孰低计量。自 2×16 年至 2×19 年，有关 C 商品期末计量的资料及相应的会计处理如下：

(1) 2×16 年 12 月 31 日，C 商品的账面成本为 100 000 元，可变现净值为 90 000 元。“存货跌价准备”原账户无余额。

可变现净值低于成本的差额＝100 000－90 000＝10 000(元)

由于“存货跌价准备”原账户无余额，因此：

当期应计提的存货跌价准备＝10 0000－0＝10 000(元)

借：资产减值损失　　　　10 000

　贷：存货跌价准备——C 商品　　　　10 000

在 2×16 年 12 月 31 日的资产负债表中，C 商品应按可变现净值 90 000 元进行列示。

技巧：在计算当期应计提的存货跌价准备金额时，可借助 T 型账户，如图 3-4 所示。

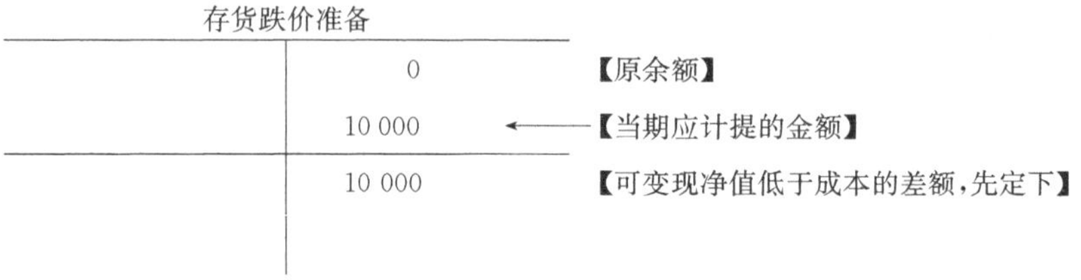

图 3-4　存货跌价准备的计提

(2) 2×17 年度，在转出 C 商品时，相应地结转了存货跌价准备 6 000 元。2×17 年 12 月 31 日，C 商品的账面成本为 105 000 元，可变现净值为 98 000 元。

可变现净值低于成本的差额＝105 000－98 000＝7 000(元)

“存货跌价准备”原账户余额＝10 000－6 000＝4 000(元)

当期应计提的存货跌价准备＝7 000－4 000＝3 000(元)

借：资产减值损失　　　　3 000

　贷：存货跌价准备——C 商品　　　　3 000

在 2×17 年 12 月 31 日的资产负债表中，C 商品应按可变现净值 98 000 元进行列示。即 105 000－7 000＝98 000(元)。

借助 T 型账户，如图 3-5 所示。

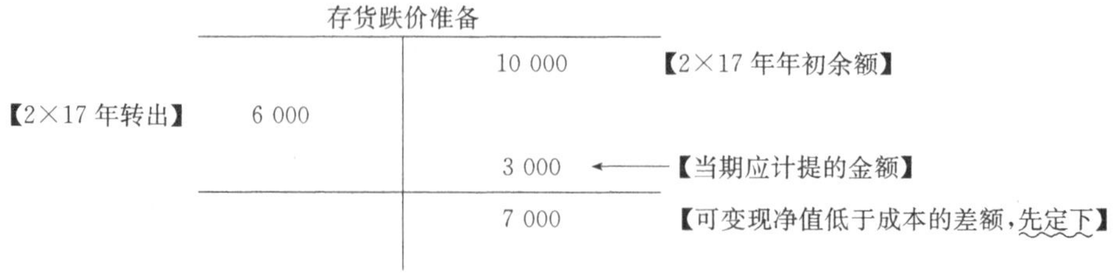

图 3-5　存货跌价准备的计提

(3) 2×18 年度，在转出 C 商品时，相应地结转了存货跌价准备 4 000 元。2×18 年 12 月 31 日，C 商品的账面成本为 86 000 元，可变现净值为 84 000 元。

可变现净值低于成本的差额＝86 000－84 000＝2 000(元)

“存货跌价准备”原账户余额＝7 000－4 000＝3 000(元)

当期应计提的存货跌价准备＝2 000－3 000＝－1 000(元)

借：存货跌价准备——C 商品　　　　1 000

　贷：资产减值损失　　　　　　　　　1 000

在 2×18 年 12 月 31 日的资产负债表中，C 商品应按可变现净值 84 000 元进行列示。即 86 000－2 000＝84 000(元)。

借助 T 型账户，如图 3-6 所示。

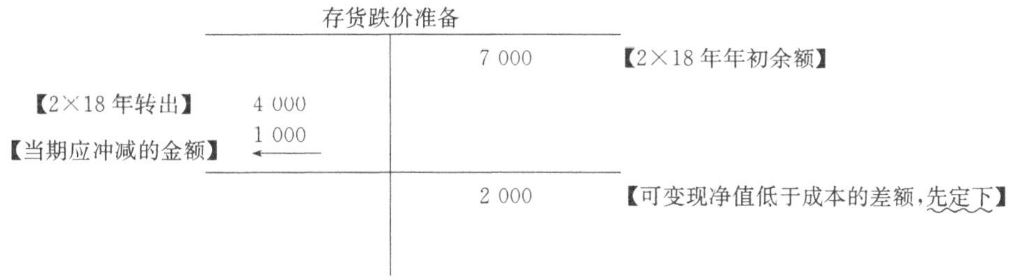

图 3-6　存货跌价准备的计提

(4) 2×19 年度，在转出 C 商品时，相应地结转了存货跌价准备 500 元。2×19 年 12 月 31 日，C 商品的账面成本为 70 000 元，可变现净值为 71 000 元。

由于可变现净值高于账面成本，应将存货的账面价值恢复至账面成本，即将已计提的存货跌价准备全部转回。因此，资产负债表日应以账面成本 70 000 作为期末账面价值，也就是说“存货跌价准备”账户余额为零。

“存货跌价准备”原账户余额＝2 000－500＝1 500(元)

借：存货跌价准备——C 商品　　　　1 500

　贷：资产减值损失　　　　　　　　　1 500

在 2×19 年 12 月 31 日的资产负债表中，C 商品应按账面成本 70 000 元进行列示。即 70 000－0＝70 000(元)。

借助 T 型账户，如图 3-7 所示。

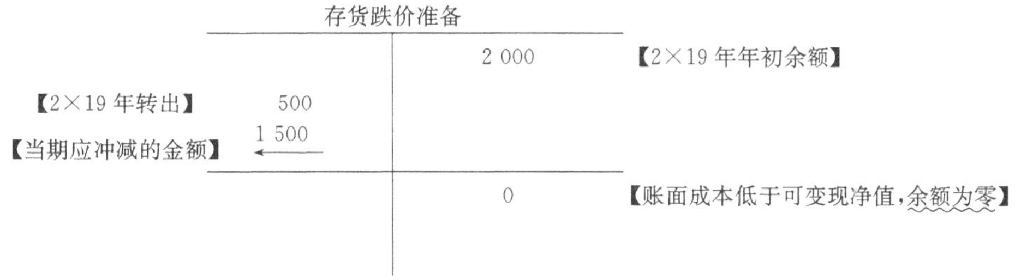

图 3-7　存货跌价准备的计提

(二) 存货跌价准备的结转

已经计提了跌价准备的存货，在生产经营领用、销售或其他原因转出时，应当根据不同情况，对已计提的存货跌价准备进行适当的会计处理。

(1) 生产经营领用存货时一般可不结转相应的存货跌价准备，待期末计提存货跌价准备时一并调整。

【例 3-36】 2×19 年 10 月华东公司生产丙产品领用一批 A 材料，领用 A 材料的账面余额为 40 000 元，相应的存货跌价准备为 2 000 元。

借：生产成本——基本生产成本——丙产品——直接材料	40 000	
贷：原材料——A 材料		40 000

(2) 销售存货，在结转销售成本时，应结转相应的存货跌价准备，即应按存货的账面价值结转销售成本。

【例 3-37】 2×19 年 11 月华东公司销售一批丙产品，售价 50 000 元，增值税销项税额 6 500 元，货款已通过银行收讫。丙产品的账面余额 40 000 元，已计提的存货跌价准备3 000 元，即账面价值 37 000 元。

① 确认收入：

借：银行存款	56 500	
贷：主营业务收入		50 000
应交税费——应交增值税(销项税额)		6 500

② 结转成本及存货跌价准备：

借：主营业务成本	37 000	
存货跌价准备——丙产品	3 000	
贷：库存商品——丙产品		40 000

(3) 可变现净值为零的存货，应当将其账面余额全部转销，同时转销相应的存货跌价准备，即将存货的账面价值全部转销。存货存在下列情形之一的，通常表明其可变现净值为零：① 已霉烂变质。② 已过期且无转让价值。③ 生产中已不再需要，并且已无使用价值和转让价值。④ 其他足以证明已无使用价值和转让价值。

【例 3-38】 2×19 年 12 月华东公司库存的丙产品已过保质期，不可再使用或销售。丙产品账面余额 18 000 元，已计提存货跌价准备 7 000 元。

借：管理费用	11 000	
存货跌价准备——丙产品	7 000	
贷：库存商品——丙产品		18 000

六、材料存货期末价值的确定

材料存货的期末价值应当以所生产的产成品的可变现净值与成本的比较为基础加以确定。

(1) 对于为生产而持有的材料等，如果用其生产的产成品的可变现净值预计高于成本，则该材料仍然应当按照成本计量。

这里的“材料”指原材料、在产品、委托加工材料等。“可变现净值高于成本”中的成本是指产成品的生产成本。

【例 3-39】 2×19 年 12 月 31 日，甲公司库存 A 材料的账面成本为 300 万元，市场销售价格总额为 280 万元(假定销售价格和成本均不含增值税)，假定不发生其他销售费用。用 A 材料生产的产成品(W5 型机器)的可变现净值高于成本。

根据上述资料可知，2×19 年 12 月 31 日，A 材料的账面成本高于其市场价格，但是由于用其生产的产成品（W5 型机器）的可变现净值高于成本，即用该原材料生产的最终产品此时并没有发生价值减损，因而，即使 A 材料的账面成本已高于市场价格，也不应计提存货跌价准备，仍应按 300 万元列示在 2×19 年 12 月 31 日的资产负债表的存货项目中。

（2）如果材料价格的下降表明产成品的可变现净值低于成本，则该材料应当按可变现净值计量，按其差额计提存货跌价准备。

【例 3-40】 2×19 年 12 月 31 日，甲公司库存 B 材料的账面成本为 120 万元，单位成本为 1.2 万元，数量为 100 件，可用于生产 100 台 W6 型机器。B 材料的市场销售价格为 1.1 万元/件。假定不发生其他销售费用。

B 材料市场销售价格下跌，导致用 B 材料生产的 W6 型机器的市场销售价格也下跌，由此造成 W6 型机器的市场销售价格由 3 万元/台降为 2.7 万元/台，但生产成本仍为 2.8 万元/台。将每件 B 材料加工成 W6 型机器尚需投入 1.6 万元，估计发生运杂费等销售费用 0.1 万元/台。

根据上述资料，可按照以下步骤确定 B 材料的可变现净值。

首先，计算用该原材料所生产的产成品的可变现净值：

W6 型机器的可变现净值＝W6 型机器估计售价－估计销售费用－估计相关税费

＝2.7×100－0.1×100＝260（万元）

其次，将用该原材料所生产的产成品的可变现净值与其成本进行比较：

W6 型机器的可变现净值 260 万元小于其成本 280 万元，即 B 材料价格的下降表明 W6 型机器的可变现净值低于成本，因此 B 材料应当按可变现净值计量。

最后，计算该原材料的可变现净值：

B 材料的可变现净值＝W6 型机器的售价总额－将 B 材料加工成 W6 型机器尚需投入的成本－估计销售费用－估计相关税费＝2.7×100－1.6×100－0.1×100＝100（万元）

B 材料的可变现净值 100 万元小于其成本 120 万元，因此 B 材料的期末价值应为其可变现净值 100 万元，即 B 材料应按 100 万元列示在 2×12 年 12 月 31 日资产负债表的存货项目中。

第六节　存货的清查

一、存货清查的意义与方法

（一）存货清查的意义

存货是企业资产的重要组成部分，具有较强的流动性。而且企业存货的品种繁多，数量大，收发领退频繁；可能因日常收发计量、计算上的误差，验收不严，自然损耗与自然升溢，丢失毁损，贪污盗窃等情况造成存货账实不符；或者企业由于盲目采购、生产，导致某些材料、产品发生超储和积压的现象。

为了加强对存货的控制，维护存货的安全完整，查清上述情况和原因，企业应当定期或不定期地对存货的实物进行盘点和抽查，以确定存货的实有数量，并与账面记录进行核对，确保存货账实相符。企业至少应当在编制年度财务会计报告之前，对存货进行一次全面的清查盘点。

(二) 存货清查的方法

存货的清查是保护存货的安全与完善的重要手段,也是改进和加强存货管理,挖掘企业内部资源,加速企业资金周转的措施。

存货清查主要采用实地盘点法,就是通过点数、过磅、量尺、计算等方法点清存货的数量,并鉴定其质量。对大堆、廉价和笨重的存货,可以采用技术测量法或估算法确定其实存数量。

在每次进行清查盘点时,应将已经收发的存货数量全部登记入账,并准备盘点清册,抄列各种存货的编号、名称、规格和存放地点。盘点时,应在盘点清册上逐一登记各种存货的账面结存数量和实存数量,并进行核对。

盘点结束后,对于账实不符的存货,应查明原因,分清责任;对于残次变质的存货,应查明形成的原因和责任人。并根据清查的结果,编制存货盘存报告单,作为存货清查的原始凭证。存货盘存报告单如表 3-9 所示。

在进行存货清查盘点时,如果发现存货盘盈或盘亏,应于期末前查明原因,提出处理意见,并根据企业的管理权限,报经股东大会或董事会,或经理(厂长)会议或类似机构批准后,在期末结账前处理完毕。

表 3-9　**存货盘存报告单**

××年××月××日

编号	规格	名称	计量单位	单价	账存		实存		盘盈		盘亏		原因
					数量	金额	数量	金额	数量	金额	数量	金额	

盘点人(签章)　　保管人(签章)　　批准处理人(签章)

二、存货盘盈、盘亏的会计处理

(一) 账户的设置

企业应设置“待处理财产损溢——待处理流动资产损溢”账户,以进行存货盘盈及盘亏的账务处理。

(二) 存货盘盈

存货盘盈是指存货的实存数量超过账面结存数量的差额。存货发生盘盈,应按重置成本作为盘盈存货的入账价值,及时予以登记入账;待查明原因,按管理权限报经批准处理后,冲减当期管理费用。

【例 3-41】 华夏公司在 2×19 年 10 月 31 日的存货清查中盘盈一批 B 材料,重置成本为 9 000 元。

(1) 发现盘盈:

借:原材料——B 材料　9 000

　贷:待处理财产损溢——待处理流动资产损溢　9 000

(2) 经批准,进行会计处理:

借:待处理财产损溢——待处理流动资产损溢　9 000

　贷:管理费用　9 000

(三) 存货盘亏

存货盘亏是指存货的实存数量少于账面结存数量的差额。存货发生盘亏，应将其账面价值及时转销，涉及增值税的，还应进行相应处理；待查明原因，按管理权限报经批准后，根据造成存货盘亏或毁损的原因，分别以下情况进行处理：

(1) 属于计量收发差错和管理不善等原因造成的存货短缺，应先扣除残料价值、可以收回的保险赔偿和过失人赔偿，将净损失记入“管理费用”。

(2) 属于定额内自然损耗造成的短缺，记入“管理费用”。

(3) 属于自然灾害等非常原因造成的存货毁损，应先扣除处置收入(如残料价值)、可以收回的保险赔偿和过失人赔偿，将净损失记入“营业外支出”。

【例 3-42】 华夏公司在 2×19 年 10 月 31 日的存货清查中盘亏一批 C 材料，账面成本为 10 000 元，相应的增值税额为 1 300 元。

(1) 发现盘亏：

借：待处理财产损溢——待处理流动资产损溢	10 000	
贷：原材料——C 材料		10 000

(2) 查明原因，报经批准，进行会计处理：

① 假设属于收发计量差错：

借：管理费用	10 000	
贷：待处理财产损溢——待处理流动资产损溢		10 000

② 假设属于定额内自然损耗：

借：管理费用	10 000	
贷：待处理财产损溢——待处理流动资产损溢		10 000

③ 假设属于管理不善造成的毁损，应收保险赔款 5 000 元：

借：其他应收款——应收保险赔款	5 000	
管理费用　　　　【差】	6 300	
贷：待处理财产损溢——待处理流动资产损溢		10 000
应交税费——应交增值税(进项税额转出)		1 300

④ 假设属于台风造成的毁损，收到保险赔款 4 000 元：

借：银行存款	4 000	
营业外支出　　　【差】	6 000	
贷：待处理财产损溢——待处理流动资产损溢		10 000

如果盘盈或盘亏的存货在期末结账前尚未经批准处理，在对外提供财务报告时，应先按上述方法进行会计处理，并在财务报表附注中作出说明。如果其后批准处理的金额与已处理的金额不一致，应当调整当期财务报表相关项目的年初数。

会计职业道德 3-1

存 货 管 理

《企业内部控制应用指引第 8 号——资产管理》第二章对存货管理有以下规定：

第五条　企业应当引入现代物流管理理念，规范存货管理流程，明确存货取得、验收入库、仓储保管、领用发出、盘点处置等环节的管理要求,充分利用信息系统,强化会计等相关记录,确保存货管理全过程的风险得到有效控制。

第六条　企业应当建立存货管理岗位责任制,明确内部相关部门和岗位的职责权限,切实做到办理存货业务的不相容岗位相互分离、制约和监督。

企业内部除存货管理部门及仓储人员外,其他部门和人员接触存货,应当经过相关部门特别授权。

第七条　企业应当重视存货验收工作,规范存货验收程序和方法,对入库存货的质量、数量、技术规格等方面进行查验,验收无误方可入库。

外购存货的验收,应当重点关注合同、发票等原始单据与实物核对一致。涉及技术含量较高的货物,必要时可委托具有检验资质的机构或聘请外部专家协助进行。

自制存货的验收,应当重点关注产品质量,通过检验合格的半成品、产成品才能作为存货办理入库手续,不合格品应查明原因、落实责任、报告处理。

其他方式取得存货的验收,应当重点关注存货来源、质量状况、实有价值是否符合有关合同或协议的约定。

第八条　企业应当建立存货保管制度,定期对存货进行检查,至少关注下列事项:

(一) 存货在不同仓库之间流动时应当办理出入库手续。

(二) 应当按仓储物资所要求的储存条件贮存,并建立和健全防火、防盗、防潮、防病虫害和防变质等措施。

(三) 企业应当加强生产现场的材料、低值易耗品、半成品等物资的管理,防止浪费、被盗和流失。

(四) 对代管、代销、暂存、受托加工的存货,应单独存放和记录,避免与本单位存货混淆。

(五) 结合企业实际情况,加强存货的保险投保,保证存货安全,合理降低存货意外损失风险。

账簿格式

原材料明细账如表 3-10 所示。

表 3-10　**原材料明细账**

公司名称:华夏公司　　　　计量单位:件

账户名称:原材料——A 材料　　　　库存地点:第一材料库

2×19 年		凭证号数	摘要	借方			贷方			余额		
月	日			数量	单价	金额	数量	单价	金额	数量	单价	金额
01	01		上年结转							20	50	1 000
01	6	银付 10	购买材料	10	50	500				30	50	1 500
01	9	转字 6	领用材料				13	50	650	17	50	850
01	12	银付 18	购买材料	15	50	750				32	50	1 600
01	31		本月合计	25	50	1 250	13	50	650	32	50	1 600

与财务报告的关系

资产负债表中的“存货”项目,反映企业期末在库、在途和在加工中的各种存货的成本或可变现净值。

该项目应根据“材料采购”“在途物资”“原材料”“周转材料”“低值易耗品”“包装物”“委托加工物资”“生产成本”“发出商品”“库存商品”“委托代销商品”“受托代销商品”等账户的期末余额合计，减去“受托代销商品款”“存货跌价准备”账户期末余额后的金额填列；材料采用计划成本法核算，以及库存商品采用计划成本法或售价金额核算法核算的企业，还应按加或减“材料成本差异”“产品成本差异”“商品进销差价”账户后的金额填列。

【例 3-43】 华美公司存货采用计划成本法进行核算，编制 2×19 年 12 月 31 日的资产负债表，“原材料”总账账户余额为 260 000 元、“周转材料”总账账户余额为 30 000 元、“存货跌价准备”账户余额为 8 000 元、“材料成本差异”账户借方余额为 5 000 元。

问“存货”项目的期末余额应填列的金额是多少？

“存货”项目期末余额＝260 000＋30 000－8 000＋5 000＝287 000(元)

本章小结

存货的初始计量、发出存货的计量、存货的期末计量、存货的清查以及计划成本法是本章的重点，其中存货的初始计量、发出存货及期末计量均属于会计实务中较基础的部分。在期初计量业务中，应掌握不同方式取得存货的成本构成、外购存货的会计处理、委托加工存货的会计处理；在发出存货的业务中，应掌握发出存货的计价方法、生产经营领用原材料的会计处理、生产经营领用周转材料的会计处理、销售库存商品的会计处理、销售原材料的会计处理、在建工程领用存货的会计处理等；在存货的期末计量中，应明确期末存货应采用成本与可变现净值孰低法进行计量，可变现净值低于成本的部分应计提存货跌价准备，记入当期损益中的“资产减值损失”账户。

本章重要概念

存货　原材料　库存商品　周转材料　在途物资　存货成本　采购成本　加工成本　材料采购　委托加工物资　计划成本法　材料成本差异　材料成本差异率　可变现净值　存货跌价准备　存货盘盈　存货盘亏

推荐阅读资料

[1]《企业会计准则第 1 号——存货》(2014 年 3 月 13 日财政部发布，自 2014 年 7 月 1 日起在上市公司范围内施行)

[2]《企业会计准则——基本准则》(2014 年 7 月 23 日财政部修订发布，自发布之日起施行)

[3]《企业会计准则——应用指南》(2006 年 10 月 30 日财政部发布，自 2007 年 1 月 1 日起在上市公司范围内施行)

[4] 中国注册会计师协会. 会计[M]. 北京：中国财政经济出版社，2018.

[5] 陈立军. 中级财务会计[M]. 北京：中国人民大学出版社，2017.

第四章　金 融 资 产

内容简介

本章主要讲述了金融资产的分类、计量以及减值的核算。在对金融资产进行分类的基础上，分别介绍了交易性金融资产、债权投资、贷款和应收款项、其他债权投资和其他权益工具投资的初始计量、后续计量、处置以及减值的会计处理。

本章的重点是交易性金融资产的核算和一般企业应收款项的核算。金融资产的后续计量，包括对交易性金融资产、其他债权投资和其他权益工具投资按公允价值计量。对债权投资和各种应收款项按实际利率法、以摊余成本计量属于本章学习的难点。此外，金融资产的减值处理也属于本章比较难理解和掌握的内容。

学习目的和要求

通过本章学习，学生应了解金融资产的概念及分类，了解其他金融资产的核算，掌握交易性金融资产的核算和一般企业应收款项的主要会计处理。

引例　新旧金融工具准则

2017 年我国财政部借鉴 2018 年开始生效的国际财务报告准则修订发布了《企业会计准则第 22 号——金融工具确认和计量》准则、《企业会计准则第 23 号——金融资产转移》准则和《企业会计准则第 24 号——套期会计》准则。修订后的准则将金融资产由原来的四类改为三类。

原准则将金融资产按照管理的需要分为四大类：

(1) 以公允价值计量且其变动计入当期损益的金融资产；

(2) 持有至到期投资；

(3) 贷款和应收款项；

(4) 可供出售金融资产。

修订后的准则以企业持有金融资产的“业务模式”和“金融资产合同现金流量特征”作为分类依据，将金融资产分为三类：

(1) 以摊余成本计量的金融资产；

(2) 以公允价值计量且其变动计入其他综合收益的金融资产;

(3) 以公允价值计量且其变动计入当期损益的金融资产。

在修订后的准则框架下,允许企业将非交易性权益工具投资指定为以公允价值计量且其变动计入其他综合收益的金融资产进行处理,但该指定不可撤销,且在处置时也不得将原计入其他综合收益的累计公允价值变动额结转计入当期损益。

修订后的准则要求,对于新金融工具确认和计量准则,在境内外同时上市的企业以及在境外上市并采用国际财务报告准则或企业会计准则编制财务报告的企业自 2018 年 1 月 1 日起施行,其他境内上市企业自 2019 年 1 月 1 日起施行,执行企业会计准则的非上市企业自 2021 年 1 月 1 日起施行。

思考:新旧准则关于金融资产的分类依据有何区别?不同分类依据下金融资产具体类别之间是否存在联系?在本章的学习结束后,这几个问题将迎刃而解。

第一节 金融资产及其分类

一、金融资产的内容

金融资产是指企业持有的现金、其他方的权益工具以及符合下列条件之一的资产:

(1) 从其他方收取现金或其他金融资产的合同权利。例如,企业的银行存款、应收账款、应收票据和贷款均属于金融资产。而预付账款不是金融资产,因其产生的未来经济利益是商品或服务,不是收取现金或其他金融资产的权利。

(2) 在潜在有利条件下,与其他方交换金融资产或金融负债的合同权利。例如,企业持有的看涨期权或看跌期权等。

(3) 将来须用或可用企业自身权益工具进行结算的非衍生工具合同,且企业根据该合同将收到可变数量的自身权益工具。

(4) 将来须用或可用企业自身权益工具进行结算的衍生工具合同,但以固定数量的自身权益工具交换固定金额的现金或其他金融资产的衍生工具合同除外。其中,企业自身权益工具不包括应当按照《企业会计准则第 37 号——金融工具列报》分类为权益工具的可回售工具和发行方仅在清算时才有义务向另一方按比例交付其净资产的金融工具,也不包括本身就要求在未来收取或交付企业自身权益工具的合同。

金融资产通常包括企业的库存现金、银行存款、应收账款、应收票据、其他应收款、股权投资、债权投资等。其中库存现金和银行存款属于货币资金,在第二章已作了专门的介绍。股权投资中属于长期股权投资的部分,将在第五章进行介绍。所以本章以下将要介绍的金融资产,不包含货币资金和长期股权投资这两项。

二、金融资产的分类

金融资产的分类是确认和计量的基础。企业应当根据其管理金融资产的业务模式和金融资产的合同现金流量特征,将金融资产划分为以下三类:

(1) 以摊余成本计量的金融资产;

(2) 以公允价值计量且其变动计入其他综合收益的金融资产;

(3) 以公允价值计量且其变动计入当期损益的金融资产。

延伸阅读4-1

关于管理金融资产的业务模式和金融资产的合同现金流特征

企业管理金融资产的业务模式，是指企业如何管理其金融资产以产生现金流量。业务模式决定企业所管理金融资产现金流量的来源是收取合同现金流量、出售金融资产还是两者兼有。

金融资产的合同现金流量特征，是指金融工具合同约定的、反映相关金融资产经济特征的现金流量属性。企业分类为以摊余成本计量的金融资产和以公允价值计量且其变动计入其他综合收益的金融资产，其合同现金流量特征应当与基本借贷安排相一致。即相关金融资产在特定日期产生的合同现金流量仅为对本金和以未偿付本金金额为基础的利息的支付。

本金是指金融资产在初始确认时的公允价值，本金金额可能因提前偿付等原因在金融资产的存续期内发生变动；利息包括对货币时间价值、与特定时期未偿付本金金额相关的信用风险以及其他基本借贷风险、成本和利润的对价。其中，货币时间价值是利息要素中仅因为时间流逝而提供对价的部分，不包括为所持有金融资产的其他风险或成本提供的对价，但货币时间价值要素有时可能存在修正。在货币时间价值要素存在修正的情况下，企业应当对相关修正进行评估，以确定其是否满足上述合同现金流量特征的要求。此外，金融资产包含可能导致其合同现金流量的时间分布或金额发生变更的合同条款(如包含提前偿付特征)的，企业应当对相关条款进行评估(如评估提前偿付特征的公允价值是否非常小)，以确定其是否满足上述合同现金流量特征的要求。

(一) 金融资产的具体分类

1. 以摊余成本计量的金融资产

金融资产同时符合下列条件的，应当分类为以摊余成本计量的金融资产。

(1) 企业管理该金融资产的业务模式是以收取合同现金流量为目标。

(2) 该金融资产的合同条款规定，在特定日期产生的现金流量，仅为对本金和以未偿付本金金额为基础的利息的支付。

企业一般应当设置“银行存款”“贷款”“应收账款”和“债权投资”等账户核算以摊余成本计量的金融资产。

2. 以公允价值计量且其变动计入其他综合收益的金融资产

金融资产同时符合下列条件的，应当分类为以公允价值计量且其变动计入其他综合收益的金融资产。

(1) 企业管理该金融资产的业务模式既以收取合同现金流量为目标又以出售该金融资产为目标。

(2) 该金融资产的合同条款规定，在特定日期产生的现金流量，仅为对本金和以未偿付本金金额为基础的利息的支付。

例如，企业持有的普通债券的合同现金流量是到期收回本金及按约定利率在合同期间按时收取固定或浮动利息的权利。在没有其他特殊安排的情况下，普通债券的合同现金流量一般情况下可能符合仅为对本金和以未偿付本金金额为基础的利息支付的要求。如果企业管理该债券的业务模式既以收取合同现金流量为目标又以出售该债券为目标，则该债券应当分类为以公允价值计量且其变动计入其他综合收益的金融资产。

企业应当设置“其他债权投资”账户核算分类为以公允价值计量且其变动计入其他综合收益的金融资产。

3. 以公允价值计量且其变动计入当期损益的金融资产

除以摊余成本计量的金融资产和以公允价值计量且其变动计入其他综合收益的金融资产之外的金融资产，企业应当将其分类为以公允价值计量且其变动计入当期损益的金融资产。

例如，企业持有的普通股股票的合同现金流量是收取被投资企业未来股利分配的权利以及清算时获得剩余收益的权利。由于股利及获得剩余收益的权利均不符合本金和利息的定义，因此企业持有的普通股股票应当分类为以公允价值计量且其变动计入当期损益的金融资产。

企业应当设置“交易性金融资产”账户核算以公允价值计量且其变动计入当期损益的金融资产。企业持有的直接指定为以公允价值计量且其变动计入当期损益的金融资产也在本账户核算。

（二）金融资产分类的特殊规定

在初始确认时，企业可以将非交易性权益工具投资指定为以公允价值计量且其变动计入其他综合收益的金融资产，并按照金融工具准则第 65 条规定确认股利收入。该指定一经做出，不得撤销。企业在非同一控制下的企业合并中确认的或有对价构成金融资产的，该金融资产应当分类为以公允价值计量且其变动计入当期损益的金融资产，不得指定为以公允价值计量且其变动计入其他综合收益的金融资产。

对金融资产的分类一经确定，不得随意变更。

金融资产的分类如图 4-1 所示。

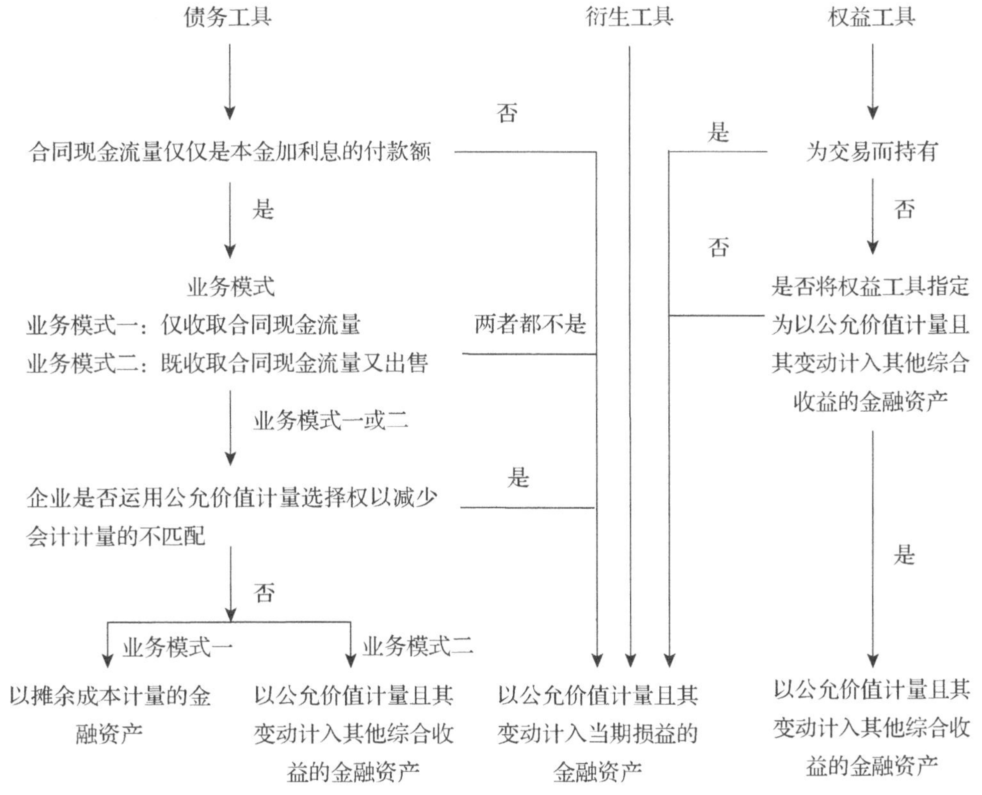

图 4-1 金融资产的分类图示

(三) 金融资产的重分类

企业改变其管理金融资产的业务模式时,应当按照规定对所有受影响的相关金融资产进行重分类。所以,金融资产可以在以摊余成本计量、以公允价值计量且其变动计入其他综合收益和以公允价值计量且其变动计入当期损益的金融资产之间进行重分类。企业管理金融资产业务模式的变更是一种极其少见的情形。

企业对金融资产进行重分类,应当自重分类日起采用未来适用法进行相关会计处理,不得对以前已经确认的利得、损失(包括减值损失或利得)或利息进行追溯调整。重分类日,是指导致企业对金融资产进行重分类的业务模式发生变更后的首个报告期间的第一天。需要注意的是,如果企业管理金融资产的业务模式没有发生变更,而金融资产的条款发生变更但未导致终止确认时,不允许重分类。

第二节 交易性金融资产

一、交易性金融资产概述

以公允价值计量且其变动计入当期损益的金融资产可以进一步划分为交易性金融资产和直接指定为以公允价值计量且其变动计入当期损益的金融资产。

交易性金融资产主要是指企业为了近期内出售而持有的金融资产,如企业以赚取差价为目的从二级市场购入的股票、债券、基金等。

延伸阅读4-2

关于股票和债券的小常识

股票是一种有价证券,是股份公司在筹集资本时向出资人发行的股份凭证,代表着其持有者(即股东)对股份公司的所有权,这种所有权为一种综合权利,如参加股东大会、投票表决、参与公司的重大决策、收取股息或分享红利差价等,但也要共同承担公司运作错误所带来的风险。股票收益即股票投资收益,是指企业或个人以购买股票的形式对外投资取得的股利,转让、出售股票取得款项高于股票账面实际成本的差额,股权投资在被投资单位增加的净资产中所拥有的数额等。股票收益包括股息收入、资本利得和公积金转增收益。

债券是一种金融契约,是政府、金融机构、工商企业等直接向社会借债筹借资金时,向投资者发行,同时承诺按一定利率支付利息并按约定条件偿还本金的债权债务凭证。债券的本质是债的证明书,具有法律效力。债券购买者或投资者与发行者之间是一种债权债务关系,债券发行人即债务人,投资者(债券购买者)即债权人 。债券是一种有价证券。由于债券的利息通常是事先确定的,所以债券是固定利息证券(定息证券)的一种。在金融市场发达的国家和地区,债券可以上市流通。在中国,比较典型的政府债券是国库券。债券尽管种类多种多样,但是在内容上都要包含一些基本的要素。这些要素是指发行的债券上必须载明的基本内容,这是明确债权人和债务人权利与义务的主要约定,具体包括:债券面值、偿还期、付息期、票面利率、发行人名称等。

二、交易性金融资产的会计处理

交易性金融资产的会计处理,突出该金融资产"交易性"的特征,强调它与金融市场的紧密结合,反映该类金融资产相关市场变量的变化对其价值的影响,进而对企业财务状况和经营成果的影响。

需要说明的是，以下所说的交易性金融资产的会计处理，包括直接指定为以公允价值计量且其变动计入当期损益的金融资产。划分为交易性金融资产的衍生金融资产，不通过“交易性金融资产”账户核算，应单独通过“衍生工具”账户核算。

(一) 核算原则

金融资产的会计处理包括初始计量、后续计量以及处置三个环节，具体的处理原则和方法则要视金融资产的类别而定。交易性金融资产应当按照公允价值进行初始确认，相关交易费用应直接计入当期损益。

在持有期间取得的现金股利或债券利息，应当确认为投资收益。

资产负债表日，交易性金融资产按公允价值计量，其公允价值变动计入当期损益。

处置交易性金融资产时，将其公允价值与账面余额之间的差额确认为投资收益。

(二) 主要核算账户

与交易性金融资产核算有关的账户如表 4-1 所示。

表 4-1 **与交易性金融资产核算有关的账户**

核算账户		账户性质	核算内容
交易性金融资产	交易性金融资产——××(成本)【明细分类账户】	资产类	核算交易性金融资产的取得成本
	交易性金融资产——××(公允价值变动)【明细分类账户】	资产类	核算交易性金融资产在持有期间的公允价值变动金额
应收股利		资产类	核算应收取的现金股利和应收取其他单位分配的利润
应收利息		资产类	核算分期付息债券在资产负债表日按照面值乘以票面利率计算确定的应收未收的利息
投资收益		损益类	核算金融资产持有期间取得的投资收益以及处置金融资产实现的损益
公允价值变动损益		损益类	核算交易性金融资产等的公允价值变动形成的应计入当期损益的利得或损失

(三) 主要会计处理

1. 交易性金融资产取得的核算

交易性金融资产应当按照公允价值进行初始确认，相关交易费用应直接计入当期损益。企业取得金融资产时所支付的价款中包含的已宣告但尚未发放的现金股利或已到付息期但尚未领取的债券利息，不构成交易性金融资产的初始入账金额。其中，公允价值是指市场参与者在计量日发生的有序交易中，出售一项资产所能收到或者转移一项负债所需支付的价格。金融资产的公允价值，应当以市场交易价格为基础加以确定。

企业取得股票或债券时，一般要支付三部分款项：①买价；②交易费用；③已宣告但尚未发放的现金股利或已到付息期但尚未领取的债券利息。其中，交易费用是指可直接归属于购买、发行或处置金融工具的增量费用。增量费用是指企业没有发生购买、发行或处置相关金融工具的情形就不会发生的费用，包括支付给代理机构、咨询公司、券商、证券交易所、政府有关部门等的手续费、佣金、相关税费以及其他必要支出，不包括债券溢价、折价、融资费用、内部管理成本和持有成本等与交易不直接相关的费用。

企业取得交易性金融资产时按其公允价值，借记“交易性金融资产——××(成本)”账户；按支付的交易费用，借记“投资收益”账户。按已宣告但尚未发放的现金股利或已到付息期但尚未领取的债券利息，借记“应收股利”或“应收利息”账户。发生交易费用取得增值税专用发票的，按其注明的增值税进项税额，借记“应交税费——应交增值税(进项税额)”账户；按实际支付的金额，贷记“其他货币资金——存出投资款”等账户。

收到上述购买价款中已含的现金股利或债券利息时，借记“其他货币资金”账户，贷记“应收股利”或“应收利息”账户。

交易性金融资产取得核算处理如图 4-2 所示。

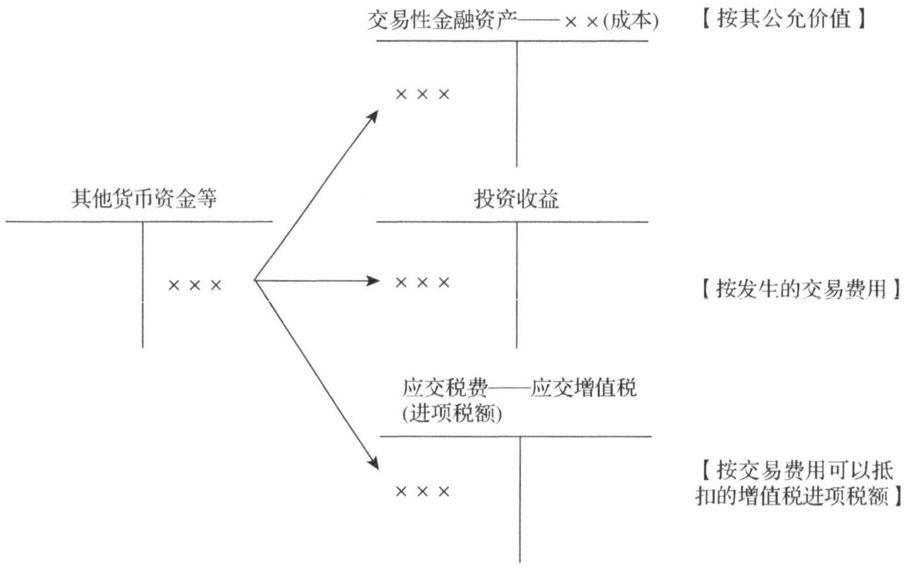

图 4-2　交易性金融资产的取得

【例 4-1】　2×19 年 3 月 1 日，华夏公司按每股 8 元的价格从二级市场购入甲公司每股面值为 1 元的股票 30 000 股作为交易性金融资产，另支付相关交易费用 2 000 元，取得的增值税专用发票上注明的增值税税额为 120 元。

(1) 2×19 年 3 月 1 日，购入甲公司股票的成本为 30 000×8＝240 000(元)，会计处理为：

借：交易性金融资产——甲公司股票(成本)　　240 000
　　贷：其他货币资金——存出投资款　　240 000

(2) 2×19 年 3 月 1 日，支付相关交易费用时，会计处理为：

借：投资收益　　2 000
　　应交税费——应交增值税(进项税额)　　120
　　贷：其他货币资金——存出投资款　　2 120

【说明：在本例中，取得交易性金融资产所发生的相关交易费用 2 000 元，应当在发生时记入“投资收益”账户，而不记入“交易性金融资产——成本”账户。】

【例 4-2】 2×19 年 3 月 1 日，华夏公司按每股 8.20 元(其中包含每股 0.20 元已宣告但尚未发放的现金股利)的价格从二级市场购入甲公司每股面值为 1 元的股票 30 000 股作为交易性金融资产，另支付相关交易费用 2 000 元，取得的增值税专用发票上注明的增值税税额为 120 元。

(1) 2×19 年 3 月 1 日，购入甲公司股票的成本为：30 000×(8.2－0.2)＝240 000(元)，会计处理为：

借：交易性金融资产——甲公司股票(成本)	240 000	
应收股利	6 000	
贷：其他货币资金——存出投资款		246 000

(2) 2×19 年 3 月 1 日，支付相关交易费用时，会计处理为：

借：投资收益	2 000	
应交税费——应交增值税(进项税额)	120	
贷：其他货币资金——存出投资款		2 120

【说明：在本例中，取得交易性金融资产所发生的相关交易费用 2 000 元，应当在发生时记入“投资收益”账户，而不记入“交易性金融资产——成本”账户。取得交易性金融资产所支付价款中包含已宣告但尚未发放的现金股利 6 000 元(30 000×0.20)，应当记入“应收股利”账户。】

【例 4-3】 2×19 年 7 月 1 日，华夏公司支付价款 668 000 元从二级市场购入乙公司于 2×19 年 1 月 1 日发行的面值 600 000 元、期限为 3 年、票面利率为 5%、每年 1 月 1 日付息、到期还本的债券作为交易性金融资产，并支付交易费用 2500 元，取得的增值税专用发票上注明的增值税税额为 150 元。债券购买价格中包含已到付息期但尚未领取的利息 15 000 元。

(1) 2×19 年 7 月 1 日，购入乙公司债券的成本为 653 000 元(668 000－15 000)，会计处理为：

借：交易性金融资产——乙公司债券(成本)	653 000	
应收利息	15 000	
贷：其他货币资金——存出投资款		668 000

(2) 2×19 年 7 月 1 日，支付相关交易费用，会计处理为：

借：投资收益	2 500	
应交税费——应交增值税(进项税额)	150	
贷：其他货币资金——存出投资款		2 650

【说明：在本例中，取得交易性金融资产所支付的交易费用 2 500 元，应当记入“投资收益”账户，而不记入“交易性金融资产——成本”账户。取得交易性金融资产所支付价款中包含已到付息期但尚未领取的债券利息 15 000 元，应当记入“应收利息”账户。】

2. 交易性金融资产持有收益的核算

取得投资以后，被投资单位宣告发放现金股利时，投资企业应收未收的现金股利增多，按照应享有的份额，借记“应收股利”账户；对于债券投资，投资企业在资产负债表日应收未收的债券利息增多,按分期付息、一次还本债券的面值和票面利率计算的利息,借记“应收利息”账户,同时贷记“投资收益”账户,表示企业投资活动实现了收益。投资企业实际收到现金股利或债券利息时,借记“其他货币资金——存出投资款”等账户,贷记“应收股利”或“应收利息”账户。

需要强调的是,企业只有在同时满足三个条件时,才能确认交易性金融资产所取得的股利或利息收入并计入当期损益:一是企业收取股利或利息的权利已经确立;二是与股利或利息相关的经济利益很可能流入企业;三是股利或利息的金额能够可靠计量。

(1) 取得投资前,购买价款中包含已宣告但尚未发放的现金股利或已到付息期但尚未领取的债券利息时的会计处理如图 4-3 所示。

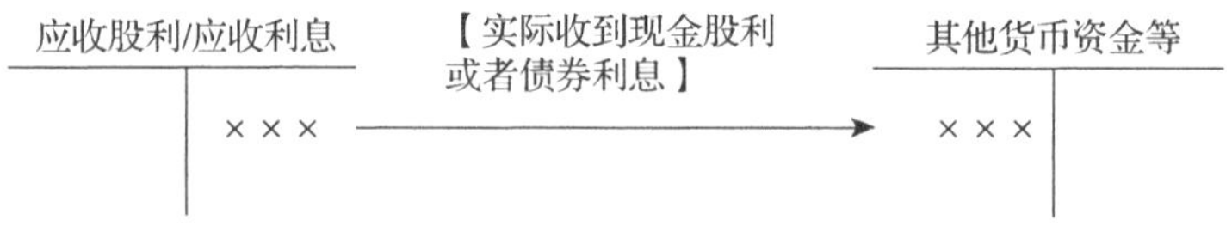

图 4-3　收到取得投资前购买价款中的现金股利或债券利息

(2) 取得投资后,被投资单位宣告发放现金股利,或投资企业在资产负债表日按分期付息、一次还本债券投资的面值和票面利率计算的利息收入的,会计处理如图 4-4 所示。

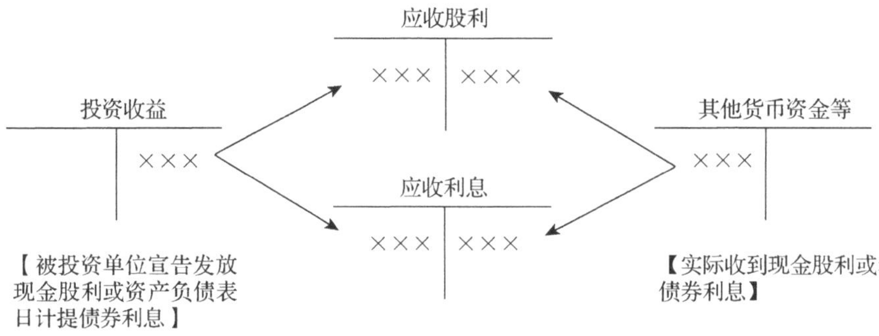

图 4-4　交易性金融资产持有收益的确认

【例 4-4】 接[例 4-2]资料,2×19 年 3 月 16 日,华夏公司收到甲公司向其发放的购买价款中包含的现金股利,会计处理为:

借:其他货币资金——存出投资款　　6 000
　贷:应收股利　　6 000

【例 4-5】 接[例 4-1]资料,华夏公司持有甲公司股票 30 000 股。2×20 年 3 月 22 日,甲公司宣告 2×19 年利润分配方案,每股派发现金股利 0.20 元,并于 4 月 16 日发放。

(1) 2×20 年 3 月 22 日,甲公司宣告分派现金股利时,华夏公司应收的现金股利为 30 000×0.20=6 000(元),会计处理为:

借:应收股利　　6 000
　贷:投资收益　　6 000

(2) 2×20 年 4 月 16 日,收到甲公司发放的现金股利时会计处理为:

借:其他货币资金——存出投资款	6 000	
贷:应收股利		6 000

【说明:在本例中,华夏公司取得甲公司宣告发放的现金股利,同时满足了确认股利收入并计入当期损益的三个条件。因此,借记“应收股利”账户,贷记“投资收益”账户,而不是冲减“交易性金融资产——成本”账户。】

【例 4-6】 接[例 4-3]资料,2×19 年 12 月 31 日,华夏公司对持有的面值 600 000 元、期限为 3 年、票面利率为 5%、每年 1 月 1 日付息、到期还本的乙公司债券计提利息。

(1) 2×19 年 12 月 31 日,华夏公司计算的乙公司债券利息为 600 000×5%×6÷12=15 000(元),会计处理为:

借:应收利息	15 000	
贷:投资收益		15 000

(2) 2×20 年 1 月 1 日收到乙公司支付的债券利息时,会计处理为:

借:其他货币资金——存出投资款	30 000	
贷:应收利息【2×19 年 1 月至 12 月】		30 000

3. 交易性金融资产期末计量的核算

根据企业会计准则的规定,在资产负债表日,交易性金融资产应按公允价值反映,所以应确认公允价值和账面余额的差额:若交易性金融资产的公允价值高于账面余额,则应调增交易性金融资产的账面余额,借记“交易性金融资产——××(公允价值变动)”账户,同时确认公允价值上升收益,贷记“公允价值变动损益”账户;若交易性金融资产的公允价值低于账面余额,则应调减交易性金融资产的账面余额,贷记“交易性金融资产——××(公允价值变动)”账户,同时确认公允价值下降损失,借记“公允价值变动损益”账户。

(1) 资产负债表日,交易性金融资产的公允价值高于账面余额的,会计处理如图 4-5 所示。

图 4-5　交易性金融资产的期末计量(1)

(2) 资产负债表日,交易性金融资产的公允价值低于账面余额的,会计处理如图 4-6 所示。

【例 4-7】 接[例 4-1]资料,华夏公司每年 6 月 30 日和 12 月 31 日对持有的交易性金融资产按公允价值进行后续计量,确认公允价值变动损益。2×19 年 6 月 30 日,华夏公司持有甲公司股票的公允价值为 219 000 元;2×19 年 12 月 31 日,华夏公司持有甲公司股票的公允价值为 300 000 元。

图 4-6　交易性金融资产的期末计量(2)

(1) 2×19 年 6 月 30 日,甲公司股票公允价值变动－21 000 元(219 000－240 000),华夏公司确认公允价值变动损益的会计处理为:

借:公允价值变动损益	21 000	
贷:交易性金融资产——甲公司股票(公允价值变动)		21 000

(2) 2×19 年 12 月 31 日,甲公司股票公允价值变动＝300 000－219 000＝81 000(元),华夏公司确认公允价值变动损益的会计处理为:

借:交易性金融资产——甲公司股票(公允价值变动)	81 000	
贷:公允价值变动损益		81 000

【例 4-8】　接[例 4-3]资料,华夏公司每年 6 月 30 日和 12 月 31 日对持有的交易性金融资产按公允价值进行后续计量,确认公允价值变动损益。2×19 年 12 月 31 日,华夏公司持有乙公司债券的公允价值为 708 000 元。

2×19 年 12 月 31 日,乙公司债券公允价值变动 55 000 元(708 000－653 000),华夏公司确认公允价值变动损益的会计处理为:

借:交易性金融资产——乙公司债券(公允价值变动)	55 000	
贷:公允价值变动损益		55 000

4. 交易性金融资产处置的核算

企业出售交易性金融资产时,应当将该金融资产出售时的公允价值与其账面余额之间的差额作为投资损益进行会计处理。

出售交易性金融资产,应按实际收到的金额,借记"其他货币资金——存出投资款"等账户,按该金融资产的账面余额,贷记"交易性金融资产——成本"账户,贷记或借记"交易性金融资产——公允价值变动"账户,按其差额,贷记或借记"投资收益"账户。

【例 4-9】　接[例 4-1]和[例 4-7]资料,假定 2×20 年 4 月 20 日,华夏公司将持有的甲公司股票全部售出,售价为 320 000 元。

处置金融资产时售价与账面余额的差额为 20 000 元(320 000－300 000),会计处理为:

借:其他货币资金——存出投资款	320 000	
贷:交易性金融资产——甲公司股票(成本)		240 000
交易性金融资产——甲公司股票(公允价值变动)		60 000
投资收益		20 000

交易性金融资产——成本

【例 4-1】	240 000	
	240 000	贷方结转

交易性金融资产——公允价值变动

【例 4-7】	(2) 81 000	【例 4-7】	(1) 21 000
	60 000	贷方结转	

【例 4-10】 接[例 4-3]和[例 4-8]资料，假定 2×20 年 1 月 6 日，华夏公司将持有的乙公司债券全部售出，售价为 700 000 元。

交易性金融资产——成本

【例 4-3】	653 000	
	653 000	贷方结转

交易性金融资产——公允价值变动

【例 4-8】	55 000	
	55 000	贷方结转

处置金融资产时售价与账面余额的差额为－8 000 元(700 000－708 000)，会计处理为：

借：其他货币资金——存出投资款　　700 000
　　投资收益　　8 000
　　贷：交易性金融资产——乙公司债券(成本)　　653 000
　　　　交易性金融资产——乙公司债券(公允价值变动)　　55 000

5. 转让金融商品应交增值税的核算

金融商品转让按照卖出价扣除买入价(不需要扣除已宣告未发放现金股利和已到付息期未领取的利息)后的余额作为销售额计算增值税，即转让金融商品按盈亏相抵后的余额为销售额。若相抵后出现负差，可结转下一纳税期与下期转让金融商品销售额互抵，但年末时仍出现负差的，不得转入下一会计年度。

转让金融资产当月月末，如产生转让收益，则按应纳税额，借记"投资收益"等账户，贷记"应交税费——转让金融商品应交增值税"账户；如产生转让损失，则按可结转下月抵扣税额，借记"应交税费——转让金融商品应交增值税"账户，贷记"投资收益"等账户。年末，如果"应交税费——转让金融商品应交增值税"账户有借方余额，说明本年度的金融商品转让损失无法弥补，且本年度的金融资产转让损失不可转入下年度继续抵减转让金融资产的收益，因此，应借记"投资收益"等账户，贷记"应交税费——转让金融商品应交增值税"账户，将"应交税费——转让金融商品应交增值税"账户的借方余额转出。

【例 4-11】 接[例 4-9]，计算该项业务转让金融商品应交增值税。

$$转让金融商品应交增值税 = (320\ 000 - 240\ 000) \div (1 + 6\%) \times 6\% = 4\ 528.30(元)$$

华夏公司应编制如下会计分录：

借：投资收益　　4 528.30
　　贷：应交税费——转让金融商品应交增值税　　4 528.30

相关思考 4-1

交易性金融资产从取得到出售会影响投资收益的时点有哪几个？

交易性金融资产从取得到出售会影响投资收益的时点包括以下几个：

① 取得时支付的交易费用时；

② 持有期间确认的现金股利或债券利息收入时；

③ 出售确认的投资收益时。

6. 交易性金融资产重分类的核算

(1) 企业将一项以公允价值计量且其变动计入当期损益的金融资产重分类为以摊余成本计量的金融资产，应当以其在重分类日的公允价值作为新的账面余额。

【例 4-12】 华夏公司于 2×19 年 1 月 1 日以公允价值 250 000 万元购入一项债券投资组合，将其分类为以公允价值计量且其变动计入当期损益的金融资产。2×20 年 1 月 1 日，将其重分类为以摊余成本计量的金融资产。重分类日，该债券组合的公允价值为 245 000 万元。

2×20 年 1 月 1 日，华夏公司会计处理如下：

借：债权投资　　245 000

　　贷：交易性金融资产　　245 000

(2) 企业将一项以公允价值计量且其变动计入当期损益的金融资产重分类为以公允价值计量且其变动计入其他综合收益的金融资产，应当继续以公允价值计量该金融资产。

【例 4-13】 华夏公司于 2×19 年 1 月 1 日以公允价值 250 000 万元购入一项债券投资组合，将其分类为以公允价值计量且其变动计入当期损益的金融资产。2×20 年 1 月 1 日，将其重分类为以公允价值计量且其变动计入其他综合收益的金融资产。重分类日，该债券组合的公允价值为 245 000 万元。

2×20 年 1 月 1 日，华夏公司会计处理如下：

借：其他债权投资　　245 000

　　贷：交易性金融资产　　245 000

第三节 债权投资

债权投资属于以摊余成本计量的金融资产，如企业从二级市场上购入的固定利率国债、浮动利率公司债券等。

一、债权投资的核算原则

债权投资初始确认时，应当按照公允价值和相关交易费用之和作为初始入账金额，实际支付的价款中包含的已到付息期但尚未领取的债券利息，应单独确认为应收项目。

企业应当采用实际利率法，按照摊余成本对债权投资进行后续计量。

处置债权投资时，应将所取得的价款与债权投资账面价值之间的差额计入当期损益。

相关思考 4-2

“交易性金融资产”和“债权投资”取得环节的核算有什么区别?

交易性金融资产应当按照公允价值进行初始确认，相关交易费用应直接计入当期损益。

债权投资初始确认时，应当按照公允价值和相关交易费用之和作为初始入账金额。

二、债权投资的主要核算账户

表 4-2　　**与债权投资核算有关的会计账户**

核算账户		账户性质	核算内容
债权投资	债权投资——××(成本)【明细分类账户】	资产类	核算债权投资的面值
	债权投资——××(利息调整)【明细分类账户】	资产类	核算债权投资初始确认金额与其面值的差额,以及按照实际利率法分期摊销该差额后的摊余金额
	债权投资——××(应计利息)【明细分类账户】	资产类	核算到期一次还本付息债券在资产负债表日按照面值乘以票面利率计算确定的应收未收利息
其他综合收益		所有者权益类	核算直接计入所有者权益的利得和损失

三、债权投资的主要会计处理

(一) 取得债权投资的核算

企业购入作为债权投资的债券时,按取得债券的公允价值和相关交易费用之和作为初始确认金额。其中,购买价款中包含的已到付息期但尚未领取的债券利息应单独确认为应收项目。债券的初始确认金额也就是债券的初始摊余成本。初始确认金额中的面值部分,借记“债权投资——××(成本)”账户,其余部分作为“债权投资——××(利息调整)”账户的金额。

“债权投资——××(利息调整)”包含了交易费用和溢折价两部分内容。其中债券的溢折价是由于企业购入债券时票面利率和市场利率不同引起的:若票面利率高于市场利率,投资者未来可以获得更多的利息,则现时只能按高于票面价值的价格购入,作为以后多收取利息的代价,这时称为溢价购入;若票面利率低于市场利率,投资者未来将获得更少的利息,则现时必须按低于票面价值的价格购入,作为以后少收取利息的补偿,这时称为折价购入;若票面利率与市场利率相等,则现时购入股票的价格与票面价值相等,即平价购入。具体如表 4-3 所示。

表 4-3　　**债权投资取得时溢折价的形成**

票面利率与市场利率的关系	债券购入价格与面值的关系	溢价或折价	“债权投资——利息调整”形成的方向	“债权投资——利息调整”摊销的方向
票面利率＞市场利率	买价＞面值	溢价	借方	贷方
票面利率＝市场利率	买价＝面值	平价	无(不考虑交易费用)	无
票面利率＜市场利率	买价＜面值	折价	贷方	借方

债权投资取得时基本会计处理为:

借:债权投资——××(成本)　　【按债券面值】
　　应收利息　　【按代垫利息,或“债权投资——××(应计利息)”】
　贷:债权投资——××(利息调整)　　【倒挤金额,溢价记借方,折价记贷方】
　　　其他货币资金——存出投资款等　　【按实付金额】

【例 4-14】 2×19 年 1 月 6 日,华夏公司从活跃市场上购入甲公司 2×19 年 1 月 1 日发行的面值为 50 000 元、期限 5 年、票面利率 6%、每年 12 月 31 日付息、到期还本的债券作为债权投资,实际支付的购买价款(包括交易费用)为 50 000 元。

在本例中,债券的初始确认金额 50 000 元,华夏公司在取得甲公司债券时,会计处理为:

借:债权投资——甲公司债券(成本)	50 000	
贷:其他货币资金——存出投资款		50 000

【例 4-15】 2×19 年 1 月 1 日,华夏公司支付价款 526 730 元(包含相关税费)购入当日发行的面值为 500 000 元、期限为 3 年、票面利率为 8%、每年 12 月 31 日付息、到期还本的乙公司债券作为债权投资。华夏公司在取得债券时确定的实际利率为 6%。

在本例中,债券初始确认金额为 526 730 元,华夏公司在取得乙公司债券时,会计处理为:

借:债权投资——乙公司债券(成本)	500 000	
债权投资——乙公司债券(利息调整)	26 730	
贷:其他货币资金——存出投资款		526 730

【说明:其中 26 730 元为倒挤金额,是债券的初始确认金额 526 730 元扣除债券面值 500 000 后的差额。差额出现在借方,为溢价金额。】

【例 4-16】 2×19 年 1 月 1 日,华夏公司支付价款 197 300 元(包含 2×18 年度已到付息期但尚未领取的债券利息和相关税费),购入 2×18 年 1 月 1 日发行的面值为 200 000 元、期限为 4 年、票面利率为 4%、每年 12 月 31 日付息、到期还本的丙公司债券作为债权投资。华夏公司在取得债券时确定的实际利率为 6%。

在本例中,债券的初始确认金额为 189 300 元(197 300－8 000),华夏公司在取得丙公司债券时的会计处理为:

借:债权投资——丙公司债券(成本)	200 000	
应收利息	8 000	
贷:债权投资——丙公司债券(利息调整)		10 700
其他货币资金——存出投资款		197 300

【说明:其中 10 700 元为倒挤金额,是债券的初始确认金额 189 300 元扣除债券面值 200 000 后的差额。差额出现在贷方,为折价金额。】

(2) 债权投资持有收益的核算

债权投资在持有期间应当采用实际利率法,按摊余成本进行后续计量。实际利率法,是指按照金融资产或金融负债的实际利率计算其摊余成本及各期利息收入或利息费用的方法。

(1) 实际利率是指将金融资产或金融负债在预计存续期的估计未来现金流量,折现为该金融资产账面余额或金融负债摊余成本所使用的利率。企业在初始确认债权投资时就应当计算确定实际利率,并在该债权投资预计存续期间内保持不变。

(2) 摊余成本,是指该金融资产的初始确认金额经下列调整后的结果:①扣除已偿还的本金;②加上或减去采用实际利率法将该初始确认金额与到期日金额之间的差额进行摊销形成的累计摊销额；③扣除累计计提的损失准备。

在实际利率法下，利息收入、应收利息、利息调整摊销额、摊余成本之间的关系可用公式表示如下：

应收利息＝债券面值×票面利率

利息收入＝期初摊余成本×实际利率

利息调整摊销额(溢折价的摊销额)＝利息收入－应收利息

本期期初摊余成本＝上期期末摊余成本

期末摊余成本＝期初摊余成本＋本期计提利息(利息收入)－本期收回利息(分期付息债券应收利息)

【说明：①上述公式中假设不考虑减值和提前收回本金的情况；②如债券为到期一次还本付息债券，则上述计算期末摊余成本公式中"本期收回利息"项目为0；③对于债权投资来说，摊余成本＝账面价值＝账面余额－减值准备】

企业对于持有的分期付息、到期一次还本债券，应当于每个资产负债表日计提债券利息，按照实际利率法确认利息收入。具体来讲，企业应按面值和票面利率计算确定的应收未收利息，借记"应收利息"账户，按债权投资摊余成本和实际利率确定的利息收入，贷记"投资收益"账户，按其差额，借记或贷记"债权投资——××(利息调整)"账户。实际收到债券利息时，借记"其他货币资金——存出投资款"等账户，贷记"应收利息"账户。

与分期付息、到期一次还本债券相似，企业对于持有的到期一次还本付息债券，也应当于每个资产负债表日计提债券利息，按照实际利率法确认利息收入。不同的是，计提的利息应通过"债权投资——××(应计利息)"账户核算。具体来讲，企业应按票面利率计算确定的应收未收利息，借记"债权投资——××(应计利息)"账户，按债权投资摊余成本和实际利率计算确定的利息收入，贷记"投资收益"账户，按其差额，借记或贷记"债权投资——××(利息调整)"账户。

债权投资持有期间确认利息收入基本会计处理如下。

(1) 分期付息、到期一次还本债券：

借：应收利息　　【按面值×票面利率】
　贷：投资收益　　【按摊余成本×实际利率】
　　债权投资——××(利息调整)　　【倒挤金额，溢价摊销记贷方，折价摊销记借方】

(2) 到期一次还本付息债券：

借：债权投资——××(应计利息)　　【按面值×票面利率】
　贷：投资收益　　【按摊余成本×实际利率】
　　债权投资——××(利息调整)　　【倒挤金额，溢价摊销记贷方，折价摊销记借方】

(三) 债权投资到期兑现的核算

债权投资期限届满时应按面值收回投资及应收未收的利息。一般来说，在债券投资到期时，溢价及折价金额均已摊销完毕，无论债券购入方式如何，"债权投资"账户的余额均为债券的面值和应计利息(到期一次还本付息债券)。如果是分期付息的债券，到期时企业收回债券面值时，应借记"其他货币资金——存出投资款"等账户，贷记"债权投资——××(成本)"账户。如果是到期一次还本付息债券，到期时企业可以收回面值及利息，应借记"其他货币资金——存出投资款”等账户，贷记“债权投资——××(成本)”账户，贷记“债权投资——××(应计利息)”账户。

债权投资到期兑现的基本会计处理为如下。

(1) 分期付息债券收回面值：

借：其他货币资金——存出投资款等
　　贷：债权投资——××(成本)

(2) 到期一次还本付息债券收回面值及应计利息：

借：其他货币资金——存出投资款等
　　贷：债权投资——××(成本)
　　　　债权投资——××(应计利息)

【例 4-17】 接[例 4-14]资料，华夏公司于 2×19 年 1 月 1 日购入当日发行的面值 50 000元、期限 5 年、票面利率 6%、每年 12 月 31 日付息的甲公司债券作为债权投资核算。在债券持有期间采用实际利率法确认摊余成本及利息收入的过程如下。

(1) 债券持有期间确认利息收入 3 000 元(50 000×6%)，会计处理如下。

借：应收利息　　3 000
　　贷：投资收益　　3 000

收到债券利息时：

借：其他货币资金——存出投资款　　3 000
　　贷：应收利息　　3 000

(2) 2×23 年 12 月 31 日，确认债券利息收入，收到债券本金和利息，会计处理如下。

借：其他货币资金——存出投资款　　53 000
　　贷：债券投资——甲公司债券(成本)　　50 000
　　　　应收利息　　3 000

【例 4-18】 接[例 4-15]资料，华夏公司于 2×19 年 1 月 1 日购入面值为 500 000 元、期限为 3 年、票面利率为 8%、每年 12 月 31 日付息、到期还本的乙公司债券。在债券持有期间采用实际利率法确认摊余成本及利息收入的过程如表 4-4 所示。

表 4-4　**利息收入与摊余成本计算表**

单位：元

计息日期	期初摊余成本	实际利率	利息收入	应收利息	利息调整摊销额	期末摊余成本
	1	2	3=1×2	4=面值×票面利率	5=3−4	6=1+3−4
2×19 年 1 月 1 日						526 730
2×19 年 12 月 31 日	526 730	6%	31 604	40 000	8 396	518 334
2×20 年 12 月 31 日	518 334	6%	31 100	40 000	8 900	509 434
2×21 年 12 月 31 日	509 434	6%	30 566	40 000	9 434	500 000
合　计	—	—	93 270	120 000	26 730	—

【说明:注意表中几个数据之间的关系。①最早一期(2×19 年 12 月 31 日)债券的期初摊余成本为初始确认金额,最后一期(2×21 年 12 月 31 日)债券的期末摊余成本为债券的面值。即:债券持有期间的摊余成本是从初始确认金额摊销到债券的面值(在不考虑减值因素的情况下)。②利息调整摊销额的合计数为最初形成的溢价金额,所以最后一期的利息调整摊销额为倒挤金额(9 434=26 730−8 396−8 900)】

(1) 编制各年年末确认债券利息的会计分录。

① 2×19 年 12 月 31 日:

借:应收利息　　40 000
　贷:债权投资——乙公司债券(利息调整)　　8 396
　　投资收益　　31 604

② 2×20 年 12 月 31 日:

借:应收利息　　40 000
　贷:债权投资——乙公司债券(利息调整)　　8 900
　　投资收益　　31 100

③ 2×21 年 12 月 31 日:

借:应收利息　　40 000
　贷:债权投资——乙公司债券(利息调整)　　9 434
　　投资收益　　30 566

各年收到债券利息的分录:

借:其他货币资金——存出投资款　　40 000
　贷:应收利息　　40 000

(2) 债券到期时收回本金和最后一期利息的分录:

借:其他货币资金——存出投资款　　540 000
　贷:债权投资——乙公司债券(成本)　　500 000
　　应收利息　　40 000

【例 4-19】 接[例 4-16]资料,华夏公司于 2×19 年 1 月 1 日购入 2×18 年 1 月 1 日发行的面值为 200 000 元、期限为 4 年、票面利率为 4%、每年 12 月 31 日付息、到期还本的丙公司债券。在债券持有期间采用实际利率法确认摊余成本及利息收入的过程如表 4-5 所示。

表 4-5　**利息收入与摊余成本计算表**

单位:元

计息日期	期初摊余成本	实际利率	利息收入	应收利息	利息调整摊销	期末摊余成本
	1	2	3=1×2	4=面值×票面利率	5=3−4	6=1+3−4
2×19 年 1 月 1 日						189 300
2×19 年 12 月 31 日	189 300	6%	11 358	8 000	3 358	192 658

（续表）

计息日期	期初摊余成本	实际利率	利息收入	应收利息	利息调整摊销	期末摊余成本
	1	2	3=1×2	4=面值×票面利率	5=3-4	6=1+3-4
2×20年12月31日	192 658	6%	11 559	8 000	3 559	196 217
2×21年12月31日	196 217	6%	11 783	8 000	3 783	200 000
合　计	—	—	34 700	24 000	10 700	—

【说明：与[例4-18]相似，同样需要注意几个数据之间的关系：①最早一期债券的期初摊余成本与最后一期债券的期末摊余成本的关系；②最后一期债券利息调整摊销额的计算。】

(1) 编制各年年末确认债券利息的会计分录。

① 2×19年12月31日：

借：应收利息　8 000
　　债权投资——丙公司债券(利息调整)　3 358
　　贷：投资收益　11 358

② 2×20年12月31日：

借：应收利息　8 000
　　债权投资——丙公司债券(利息调整)　3 559
　　贷：投资收益　11 559

③ 2×21年12月31日：

借：应收利息　8 000
　　债权投资——丙公司债券(利息调整)　3 783
　　贷：投资收益　11 783

各年收到债券利息的分录：

借：其他货币资金——存出投资款　8 000
　　贷：应收利息　8 000

(2) 债券到期时收回本金和最后一期利息的分录。

借：其他货币资金——存出投资款　208 000
　　贷：债权投资——丙公司债券(成本)　200 000
　　　　应收利息　8 000

【例4-20】 2×19年1月1日，华夏公司购入C公司的当日发行的面值为500 000元、期限为5年、票面利率为8%、到期一次还本付息债券作为债权投资，实际支付的价款(含交易费用)为397 200元。华夏公司在取得债券时确定的实际利率为12%。

(1) 2×19年1月1日，取得债券时初始确认金额为397 200元，华夏公司的会计处理如下：

借：债权投资——C公司债券（成本） 500 000
　　贷：债权投资——C公司债券（利息调整） 102 800
　　　　其他货币资金——存出投资款 397 200

（2）采用实际利率法确认摊余成本及利息收入的过程如表4-6所示。

表4-6 **利息收入与摊余成本计算表**

单位：元

计息日期	期初摊余成本	实际利率	利息收入	应收利息	利息调整摊销	期末摊余成本
	1	2	3=1×2	4=面值×票面利率	5=3−4	6=1+3
2×19年1月1日						397 200
2×19年12月31日	397 200	12%	47 664	40 000	7 664	444 864
2×20年12月31日	444 864	12%	53 384	40 000	13 384	498 248
2×21年12月31日	498 248	12%	59 790	40 000	19 790	558 038
2×22年12月31日	558 038	12%	66 965	40 000	26 965	625 003
2×23年12月31日	625 003	12%	74 997	40 000	34 997	700 000
合　计	—	—	302 800	200 000	102 800	—

【说明：注意表4-5与表4-6计算的不同之处：①与分期付息、到期一次还本债券不同，到期一次还本付息债券期末摊余成本为期初摊余成本与本期确认的利息收入之和（假设不考虑减值的情况）；②此外，最后一期债券的期末摊余成本为债券的面值和各期计提的利息之和（700 000=500 000+200 000）。】

（1）编制各年年末确认债券利息的会计分录。

① 2×19年12月31日：

借：债权投资——C公司债券（应计利息） 40 000
　　债权投资——C公司债券（利息调整） 7 664
　　贷：投资收益 47 664

② 2×20年12月31日：

借：债权投资——C公司债券（应计利息） 40 000
　　债权投资——C公司债券（利息调整） 13 384
　　贷：投资收益 53 384

③ 2×21年12月31日：

借：债权投资——C公司债券（应计利息） 40 000
　　债权投资——C公司债券（利息调整） 19 790
　　贷：投资收益 59 790

④ 2×22年12月31日：

借：债权投资——C公司债券（应计利息） 40 000
　　债权投资——C公司债券（利息调整） 26 965
　　贷：投资收益 66 965

⑤ 2×23 年 12 月 31 日:

借:债权投资——C 公司债券(应计利息)　　40 000
　　债权投资——C 公司债券(利息调整)　　34 997
　　贷:投资收益　　74 997

(2) 债券到期时收回本金和利息的分录:

借:其他货币资金——存出投资款　　700 000
　　贷:债权投资——C 公司债券(成本)　　500 000
　　　　债权投资——C 公司债券(应计利息)　　200 000

(四) 债权投资处置的核算

企业将某金融资产划分为债权投资后,可能发生到期前将金融资产处置的情况。企业出售债权投资,应按实际收到的金额,借记"其他货币资金——存出投资款"等账户,按其账面余额,贷记"债权投资——××(成本)/(应计利息)"等账户,按其差额,贷记或借记"投资收益"账户。已计提减值准备的,同时还应结转减值准备,借记"债权投资减值准备"账户。

债权投资处置时的基本会计处理为:

借:其他货币资金——存出投资款等　　【按处置收入净额】
　　债权投资减值准备　　【按已计提的减值准备金额】
　　贷:债权投资——××(成本)　　【按债券面值】
　　　　　　　　——××(利息调整)　　【可能在借方】
　　　　应收利息　　【或"债权投资——××(应计利息)"】
　　　　投资收益　　【差额,可能在借方】

【例 4-21】 2×19 年 1 月 1 日,华夏公司将 2×17 年 1 月 1 日购入的面值 200 000 元、期限 5 年、票面利率 5%、每年 12 月 31 日付息的 D 公司债券全部出售,实际收到出售价款 204 000 元。出售日,该债券的账面摊余成本为 195 000(其中,成本 200 000 元,利息调整 5 000 元)。

在本例中,华夏公司售出债券时的投资收益金额为 9 000 元(204 000－195 000),会计处理为:

借:其他货币资金——存出投资款　　204 000
　　债权投资——D 公司债券(利息调整)　　5 000
　　贷:债权投资——D 公司债券(成本)　　200 000
　　　　投资收益　　9 000

(五) 债权投资重分类的核算

(1) 企业将一项以摊余成本计量的金融资产重分类为以公允价值计量且其变动计入当期损益的金融资产时,应当按照该资产在重分类日的公允价值进行计量。原账面价值与公允价值之间的差额计入当期损益。

【例 4-22】 华夏公司于 2×19 年 1 月 1 日以公允价值 250 000 万元购入一项债券投资组合,将其分类为以摊余成本计量的金融资产。2×20 年 1 月 1 日,将其重分类为以公允价值计量且其变动计入当期损益的金融资产。重分类日,该债券组合的公允价值为 245 000 万元,已确认的损失准备为 3 000 万元(反映了自初始确认后信用风险显著增加,因此以整个存续期预期信用损失计量)。假定不考虑利息收入的会计处理。

2×20 年 1 月 1 日，华夏公司会计处理如下：

借：交易性金融资产	245 000	
债权投资损失准备	3 000	
投资收益	2 000	
贷：债权投资		250 000

（2）企业将一项以摊余成本计量的金融资产重分类为以公允价值计量且其变动计入其他综合收益的金融资产时，应当按照该金融资产在重分类日的公允价值进行计量。原账面价值与公允价值之间的差额计入其他综合收益。该金融资产重分类不影响其实际利率和预期信用损失的计量。

【例 4-23】 华夏公司于 2×19 年 1 月 1 日以公允价值 250 000 万元购入一项债券投资组合，将其分类为以摊余成本计量的金融资产。2×20 年 1 月 1 日，将其重分类为以公允价值计量且其变动计入其他综合收益的金融资产。重分类日，该债券组合的公允价值为245 000万元。

2×20 年 1 月 1 日，华夏公司会计处理如下：

借：其他债权投资	245 000	
其他综合收益——其他债权投资公允价值变动	5 000	
贷：债权投资		250 000

第四节 贷款和应收款项

一、贷款和应收款项概述

贷款和应收款项是指在活跃市场中没有报价、回收金额固定或可确定的非衍生金融资产。贷款和应收款项泛指一类金融资产，主要是指金融企业发放的贷款和其他债权，如商业银行发放的贷款；非金融企业持有的现金和银行存款、销售商品或提供劳务形成的应收款项、持有的其他企业的债权等，只要符合贷款和应收款项的定义，都可以划分为这类金融资产。此类金融资产与划分为债权投资的金融资产的主要差别在于，此类金融资产在活跃市场上没有报价。如在活跃市场上存在标价的债务工具，则不能归为贷款或应收款项，可将其归入其他三类金融资产的一种。

二、贷款和应收款项的会计处理

金融企业按当前市场条件发放的贷款，应按发放贷款的本金和相关交易费用之和作为初始确认金额。一般企业对外销售商品或提供劳务形成的应收债权，通常应按从购货方应收的合同或协议价款作为初始确认金额。

贷款在持有期间，应当采用实际利率法，按摊余成本计量。

企业收回或处置贷款和应收款项时，应将取得的价款与该贷款和应收款项账面价值之间的差额计入当期损益。

贷款是商业银行的一项主要业务，本书主要介绍一般企业的应收款项，包括应收账款、应收票据、预付账款和其他应收款的核算。

(一) 应收账款

1. 应收账款概述

应收账款是指企业因销售商品、提供劳务等经营活动,应向购货单位或接受劳务单位收取的款项,它是企业获得经济利益的一项短期债权。凡不是因为销售活动或提供劳务而产生的应收款项,不应计入应收账款,如职工出差借款、租入包装物时存出的保证金等;应收账款一般应在1年之内收回,不包括长期应收款,如采用递延方式收取的、实质上具有融资性质的销售款项。同时,应收账款是本企业应收客户的款项,不包括为第三方代收代扣的款项。

应收账款应于收入实现时,按照实际发生额入账。应收账款的入账价值包括销售商品或提供劳务的价款、增值税以及代购货单位垫付的包装费、运杂费等。需要注意的是,在确认应收账款的入账价值时应考虑折扣因素。

1) 商业折扣

商业折扣是指企业为促进商品销售而在商品标价上给予的价格扣除。例如,企业为鼓励客户多买商品可能规定,购买10件以上商品给予客户10%的折扣,或客户每买10件送1件。此外,企业为了尽快出售一些残次、陈旧、冷背的商品,也可能降价(即打折)销售。商业折扣在销售时即已发生,并不构成最终成交价格的一部分。企业销售商品涉及商业折扣的,应当按照扣除商业折扣后的金额确定销售商品收入金额。

2) 现金折扣

现金折扣是指债权人为鼓励债务人在规定的期限内付款而向债务人提供的债务扣除。现金折扣一般用符号"折扣率/付款期限"表示。例如:"2/10, 1/20, N/30"表示销货方允许客户最长的付款期限为30天,如果客户在10天内付款,销货方可按商品售价给予客户2%的折扣;如果客户在11到20天内付款,销货方可按商品售价给予客户1%的折扣;如果客户在21天至30天内付款,将不能享受现金折扣。

在存在现金折扣的情况下,应收账款的入账价值有两种确定方式:总价法和净价法。

总价法是将未扣除现金折扣前的金额作为应收账款的入账价值,现金折扣只有客户在折扣期内支付款项时方可确认。销售企业给予客户的现金折扣,视为销货方为提前收回款项而发生的理财费用,会计上作为期间费用计入财务费用。

净价法则是以扣除最大现金折扣后的金额作为应收账款的入账价值。这种方法认为客户一般会提前付款,客户取得折扣被视为正常现象。因客户超过折扣期限而多收的金额,视为销货方为购货方提供信贷而获得的收入,在收到时冲减财务费用。目前,我国的会计实务中采用总价法核算。

在计算现金折扣时,还应注意销售方是按不包含增值税的价款提供现金折扣,还是按包含增值税的价款提供现金折扣,两种情况下购买方享有的现金折扣金额不同。

商业折扣与现金折扣在目的、发生时间以及处理方法上的区别如表4-7所示。

表4-7 **商业折扣与现金折扣的区别**

折扣形式	目的	发生时间	处理方法
商业折扣	促销	一般在交易发生时	扣除商业折扣后的实际售价
现金折扣	鼓励债务人提前付款	赊销商品或提供劳务后	未扣除现金折扣前的金额

2. 应收账款主要核算账户

与应收账款核算有关的会计账户如表 4-8 所示。

表 4-8 与应收账款核算有关的会计账户

核算账户	账户性质	核算内容
应收账款	资产类	核算企业因销售商品、提供劳务等经营活动应收取的款项
主营业务收入	损益类	核算企业确认的销售商品、提供劳务等主营业务的收入
财务费用	损益类	核算企业为筹集生产经营所需资金等而发生的筹资费用,包括利息支出(减利息收入)、汇兑损益以及相关的手续费、企业发生的现金折扣或收到的现金折扣等

3. 应收账款主要会计处理

企业因销售商品、提供劳务等经营活动发生的应收账款,按应收金额,借记"应收账款"账户,按确认的营业收入,贷记"主营业务收入"等账户,涉及增值税销项税额的,还应按应收取的销项税额,贷记"应交税费——应交增值税(销项税额)"账户。收回应收账款时,借记"银行存款"等账户,贷记"应收账款"账户。对于附现金折扣条件的销售,收回应收款项时,按原应收金额,贷记"应收账款"账户,按给予购货方的现金折扣金额,借记"财务费用"账户,按实际收款额,借记"应收账款"账户。具体如图 4-7 所示。

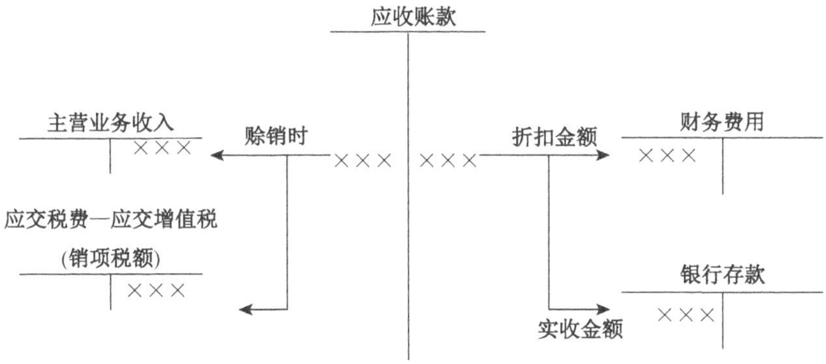

图 4-7 附现金折扣条件的赊销的处理

【例 4-24】 华夏公司为增值税一般纳税人,2×19 年 3 月 1 日销售 A 商品 10 000 件,每件商品的标价为 20 元(不含增值税),每件商品的实际成本为 12 元,A 商品适用的增值税税率为 13%;由于是成批销售,华夏公司给以购货方 10%的商业折扣,并在销售合同中规定现金折扣条件为:2/10,1/20,N/30;A 商品于 3 月 1 日发出。假定计算现金折扣时不考虑增值税。(华夏公司为未执行会计准则的企业)

(1) 在本例中,华夏公司在 3 月 1 日发出存货时实现了销售收入,应收账款的入账价值为 203 400 元[20×10 000×(1−10%)×(1+13%)],会计处理为:

借:应收账款　　203 400

　贷:主营业务收入　　180 000

　　应交税费——应交增值税(销项税额)　　23 400

同时,结转销售成本:

借：主营业务成本　　120 000
　　贷：库存商品　　120 000

(2) 华夏公司收回款项时的会计处理如下。

① 若实际收款日在2×19年3月1日至3月10日。

$$现金折扣 = 180\ 000 \times 2\% = 3\ 600(元)$$

实际收款额199 800元(203 400－3 600)，会计处理为：

借：银行存款　　199 800
　　财务费用　　3 600
　　贷：应收账款　　203 400

② 若实际收款日在2×19年3月11日至3月20日。

$$现金折扣 = 180\ 000 \times 1\% = 1\ 800(元)$$

实际收款额201 600元(203 400－1 800)，会计处理为：

借：银行存款　　201 600
　　财务费用　　1 800
　　贷：应收账款　　203 400

③ 若实际收款日在2×19年3月21日至3月31日。

现金折扣为0，实际收款额为203 400元，会计处理为：

借：银行存款　　203 400
　　贷：应收账款　　203 400

延伸阅读4-3

新准则下以可变对价视角对现金折扣的处理

现金折扣是企业为了尽早收到销货款而采取的一种激励手段，并随时间的推延而变化，所以属于交易价格中的可变对价，在会计上一般作为对销售收入的调整。具体方法是：附有现金折扣条件的商品赊销时，将应收账款总额扣除估计的极有可能发生的现金折扣后的余额记入"应收账款"科目，将不含增值税的交易总价格扣除估计的现金折扣后的余额确认为主营业务收入，按照不扣除现金折扣的不含增值税的交易总价格和适用的增值税税率确定的增值税额记入"应交税费—应交增值税(销项税额)"科目。

资产负债表日，重新估计可能收到的对价金额，如果实际收款时间晚于估计的收款时间，客户因此丧失的现金折扣额作为可变对价，调增应收账款和主营业务收入；如果实际收款时间早于估计的收款时间，客户享受了现金折扣，则按实际享受的现金折扣大于估计的现金折扣的金额减少应收账款和主营业务收入。

例：企业赊销A产品，合同规定的付款条件为"2/10，1/20，N/30"，按含增值税的价款计算现金折扣。当日开出增值税专用发票，发票上注明的不含税价款为10 000元，增值税额为1 300元，价税合计为11 300元。公司依客户以往付款情况的经验及客户现实经营状况，估计客户很可能在10天内结清全部款项(采用净价法核算)，并很有可能获得226元(11 300×2%)的现金折扣。

借：应收账款　　11 074
　　贷：主营业务收入　　9 774
　　　　应交税费——应交增值税(销项税额)　　1 300

如果客户于10天内付款，则获得226元的现金折扣，实收货款11 074元。

借：银行存款 11 074

贷：应收账款 11 074

如果客户于20天内付款，则获得113元的现金折扣，实收货款11 187元。

借：银行存款 11 187

贷：应收账款 11 074

主营业务收入 113

如果客户超过20天，在30天内付款，则无法获得现金折扣，实收货款11 300元。

借：银行存款 11 300

贷：应收账款 11 074

主营业务收入 226

（二）应收票据

1. 应收票据概述

应收票据是指企业因销售商品、提供劳务等而收到的商业汇票。商业汇票是一种由出票人签发的，委托付款人在指定日期内无条件支付确定金额给收款人或者持票人的票据。商业汇票的付款期限最长不得超过6个月。

(1) 按承兑人不同，商业汇票分为商业承兑汇票和银行承兑汇票。商业承兑汇票是指由付款人签发并承兑，或由收款人签发交由付款人承兑的汇票；银行承兑汇票是指由在承兑银行开立存款账户的存款人签发，由承兑银行承兑的票据。商业承兑汇票与银行承兑汇票的不同具体表现在汇票到期付款人无力付款时的处理：商业承兑汇票到期时，付款人若无足够的存款，银行不负责付款；银行承兑汇票到期时，无论付款人有无足够的存款，银行均无条件付款。

(2) 按是否计息，商业汇票分为不带息商业汇票和带息商业汇票。带息票据到期时，持票人可以收到票面金额和自票据开出日到票据到期日的利息，即：票据到期值＝票据面值＋票据利息。不带息的票据到期时，持票人只能收到票据的面额。即：票据到期值＝票据面值。

(3) 按票据是否带有追索权，商业汇票分为带追索权的商业汇票和不带追索权的商业汇票。追索权，是指持票人在汇票到期未获付款，到期前未获承兑或其他法定原因发生时，在采取保全权利行为之后，能够请求前手或其他票据债务人偿还票据金额以及相关损失的票据权利。

为了反映和监督应收票据取得、票款收回等经济业务，企业应设置“应收票据”账户。该账户借方登记取得应收票据的面值，贷方登记到期收回票款或到期前向银行贴现的应收票据的票面余额。期末借方余额，反映企业持有商业汇票的票面金额。

2. 应收票据的主要会计处理

应收票据的核算，主要包括应收票据的取得、到期收回票款以及未到期票据的贴现和转让。

1) 取得商业汇票时

企业因销售商品、提供劳务等收到开出、承兑的商业汇票，按商业汇票的票面金额，借记“应收票据”账户，按确认的营业收入，贷记“主营业务收入”等账户，涉及增值税销项税额的，还应按销项税额,贷记"应交税费——应交增值税(销项税额)"账户。

借:应收票据
　　贷:主营业务收入等科目
　　　　应交税费——应交增值税(销项税额)

2) 商业汇票到期时

① 正常收款:

应按实际收到的金额,借记"银行存款"账户,按商业汇票的票面金额,贷记"应收票据"账户。

借:银行存款
　　贷:应收票据

② 对方无力支付:

A. 如为银行承兑汇票

到期对方无力支付,则由承兑行支付款项。

借:银行存款
　　贷:应收票据

B. 如为商业承兑汇票

若到期,对方无力支付,我方未收回款项,应将"应收票据"转入"应收账款"。

借:应收账款
　　贷:应收票据

3) 商业汇票贴现

商业汇票到期前,企业若急需资金,可以持未到期的商业汇票向银行申请贴现,以获取所需资金。持未到期的商业汇票向银行贴现,应按实际收到的金额(即减去贴现息后的净额),借记"银行存款"等账户,按贴现息部分,借记"财务费用"等账户,按商业汇票的票面金额,贷记"应收票据"账户(适用于符合金融工具确认和计量准则有关金融资产终止确认条件的情形)或"短期借款"账户(适用于不符合金融工具确认和计量准则有关金融资产终止确认条件的情形)。应收票据贴现所得额的计算如下:

贴现所得额 = 票据到期值 − 贴现息

票据到期值 = 票据面值 + 票据利息

贴现息 = 票据到期值 × 贴现率 × 贴现期

票据贴现期 = 票据期限 − 持票期限

4) 商业汇票背书转让

将持有的商业汇票背书转让以取得所需物资,按应计入取得物资成本的金额,借记"材料采购"或"原材料""库存商品"等账户,按商业汇票的票面金额,贷记"应收票据"账户,如有差额,借记或贷记"银行存款"等账户,涉及增值税进项税额的,还应按进项税额,借记"应交税费——应交增值税(进项税额)"等账户。

5) 带息应收票据的利息核算

带息应收票据应在每期期末计算票据利息,增加票据的票面价值,借记"应收票据"账户，同时冲减财务费用，贷记“财务费用”账户。

【例 4-25】 2×19 年 12 月 1 日，华夏公司销售一批产品给丙公司，货已发出，货款 100 000元，增值税税额 13 000 元。丙公司交给华夏公司一张不带息的 3 个月到期的商业承兑汇票，面额 113 000 元。

(1) 2×19 年 12 月 1 日，华夏公司发出货物，会计处理如下：

借：应收票据　　113 000
　　贷：主营业务收入　　100 000
　　　　应交税费——应交增值税(销项税额)　　13 000

(2) 2×20 年 3 月 1 日，华夏公司收回款项 113 000 元，会计处理如下：

借：银行存款　　113 000
　　贷：应收票据　　113 000

(3) 2×20 年 3 月 1 日，华夏公司获知，因丙公司管理不善，应收丙公司的款项 113 000 元无法收回。华夏公司会计处理如下：

借：应收账款　　113 000
　　贷：应收票据　　113 000

(4) 因资金周转需要，华夏公司于 2×20 年 1 月 1 日将应收的丙公司票据向银行贴现，且银行有追索权，银行贴现率为 12%。

在本例中，票据到期值为 113 000 元，票据贴现期为 2 个月，则：

$$贴现息 = 113\ 000 \times 12\% \times 2 \div 12 = 2\ 260(元)$$
$$贴现额 = 113\ 000 - 2\ 260 = 110\ 740(元)$$

借：银行存款　　110 740
　　财务费用　　2 260
　　贷：短期借款　　113 000

相关思考 4-3

若商业汇票到期时付款人无力付款，商业承兑汇票与银行承兑汇票的债务人和债权人分别应如何处理？

票据种类	债权人	债务人
商业承兑汇票	借：应收账款 　贷：应收票据	借：应付账款 　贷：应付票据
银行承兑汇票	借：银行存款 　贷：应收票据	借：短期借款 　贷：应付票据

(三) 预付账款

预付账款是指企业按照合同规定预付给供应单位的款项。

企业应当设置“预付账款”账户，核算预付账款的增减变动及其结存情况。预付款项情况不多的企业，可以不设置“预付账款”账户，而直接通过“应付账款”账户核算。

企业根据购货合同的规定向供应单位预付款项时，借记“预付账款”账户，贷记“银行存款”账户。企业收到所购物资，按应计入物资成本的金额，借记“材料采购”或“原材料”“库存商品”“应交税费——应交增值税（进项税额）”等账户，贷记“预付账款”账户；当预付货款小于采购货物所需支付的款项时，应将不足部分补付，借记“预付账款”账户，贷记“银行存款”账户；当预付货款大于采购货物所需支付的款项时，对收回的多余款项应借记“银行存款”账户，贷记“预付账款”账户。

图 4-8 展示了采用预付账款方式购买材料物资的核算流程。

预付款项 —— 收到货物 —— 多退少补

借：预付账款
　贷：银行存款

借：原材料等
　应交税费——应交增值税（进项税额）
　贷：预付账款

（少补：支付不足款）
借：预付账款
　贷：银行存款
（多退：收回退款）
借：银行存款
　贷：预付账款

图 4-8　采用预付账款方式购买材料物资的核算流程

【例 4-26】　华夏公司向丙公司采购材料 5 000 吨，所需支付的款项总额 50 000 元。按照合同规定向丙公司预付货款的 50%，验收货物后补付其余款项。华夏公司应作如下会计处理。

（1）预付 50%的货款，会计处理为：

借：预付账款——丙公司	25 000	
贷：银行存款		25 000

（2）收到丙公司发来的 5 000 吨材料，增值税专用发票记载的货款为 50 000 元，增值税额为 6 500 元，会计处理为：

借：原材料	50 000	
应交税费——应交增值税（进项税额）	6 500	
贷：预付账款——丙公司		56 500

（3）华夏公司以银行存款补付所欠余款 31 500 元（56 500－25 000），会计处理为：

借：预付账款——丙公司	31 500	
贷：银行存款		31 500

（四）其他应收款

其他应收款是指企业除应收票据、应收账款、预付账款等以外的其他各种应收及暂付款项。其主要内容如图 4-9 所示。

其他应收款
- ① 应收的各种赔款、罚款
- ② 应收的出租包装物租金
- ③ 应向职工收取的各种垫付款项
- ④ 存出保证金，如租入包装物支付的押金
- ⑤ 其他各种应收、暂付款项

图 4-9　其他应收款的主要核算内容

【例 4-27】 华夏公司在采购过程中发生材料毁损，按保险合同规定，应由保险公司赔偿损失 30 000 元，赔款尚未收到。

借：其他应收款——应收保险赔款　　30 000
　贷：待处理财产损溢——待处理流动资产损溢　　30 000

说明：假设不考虑增值税的情况。

【例 4-28】 接[例 4-27]，上述保险公司赔款如数收到。

借：银行存款　　30 000
　贷：其他应收款——应收保险赔款　　30 000

【例 4-29】 华夏公司以银行存款替副总经理张某垫付应由其个人负担的医疗费 5 000 元，拟从其工资中扣回。

（1）垫支时：

借：其他应收款——张某　　5 000
　贷：银行存款　　5 000

（2）扣款时：

借：应付职工薪酬——工资　　5 000
　贷：其他应收款——张某　　5 000

【例 4-30】 华夏公司租入包装物一批，以银行存款向出租方支付押金 10 000 元。

借：其他应收款——存出保证金　　10 000
　贷：银行存款　　10 000

【例 4-31】 接[例 4-30]，租入包装物按期如数退回，华夏公司收到出租方退还的押金 10 000 元，已存入银行。

借：银行存款　　10 000
　贷：其他应收款——存出保证金　　10 000

第五节 其他债权投资和其他权益工具投资

其他债权投资和其他权益工具投资均属于以公允价值计量且其变动计入其他综合收益的金融资产。

一、其他债权投资

（一）其他债权投资的核算原则

其他债权投资初始确认时，应当按照公允价值和相关交易费用之和作为初始入账金额，实际支付的价款中包含的已到付息期但尚未领取的债券利息，应单独确认为应收项目。

其他债权投资在持有期间取得的利息，应当确认为投资收益。

资产负债表日，其他债权投资应按公允价值计量，公允价值变动应计入其他综合收益。

处置其他债权投资时，应将所取得的价款与其他债权投资账面价值之间的差额计入当期损益;同时,将原直接计入其他综合收益的累计公允价值变动额转出,计入投资收益。

(二)其他债权投资的主要核算账户

表 4-9　**与其他债权投资核算有关的账户**

核算账户		账户性质	核算内容
其他债权投资	其他债权投资——××(成本)【明细分类账户】	资产类	核算其他债权投资的成本
	其他债权投资——××(利息调整)【明细分类账户】	资产类	核算其他债权投资初始确认金额与其面值的差额,以及按照实际利率法分期摊销该差额后的摊余金额
	其他债权投资——××(应计利息)【明细分类账户】	资产类	核算到期一次还本付息债券在资产负债表日按照面值乘以票面利率计算确定的应收未收的利息
	其他债权投资——××(公允价值变动)【明细分类账户】	资产类	核算其他债权投资持有期间公允价值变动金额
其他综合收益		所有者权益类	核算企业直接计入所有者权益的利得和损失

(三)其他债权投资的主要会计处理

1. 其他债权投资取得的核算

企业取得其他债权投资时,应按债券的面值,借记"其他债权投资——××(成本)"账户,按支付的价款中包含的已到付息期但尚未领取的利息,借记"应收利息"账户,按实际支付的金额,贷记"其他货币资金——存出投资款"等账户,按其差额,借记或贷记"其他债权投资——××(利息调整)"账户。

借:其他债权投资——××(成本)　　【按债券的面值】
　　应收利息　　【按代垫利息,或"其他债权投资——××(应计利息)"】
　　贷:其他债权投资——××(利息调整)　　【按差额,也可能在借方】
　　　　其他货币资金——存出投资款等　　【按实际支付的金额】

【例 4-32】 2×19 年 7 月 1 日,华夏公司支付价款 65 500 元购入乙公司于当日发行的面值 60 000 元、期限为 3 年、票面利率为 5%、每年 1 月 1 日付息、到期还本的债券作为其他债权投资,并支付交易费用 200 元。

在本例中,2×19 年 7 月 1 日购入乙公司债券的成本为 65 700 元(65 500+200),会计处理为:

借:其他债权投资——乙公司债券(成本)　　60 000
　　其他债权投资——乙公司债券(利息调整)　　5 700
　　贷:其他货币资金——存出投资款　　65 700

2. 其他债权投资持有收益的核算

其他债权投资持有期间取得的债券利息,应于资产负债表日按照实际利率法确认投资收益,具体核算方法和过程与债权投资相似,这里不做介绍。

【例 4-33】 2×19 年 1 月 1 日,华夏公司支付价款 526 730 元(含交易费用),购入当日发行的面值 500 000 元、期限 3 年、票面利率 8%、每年 12 月 31 日付息、到期还本的丙公司债券作为其他债权投资。华夏公司在取得时确定的债券实际利率为 6%。

(1) 2×19 年 1 月 1 日，购入丙公司债券时，初始确认金额为 526 730 元，会计处理如下。

借：其他债权投资——丙公司债券（成本） 500 000
　　其他债权投资——丙公司债券（利息调整） 26 730
　　贷：其他货币资金——存出投资款 526 730

(2) 采用实际利率法编制利息收入与摊余成本计算如表 4-10 所示。

表 4-10 **利息收入与摊余成本计算表**

计息日期	期初摊余成本	实际利率	利息收入	应收利息	利息调整摊销	期末摊余成本
	1	2	3=1×2	4=面值×票面利率	5=3−4	6=1+3−4
2×19 年 1 月 1 日						526 730
2×19 年 12 月 31 日	526 730	6%	31 604	40 000	8 396	518 334
2×20 年 12 月 31 日	518 334	6%	31 100	40 000	8 900	509 434
2×21 年 12 月 31 日	509 434	6%	30 566	40 000	9 434	500 000
合　计	—	—	93 270	120 000	26 730	—

【说明：第三年债券的利息调整摊销额为倒挤金额，9 434＝26 730－8 396－8 700】

编制各年年末确认债券利息的会计分录如下。

① 2×19 年 12 月 31 日：

借：应收利息 40 000
　　贷：其他债权投资——丙公司债券（利息调整） 8 396
　　　　投资收益 31 604

② 2×20 年 12 月 31 日：

借：应收利息 40 000
　　贷：其他债权投资——丙公司债券（利息调整） 8 900
　　　　投资收益 31 100

③ 2×21 年 12 月 31 日：

借：应收利息 40 000
　　贷：其他债权投资——丙公司债券（利息调整） 9 434
　　　　投资收益 30 566

借：其他货币资金——存出投资款 40 000
　　贷：应收利息 40 000

(3) 债券到期收回本金及最后一期利息的分录如下。

借：其他货币资金——存出投资款 540 000
　　贷：其他债权投资——丙公司债券（成本） 500 000
　　　　应收利息 40 000

3. 其他债权投资期末计量的核算

资产负债表日，其他债权投资的公允价值高于其账面余额的差额，借记“其他债权投资——××（公允价值变动）”账户，贷记“其他综合收益”账户；公允价值低于其账面余额的差额做相反的会计分录。其中，其他债权投资的账面余额是指“其他债权投资——××（成本)/(应计利息)/(利息调整)/(公允价值变动)”4个明细账户之和。

【例4-34】 接[例4-33]资料,2×19年12月31日,丙公司债券的公允价值为520 000元;2×20年12月31日,丙公司债券的公允价值为500 000元。

(1) 2×19年12月31日,调整前丙公司债券的账面余额为518 334元,公允价值变动为1 666元(520 000－518 334),会计处理为:

借:其他债权投资——丙公司债券(公允价值变动)　　1 666
　贷:其他综合收益　　1 666

(2) 2×20年12月31日,调整前丙公司债券的账面余额为511 100元(509 434＋1 666),公允价值变动为－11 100元(500 000－511 100),会计处理为:

借:其他综合收益　　11 100
　贷:其他债权投资——丙公司债券(公允价值变动)　　11 100

4. 其他债权投资处置的核算

出售其他债权投资,应按实际收到的金额,借记“其他货币资金——存出投资款”等账户,按其账面余额,贷记“其他债权投资——××(成本)/(应计利息)”等账户,按应从所有者权益中转出的公允价值累计变动额,借记或贷记“其他综合收益”账户,按其差额,贷记或借记“投资收益”账户。

【例4-35】 接[例4-33][例4-34]资料,2×21年1月1日,华夏公司将丙公司债券售出,取得转让收入546 000元。

借:其他货币资金——存出投资款　　546 000
　其他债权投资——丙公司债券(公允价值变动)　　9 434
　贷:其他债权投资——丙公司债券(成本)　　500 000
　　其他债权投资——丙公司债券(利息调整)　　9 434
　　投资收益　　46 000
借:投资收益　　9 434
　贷:其他综合收益　　9 434

【思考:为什么需要把其他债权投资持有期间形成的“其他综合收益”转入“投资收益”?是为了保证“投资收益”金额的正确,同处置“交易性金融资产”时的过程和原理相似。】

5. 其他债权投资重分类的核算

(1) 企业将一项以公允价值计量且其变动计入其他综合收益的金融资产重分类为以摊余成本计量的金融资产的,应当将之前计入其他综合收益的累计利得或损失转出,调整该金融资产在重分类日的公允价值,并以调整后的金额作为新的账面价值,即视同该金融资产一直以摊余成本计量。该金融资产重分类不影响其实际利率和预期信用损失的计量。

【例4-36】 华夏公司于2×19年1月1日以公允价值250 000万元购入一项债券投资组合,将其分类为以公允价值计量且其变动计入其他综合收益的金融资产。2×20年1月1日,将其重分类为以摊余成本计量的金融资产。重分类日,该债券组合的公允价值为245 000万元,已确认的损失准备为6 000万元(反映了自初始确认后信用风险显著增加,因此以整个存续期预期信用损失计量)。假定不考虑利息收入的会计处理。

2×20年1月1日,华夏公司将金融资产重分类的会计处理为:

借：债权投资 245 000
　　贷：其他债权投资 245 000

借：债权投资 5 000
　　贷：其他综合收益——其他债权投资公允价值变动 5 000

借：其他综合收益——损失准备 3 000
　　贷：债权投资损失准备 3 000

（2）企业将一项以公允价值计量且其变动计入其他综合收益的金融资产重分类为以公允价值计量且其变动计入当期损益的金融资产的，应当继续以公允价值计量该金融资产。同时，企业应当将之前计入其他综合收益的累计利得或损失从其他综合收益转入当期损益。

【例 4-37】 华夏公司于 2×19 年 1 月 1 日以公允价值 250 000 万元购入一项债券投资组合，将其分类为以公允价值计量且其变动计入其他综合收益的金融资产。2×20 年 1 月 1 日，将其重分类为以公允价值计量且其变动计入当期损益的金融资产。重分类日，该债券组合的公允价值为 245 000 万元，已确认的损失准备为 3 000 万元（反映了自初始确认后信用风险显著增加，因此以整个存续期预期信用损失计量）。假定不考虑利息收入的会计处理。

2×20 年 1 月 1 日，华夏公司会计处理如下：

借：交易性金融资产 245 000
　　贷：其他债权投资 245 000

借：投资收益 2 000
　　其他综合收益——损失准备 3 000
　　贷：其他综合收益——其他债权投资公允价值变动 5 000

二、其他权益工具投资

（一）其他权益工具投资的核算原则

其他权益工具投资初始确认时，应当按照公允价值和相关交易费用之和作为初始入账金额，实际支付的价款中包含的已宣告但尚未发放的现金股利，应单独确认为应收项目。

其他权益工具投资在持有期间取得的现金股利，应当确认为投资收益。

资产负债表日，其他权益工具投资应按公允价值计量，公允价值变动应计入其他综合收益。

处置其他权益工具投资时，应将所取得的价款与其他权益工具投资账面价值之间的差额计入当期损益；同时，将原直接计入其他综合收益的累计利得或损失转出，计入留存收益。

（二）其他权益工具投资的主要会计处理

1. 其他权益工具投资取得的核算

企业取得其他权益工具投资时，按其公允价值和发生的交易费用之和，借记"其他权益工具投资——××（成本）"账户。企业支付的已宣告但尚未发放的现金股利，借记"应收股利"账户，按实际支付的金额，贷记"其他货币资金——存出投资款"等账户。

借：其他权益工具投资——××（成本）【按公允价值和发生的交易费用之和】
　　应收股利 【已宣告但尚未发放的现金股利】
　　贷：其他货币资金——存出投资款等【按实际支付的金额】

【例 4-38】 2×19 年 1 月 10 日,华夏公司按每股 8.20 元的价格从二级市场购入 A 公司每股面值为 1 元的股票 30 000 股作为其他权益工具投资,并支付手续费 2 000 元。股票购买价格中包含每股 0.20 元已宣告但尚未发放的现金股利,该现金股利于 2×19 年 1 月 16 日发放。

(1) 2×19 年 1 月 10 日,取得 A 公司股票的成本为 242 000 元[30 000×(8.2－0.2)＋2 000],应收现金股利为 6 000 元(30 000×0.2),华夏公司的会计处理如下。

借:其他权益工具投资——A 公司股票(成本)　　242 000
　　应收股利　　6 000
　　贷:其他货币资金——存出投资款　　248 000

(2) 2×19 年 1 月 16 日,收到 A 公司发放的现金股利的会计处理如下。

借:其他货币资金——存出投资款　　6 000
　　贷:应收股利　　6 000

2. 其他权益工具投资持有收益的核算

其他权益工具投资持有期间取得的现金股利,应计入投资收益。被投资单位宣告发放现金股利时,按应享有的份额,借记"应收股利"账户,贷记"投资收益"账户。实际收到现金股利时,借记"其他货币资金——存出投资款"等账户,贷记 "应收股利"账户。

【例 4-39】 接[例 4-38]资料,2×19 年 4 月 5 日,A 公司宣告股利分配方案,每股分配现金股利 0.10 元。

(1) 2×19 年 4 月 5 日,A 公司宣派发放现金股利,华夏公司应享有的份额为 3 000 元(30 000×0.1),会计处理为:

借:应收股利　　3 000
　　贷:投资收益　　3 000

(2) 2×19 年 5 月 5 日,华夏公司收到现金股利,会计处理为:

借:其他货币资金——存出投资款　　3 000
　　贷:应收股利　　3 000

3. 其他权益工具投资期末计量的核算

资产负债表日,其他权益工具投资的公允价值高于其账面余额的差额,借记"其他权益工具投资——××(公允价值变动)"账户,贷记"其他综合收益"账户;公允价值低于其账面余额的差额做相反的会计分录。

【例 4-40】 接[例 4-38]资料,2×19 年 6 月 30 日,A 公司股票每股公允价值 7.50 元;2×19 年 12 月 31 日,A 公司股票每股公允价值 9 元。

(1) 2×19 年 6 月 30 日,调整前 A 公司股票账面余额为 242 000 元,公允价值变动为－17 000 元(30 000×7.50－242 000),会计处理如下。

借:其他综合收益　　17 000
　　贷:其他权益工具投资——A 公司股票(公允价值变动)　　17 000

(2) 2×19 年 12 月 31 日,调整前丁公司股票账面余额为 225 000 元(30 000×7.50),公允价值变动为 45 000 元(30 000×9－225 000),会计处理如下。

借：其他权益工具投资——A 公司股票(公允价值变动)　　45 000
　　贷：其他综合收益　　45 000

4. 其他权益工具投资处置的核算

出售其他权益工具投资，应按实际收到的金额，借记“其他货币资金——存出投资款”等账户，按其账面余额，贷记“其他权益工具投资——××(成本)”账户，贷记或借记“其他权益工具投资——××(公允价值变动)”账户，按其差额，贷记或借记“投资收益”账户。按应从其他综合收益中转出的公允价值累计变动额，借记或贷记“其他综合收益”账户，贷记或借记“利润分配——未分配利润”账户和“盈余公积”账户。

【例 4-41】 接[例 4-38][例 4-40]资料，2×20 年 1 月 1 日，华夏公司将 A 公司股票售出，收到价款 300 000 元。假设华夏公司按照净利润的 10%提取法定盈余公积金。

借：其他货币资金——存出投资款　　300 000
　　贷：其他权益工具投资——A 公司股票(成本)　　24 2 000
　　　　其他权益工具投资——A 公司股票(公允价值变动)　　28 000
　　　　投资收益　　30 000

借：其他综合收益　　28 000
　　贷：盈余公积——法定盈余公积　　2 800
　　　　利润分配——未分配利润　　25 200

第六节　应收款项的减值

一、应收款项减值的核算原则

企业应当在资产负债表日对应收款项的账面价值进行检查，分析应收款项的可收回性，预计可能发生的减值损失。有客观证据表明该应收款项发生减值的，应当将该应收款项的账面价值减记至预计未来现金流量现值，减记的金额确认减值损失，计提坏账准备。对于有确凿证据证明无法收回或收回可能性不大的应收款项，如债务单位已撤销、破产、资不抵债、现金流量严重不足等，应根据企业的管理权限，报经批准后作为坏账，转销应收款项。这种核算坏账损失的方法称为备抵法。

应收款项单项金额为重大的，应当单独进行减值测试；单项金额为非重大的，可以单独进行减值测试，也可以与经减值测试后未减值的应收款项一起按信用风险特征划分为若干组合，再按这些组合余额的一定比例计算确定减值损失，计提坏账准备。

由于应收账款属于短期债权，其预计未来现金流量与现值差别很小，在确定相关减值损失时，可不对预计未来现金流量进行折现。备抵法确认应收款项减值损失的思路如图 4-10 所示。

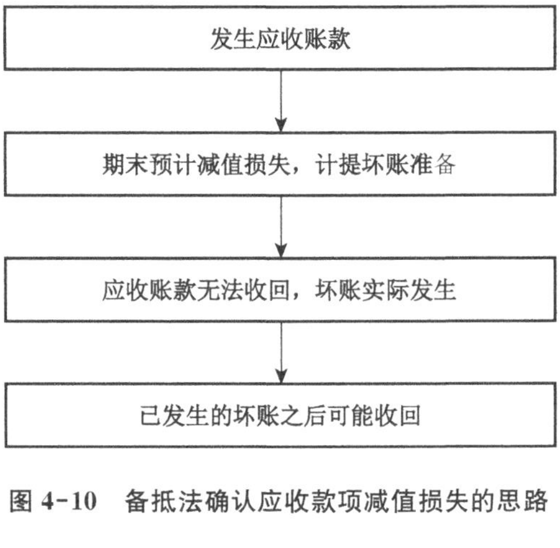

图 4-10　备抵法确认应收款项减值损失的思路

二、应收款项减值的主要核算账户

企业应当设置“坏账准备”账户，核算应收款项的坏账准备计提、转销等情况。企业当期计提的坏账准备应当计入资产减值损失。“坏账准备”账户的贷方登记当期计提的坏账准备金额，借方登记实际发生的坏账损失金额和冲减的坏账准备金额，期末余额一般在贷方，反映企业已计提但尚未转销的坏账准备。具体如图 4-11 所示。

坏账准备

① 冲回坏账损失 ② 转销坏账损失	① 计提坏账损失 ② 收回已转销的坏账
	企业已计提但尚未转销的坏账准备

图 4-11　坏账准备账户

企业当期计提的坏账准备应当计入信用减值损失。“信用减值损失”为损益类账户，借方登记金融资产减值准备所形成的预期信用损失，贷方登记预期信用损失的转回，期末全部发生额转入“本年利润”后，该账户无余额。

三、应收款项减值的主要会计处理

1. 当期计提坏账准备

企业计提坏账准备时，按应减记的金额，借记“信用减值损失”账户，贷记“坏账准备”账户。冲减多计提的坏账准备时，借记“坏账准备”账户，贷记“信用减值损失”账户。

1）补提坏账准备

借：信用减值损失
　　贷：坏账准备

2）冲减坏账准备

借：坏账准备
　　贷：信用减值损失

2. 应收款项无法收回，确定并转销坏账

企业确实无法收回的应收款项按管理权限报经批准后作为坏账转销时，应当冲减已计提的坏账准备。企业发生坏账损失时，借记“坏账准备”账户，贷记“应收账款”“其他应收款”等账户。

借：坏账准备
　　贷：应收账款等

3. 已确认并转销的坏账，以后又部分或全部收回

已确认并转销的应收款项以后又收回的，应当按照实际收到的金额增加坏账准备的账面余额。已确认并转销的应收款项以后又收回时，借记“应收账款”“其他应收款”等账户，贷记“坏账准备”账户；同时，借记“银行存款”账户，贷记“应收账款”“其他应收款”等账户。也可以按照实际收回的金额，借记“银行存款”账户，贷记“坏账准备”账户。

1）第一种方法

① 冲销原分录：

借：应收账款等
　　贷：坏账准备

② 收回款项：

借：银行存款
　　贷：应收账款等

2）第二种方法：简化方法，直接编制一个分录

借：银行存款
　　贷：坏账准备

相关思考 4-4

哪一种方法更能详细地记录企业的应收款项转销后又收回来？

2×17 年年初假设华夏公司应收乙公司货款 100 000 元，2×18 年 3 月份甲确认此款已无法收回予以转销，2×19 年 6 月份，华夏公司收到了乙公司的货款。借助丁字账户：

	第一种方法 应收账款——乙公司（借方）	第一种方法 应收账款——乙公司（贷方）	第二种方法 应收账款——乙公司（借方）	第二种方法 应收账款——乙公司（贷方）
2×17 年初	100 000		100 000	
2×18 年 3 月		100 000		100 000
2×19 年 6 月	①（转销） 100 000			
		100 000	②（收回）	
	0		0	

通过丁字账户，不难看出，采用第一种方法能详细地记录应收乙公司的 100 000 元，转销后又收回来的每一个经济业务的环节，而第二种方法只能反映应收的 100 000 元无法收回已转销的记录；因此在实务中建议采用第一种方法。

备抵法下每个会计期末预计的坏账损失通常是根据资产负债表日应收账款余额的一定比例计算，具体分为应收账款余额百分比法和账龄分析法。

延伸阅读 4-4

直接转销法和备抵法

直接转销法是在实际发生坏账时确认坏账损失并计入当期损益的方法。采用这一方法在发生坏账时，借记“资产减值损失”账户，贷记“应收账款”账户。如果已经确认的坏账由于某种原因又如数收回，为了能使“应收账款”账户系统反映顾客的信用状况，应先冲销发生坏账时的会计分录，再按正常程序反映应收账款的收回。直接转销法的优点是账务处理比较简单，但这种方法忽视了坏账损失与赊销的内在关系，不符合权责发生制和配比原则的要求，同时，期末资产负债表中列示的应收账款数额是其账面价值，而不是可变现价值，因而在一定程度上夸大了资产数额。

备抵法是按期估计坏账并将坏账损失计入当期损益，形成坏账准备，当某一应收账款全部或部分被确认为坏账时，将其金额冲减坏账准备，在这种方法下，应设置“坏账准备”账户进行核算，该账户是“应收账

款”的备抵账户。采用备抵法时首先应按期估计坏账，估计坏账的方法一般有应收账款余额百分比法和账龄分析法。

1）应收款项余额百分比法

应收款项余额百分比法是根据会计期末应收款项余额的一定百分比例来确定坏账准备余额的方法。具体计算步骤如下。

第一步：计算坏账准备期末余额：应收款项期末余额×计提坏账准备的百分比；

第二步：计算“坏账准备”账户原有余额

“坏账准备”账户的原有余额 = “坏账准备”账户的期初余额 − 本期转销的坏账 + 本期收回已转销的坏账

第三步：计算当期应计提或冲回的坏账准备：坏账准备期末余额－“坏账准备”账户原有余额

【例 4-42】 2×18 年 12 月 31 日，华夏公司对应收甲公司的账款进行减值测试。应收账款余额合计为 1 000 000 元，华夏公司根据甲公司的资信情况确定按 10%计提坏账准备。

在本例中“坏账准备”账户期末余额为 100 000 元（1 000 000×10%），“坏账准备”账户原有余额为 0，本期计提的坏账准备为 100 000 元，华夏公司 2×18 年末计提坏账准备的会计处理为：

借：信用减值损失　　100 000
　贷：坏账准备　　100 000

【例 4-43】 接[例 4-42]，2×19 年 12 月 31 日，华夏公司 2×19 年对甲公司的应收账款实际发生坏账损失 30 000 元。华夏公司转销应收账款时的会计处理为：

借：坏账准备　　30 000
　贷：应收账款　　30 000

【例 4-44】 接[例 4-42]和[例 4-43]，华夏公司 2×19 年年末应收甲公司的账款余额为 1 200 000 元，经减值测试，华夏公司决定仍按 10%计提坏账准备。

在本例中“坏账准备”账户期末余额为 120 000 元（1 200 000×10%），“坏账准备”账户原有余额为 70 000 元（100 000－30 000），本期计提的坏账准备为 50 000 元（120 000－70 000），华夏公司 2×19 年年末计提坏账准备的会计处理为：

借：信用减值损失　　50 000
　贷：坏账准备　　50 000

【例 4-45】 华夏公司 2×20 年 6 月 1 日收到 2×19 年已转销的坏账 20 000 元，已存入银行。华夏公司应作如下会计处理：

借：应收账款　　20 000
　贷：坏账准备　　20 000

同时：

借：银行存款　　20 000
　贷：应收账款　　20 000

或：

借：银行存款　　20 000
　　贷：坏账准备　　20 000

2）账龄分析法

账龄分析法，是指根据应收款项账龄的长短并结合以往的经验来确定坏账百分比、估计坏账损失的方法。这种方法是以应收款项被拖欠的时间越长，坏账发生的可能性就越大为前提的。

采用账龄分析法计提坏账准备，首先要对应收款项按照账龄的长短进行分类，然后分别确定各类应收款项计提坏账的百分比，据以计算各类应收款项应计提的坏账准备金额，然后将各类应收款项计提的坏账准备进行加总，以求得全部应收款项应计提的坏账准备金额。采用这种方法对应收款项计提坏账准备的会计处理方法与应收款项余额百分比法相同，但计算确定的坏账准备金额比应收款项余额百分比法更精确、更合理。

【例 4-46】 华夏公司 2×19 年年末应收账款账龄及坏账损失情况如表 4-11 所示。

表 4-11　**应收账款账龄分析表**　单位：元

应收账款账龄		应收账款金额	估计损失百分比	估计坏账损失额
未到期		35 000.00	0.5%	175.00
到期时间	1 个月	35 000.00	0.5%	175.00
	2 个月	25 000.00	1.0%	250.00
	3 个月	15 500.00	2.0%	310.00
	4 个月	40 000.00	3.0%	1 200.00
	5 个月以上	65 250.00	10.0%	1 700.00
合　计		215 750.00	—	8 635.00

（1）假设华夏公司计提坏账准备前，“坏账准备”账户无余额。在本例中“坏账准备”账户期末余额为 8 635 元，“坏账准备”账户原有余额为 0，则本期计提的坏账准备为 8 635 元，华夏公司 2×19 年年末计提坏账准备的会计处理为：

借：信用减值损失　　8 635
　　贷：坏账准备　　8 635

（2）假设华夏公司计提坏账准备前，“坏账准备”账户有贷方余额 8 000 元。“坏账准备”账户期末余额为 8 635 元，“坏账准备”账户原有余额为 8 000 元，则本期计提的坏账准备为 635 元（8 635－8 000），华夏公司 2×19 年年末计提坏账准备的会计处理为：

借：信用减值损失　　635
　　贷：坏账准备　　635

（3）假设华夏公司计提坏账准备前，“坏账准备”账户有贷方余额 10 000 元。“坏账准备”账户期末余额为 8 635 元，“坏账准备”账户原有余额为 10 000 元，则本期计提的坏账准备为－1 365 元（8 635－10 000），华夏公司 2×19 年末冲回坏账准备的会计处理为：

借：坏账准备　　1 365
　　贷：信用减值损失　　1 365

(4) 假设华夏公司计提坏账准备前，"坏账准备"账户有借方余额6 000元。"坏账准备"账户期末余额为8 635元，"坏账准备"账户原有余额为－6 000元，则本期计提的坏账准备为14 635元(8 635＋6 000)，华夏公司2×19年年末计提坏账准备的会计分录为：

借：信用减值损失　　14 635

　贷：坏账准备　　14 635

账簿格式

表4-12　**应收账款明细账**

单位名称：华夏公司

账户名称：应收账款——东盛公司　　单位：元

2×19年		凭证号数	摘要	借方	贷方	方向	余额
月	日						
3	1	转10	销售A产品	208 800.00		借	208 800.00
3	9	银收5	收回货款		200 000.00	借	8 800.00
3	15	银收10	收回货款		8 800.00	平	0.00
3	31		本月合计	208 800.00	208 800.00	平	0.00

表4-13　**预付账款明细账**

单位名称：华夏公司

账户名称：预付账款——同创公司　　单位：元

2×19年		凭证号数	摘要	借方	贷方	方向	余额
月	日						
12	8	银付10	预付材料款	25 000.00		借	25 000.00
12	20	转20	收到材料		58 000.00	贷	33 000.00
12	20	银付20	补付材料款	33 000.00		平	0.00
12	31		本月合计	58 000.00	58 000.00	平	0.00

表4-14　**其他应收款明细账**

单位名称：华夏公司

账户名称：其他应收款——王刚　　单位：元

2×19年		凭证号数	摘要	借方	贷方	方向	余额
月	日						
12	2	现付10	垫付医药费	5 000.00		借	5 000.00
12	6	现付15	预借差旅费	3 500.00		借	8 500.00
12	12	银行19	发放工资时扣款		5 000.00	借	3 500.00
12	31		本月合计	8 500.00	5 000.00	借	3 500.00

与财务报告的关系

1. “交易性金融资产”项目，反映资产负债表日企业分类为以公允价值计量且其变动计入当期损益的金融资产，以及企业持有的直接指定为以公允价值计量且其变动计入当期损益的金融资产的期末账面价值。该项目应根据“交易性金融资产”账户的相关明细账户期末余额分析填列。自资产负债表日起超过1年到期且预期持有超过1年的以公允价值计量且其变动计入当期损益的非流动金融资产的期末账面价值，在“其他非流动金融资产”项目反映。

2. “应收账款”项目，反映企业资产负债表日以摊余成本计量的、企业因销售商品、提供服务等经营活动应收取的款项。该项目应根据“应收账款”和“预收账款”账户所属各明细账户的期末借方余额合计数，减去“坏账准备”账户中有关坏账准备期末余额后的金额填列。

3. “预付款项”项目，应根据“预付账款”和“应付账款”账户所属各明细账户的期末借方余额合计数，减去“坏账准备”账户中有关预付款项计提的坏账准备期末余额后的金额填列。

4. “其他应收款”项目，应根据“应收利息”“应收股利”和“其他应收款”账户的期末余额合计数，减去“坏账准备”账户中相关坏账准备期末余额后的金额填列。

5. “债权投资”项目，反映资产负债表日企业以摊余成本计量的长期债权投资的期末账面价值。该项目应根据“债权投资”账户的相关明细账户期末余额，减去“债权投资减值准备”账户中相关减值准备的期末余额后的金额分析填列。自资产负债表日起一年内到期的长期债权投资的期末账面价值，在“一年内到期的非流动资产”项目反映。企业购入的以摊余成本计量的一年内到期的债权投资的期末账面价值，在“其他流动资产”项目反映。

6. “其他债权投资”项目，反映资产负债表日企业分类为以公允价值计量且其变动计入其他综合收益的长期债权投资的期末账面价值。该项目应根据“其他债权投资”账户的相关明细账户期末余额分析填列。自资产负债表日起一年内到期的长期债权投资的期末账面价值，在“一年内到期的非流动资产”项目反映。企业购入的以公允价值计量且其变动计入其他综合收益的一年内到期的债权投资的期末账面价值，在“其他流动资产”项目反映。

7. “其他权益工具投资”项目，反映资产负债表日企业指定为以公允价值计量且其变动计入其他综合收益的非交易性权益工具投资的期末账面价值。该项目应根据“其他权益工具投资”账户的期末余额填列。

【例4-47】 华夏公司2×19年12月31日结账后有关账户所属明细账户借贷方余额如表4-15所示。

表4-15 **华夏公司2×19年12月31日结账后有关账户所属明细账户借贷方余额**

账户名称	所属明细账户借方余额	所属明细账户贷方余额
应收账款	26 000.00	10 000.00
预收账款	44 000.00	36 000.00
应收票据	4 000.00	无

假设应收款项没有计提减值准备。该企业2×19年12月31日资产负债表中相关项目的金额如下。

(1)“应收票据及应收账款”项目金额为:26 000+44 000+4 000=74 000(元)

(2)“预收款项”项目金额为:10 000+36 000=46 000(元)

本章小结

本章主要讲解了金融资产的分类及核算,通过讲授要求掌握交易性金融资产的核算,包括交易性金融资产的取得、持有收益、期末计量以及处置的核算和一般企业应收款项的核算,包括应收款项的取得、收回以及减值的核算;能够简单应用其他金融资产的核算。

本章重要概念

交易性金融资产　债权投资　其他债权投资　其他权益工具投资　摊余成本　实际利率法　应收账款　应收票据　贴现　预付账款　其他应收款　坏账准备 资产减值损失

思考题

1. 金融资产是如何分类的? 分类的依据是什么?
2. 商业折扣和现金折扣的异同点分别是什么?
3. 债券的发行方式有哪些,分别是如何形成的?

推荐阅读资料

[1]《企业会计准则第22号——金融工具确认和计量》(2017年3月31日财政部修订发布,在境内外同时上市的企业以及在境外上市并采用国际财务报告准则或企业会计准则编制财务报告的企业,自2018年1月1日起施行;其他境内上市企业自2019年1月1日起施行;执行企业会计准则的非上市企业自2021年1月1日起施行。同时,鼓励企业提前执行)

[2]《企业会计准则——基本准则》(2014年7月23日财政部修订发布,自发布之日起施行)

[3]《企业会计准则第39号——公允价值计量》(2014年1月26日财政部发布,自2014年7月1日起在所有执行企业会计准则的企业范围内施行)

[4]《企业会计准则第37号——金融工具列报》(2014年6月20日财政部修订发布,2014年年度及以后期间执行企业会计准则的企业范围内施行)

[5]《关于修订印发合并财务报表格式(2019版)的通知》(财会【2019】16号,2019年9月28日财政部发布)

[6] 中国注册会计师协会. 会计[M]. 北京:中国财政经济出版社,2019.

第五章　长期股权投资

内容简介

本章主要讲解了准备长期持有的对外权益性投资的核算，即长期股权投资的核算，包括长期股权投资的取得、持有、处置以及核算方法（成本法、权益法）的转换等，并分为四节进行讲解；本章重点为同一控制下企业合并形成的长期股权投资的初始计量，以及长期股权投资的成本法；难点为同一控制下企业合并形成的长期股权投资的初始计量。

学习目的和要求

通过本章学习，学生应掌握企业合并形成的长期股权投资的初始计量、长期股权投资的成本法；了解长期股权投资的概念与内容，以及以非企业合并方式取得长期股权投资的初始计量、长期股权投资的权益法核算。

引例　生产经营多元化，对外投资非传统

市场经济条件下，企业生产经营日趋多元化，除传统的经过原材料投入、加工、销售方式获取利润外，还可以通过投资、收购、兼并、重组等方式拓宽生产经营渠道、提高获利能力。投资是企业为了获得收益或实现资本增值向被投资单位投放资金的经济行为。企业对外进行的投资，可以有不同的分类。从性质上划分，可以分为债权性投资与权益性投资；从管理层持有意图上划分，可以分为交易性投资、可供出售投资、持有至到期投资等。《企业会计准则第2号——长期股权投资》规范了符合条件的权益性投资的确认、计量和相关信息的披露，其他投资适用《企业会计准则第22号——金融工具确认和计量》等相关准则，交易性投资、可供出售投资、持有至到期投资等内容的讲解参见本书相关章节。

华夏公司于2×12年年初取得甲公司40%股权，实际支付价款为3 500万元，投资时甲公司可辨认净资产公允价值为8 000万元（各项可辨认资产、负债的公允价值与账面价值相同）。华夏公司能够对甲公司施加重大影响。华夏公司应进行怎样的账务处理？

甲公司2×12年度实现净利润800万元，因可供出售金融资产公允价值变动增加资本公积50万元。甲公司实现净利润以及由除净损益以外的原因导致所有者权益发生变动，对华夏公司2×12年度会计报表是否有影响？华夏公司2×12年年末应分别进行怎样的账务处理？学完本章后，这些问题会迎刃而解。

第一节 长期股权投资的初始计量

一、长期股权投资及其计量原则

(一) 长期股权投资的定义及其分类

1. 长期股权投资的定义

长期股权投资是指投资方能够对被投资单位实施控制、具有重大影响的权益投资,以及对其合营企业的权益性投资。

2. 长期股权投资的分类(如图 5-1 所示)

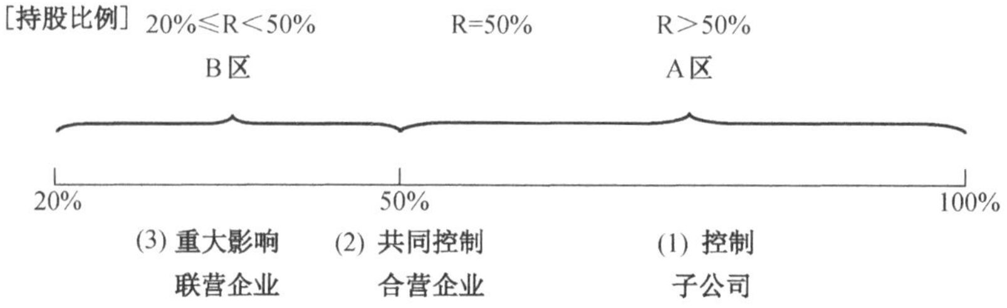

图 5-1 长期股权投资的分类

(1) 控制(A 区):具有控制的权益性投资(持股比例>50%,或者持股比例虽然没有超过 50%,但是实质上有权决定一个企业的财务和经营政策,并能据以从该企业的经营活动中获取利益),被投资企业为投资企业的子公司。控制通常具有如下特征:

第一,控制的主体是唯一的,不是两方或多方,即对被投资单位的财务和经营政策的提议不必要征得其他方同意,就可以形成决议,并付诸实施。

第二,控制的内容是财务和经营政策,这些财务和经营政策一般是通过表决权来决定的。在某些情况下,也可以通过法定程序严格限制董事会、受托人或管理层对特殊目的主体经营活动的决策权,如规定除设立者或发起人外,其他人无权决定特殊目的主体经营活动的政策。

第三,控制的性质是一种权力,是一种法定权力,也可以是通过公司章程或协议、投资者之间的协议授予的权利。

第四,控制的目的是获取经济利益,包括为了增加经济利益、维持经济利益、保护经济利益或者降低所分担的损失等。

(2) 共同控制(持股比例等于 50%):具有共同控制的权益性投资,被投资企业为合营企业。共同控制的实质是通过合同约定建立起来的、合营各方对合营企业共有的控制。实务中,在确定是否构成共同控制时,除了持股比例为 50%外,一般可以考虑将以下情况作为确定基础:

第一,任何一个合营方均不能单独控制合营企业的生产经营活动。

第二,涉及合营企业基本经营活动的决策需要各合营方一致同意。

第三,各合营方可能通过合同或协议的形式任命其中的一个合营方对合营企业的日常活动进行管理,但其必须在各合营方已经一致同意的财务和经营政策范围内行使管理权。

(3) 重大影响(B区):具有重大影响的权益性投资(20%≤持股比例<50%,或者虽然持股比例没有达到此要求,但是实质上对一个企业的财务和经营政策有参与决策的权力,但并不能够控制或者与其他方一起共同控制这些政策的制定),在确定能否对被投资单位施加重大影响时,应当考虑投资方和其他方持有的被投资单位当期可转换公司债券、当期可执行认股权证等潜在表决权因素。在投资方能够对被投资单位施加重大影响的,被投资企业为投资企业的联营企业。实务中,较为常见的重大影响体现为在被投资单位的董事会或类似权力机构中派有代表,通过在被投资单位生产经营决策制定过程中的发言权实施重大影响。投资企业直接或通过子公司间接拥有被投资单位20%以上但低于50%的表决权股份时,一般认为对被投资单位具有重大影响,除非有明确的证据表明在该种情况下投资企业不能参与被投资单位的生产经营决策,不形成重大影响。企业通常可以通过以下一种或几种情形来判断是否对被投资单位具有重大影响:

第一,在被投资单位的董事会或类似权力机构中派有代表。这种情况下,由于在被投资单位的董事会或类似权力机构中派有代表,并享有相应的实质性的参与决策权,投资企业可以通过该代表参与被投资单位经营政策的制定,能够对被投资单位施加重大影响。

第二,向被投资单位派出管理人员。这种情况下,管理人员有权主导被投资单位的相关活动,从而能够对被投资单位施加重大影响。

第三,参与被投资单位财务和经营政策制定过程。这种情况下,在制定政策过程中可以为其自身利益提出建议和意见,从而可以对被投资单位施加重大影响。

第四,与被投资单位之间发生重要交易。有关交易因对被投资单位的日常经营具有重要性,进而在一定程度上可以影响被投资单位的生产经营决策。

第五,向被投资单位提供关键技术资料。因被投资单位的生产经营需要依赖投资方的技术或技术资料,表明投资方对被投资单位具有重大影响。

相关案例 5-1

吉利收购沃尔沃

北京时间2010年3月28日,中国浙江吉利控股集团有限公司在瑞典哥德堡与福特汽车签署最终股权收购协议,获得沃尔沃轿车公司100%的股权以及相关资产(包括知识产权)。收购涉及金额18亿美元。该案例中吉利收购的股权属于何种类型的长期股权投资?

相关思考 5-1

小份额投资应如何核算?

投资企业持有的对被投资单位不具有控制、共同控制或重大影响,并且在活跃市场中没有报价、公允价值不能可靠计量的权益性投资,应当如何核算?

投资企业持有的对被投资单位不具有控制、共同控制或重大影响,并且在活跃市场中没有报价、公允价值不能可靠计量的权益性投资,应当按照《企业会计准则第22号——金融资产的确认和计算》进行处理。

二、长期股权投资的取得

(一) 企业合并形成的长期股权投资,形成控制(A区)

企业合并是指将两个或者两个以上单独的企业合并形成一个报告主体的交易或事项。

企业合并通常包括吸收合并、新设合并和控股合并三种形式。其中,只有控股合并形成投资关系。

控股合并是投资企业持有被投资企业股权比例为50%以上,需要编制合并报表,形成一个报告主体的合并。**合并日**是指合并方实际取得被合并方控制权的日期。

企业合并形成的长期股权投资,是指控股合并所形成的投资企业(即合并后的母公司)对被投资企业(即合并后的子公司)的股权投资。

企业合并形成的长期股权投资,应当区分同一控制下的企业合并和非同一控制下的企业合并,分别确定初始投资成本进行核算。

1. 同一控制下企业合并形成的长期股权投资(如图5-2所示)

参与合并的企业在合并前后均受同一方或相同的多方最终控制且该控制并非暂时性的,为同一控制下的企业合并。合并方的初始投资成本为在合并日按照被合并方所有者权益在最终控制方合并财务报表中的账面价值的份额。

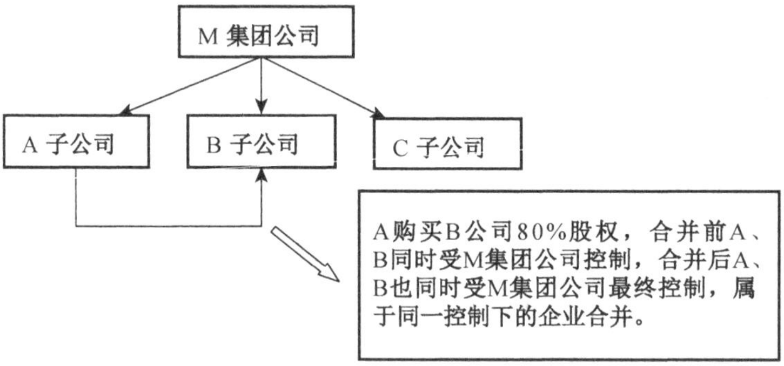

图5-2 同一控制下的企业合并

1) 合并方以支付现金、转让非现金资产等作为合并对价,核算原则如下

同一控制下的企业合并,合并方以支付现金、转让非现金资产或承担债务方式作为合并对价的,应当在合并日按照被合并方所有者权益在最终控制方合并财务报表中的账面价值的份额作为长期股权投资的初始投资成本。长期股权投资初始投资成本与支付的现金、转让的非现金资产以及所承担债务账面价值之间的差额,应当调整资本公积;资本公积不足冲减的,调整留存收益。

转让的非现金资产以账面价值处置,不产生处置损益(因为属于集团公司同一控制,站在集团的角度,未产生净收益或者净亏损,所以非现金资产以账面价值处置)。

(1) 初始投资成本>支付的合并对价账面价值,贷方差额记入“资本公积——资本溢价/股本溢价”。

(2) 初始投资成本<支付的合并对价账面价值,借方差额依次冲减“资本公积——资本溢价/股本溢价”“盈余公积”“利润分配——未分配利润”。

(3) 为合并而发生的直接相关费用(审计费、评估费等)应当于发生时记入当期“管理费用”。

(4) 如为固定资产,则先进入固定资产清理环节。

【例5-1】 甲公司和乙公司同为华夏公司所控制的两个子公司。甲公司和乙公司达成合并协议，约定甲公司以固定资产、无形资产和银行存款作为合并对价，取得乙公司80%的股权。甲公司投出固定资产的账面原价为1 800万元，已计提折旧400万元，已计提固定资产减值准备200万元；付出无形资产的账面原价为1 000万元，已摊销金额为200万元，未计提无形资产减值准备；付出银行存款2 500万元。2×19年1月1日，甲公司实际取得对乙公司的控制权。当日，乙公司所有者权益账面价值总额为5 000万元；甲公司"资本公积——股本溢价"账户余额450万元，"盈余公积"余额700万元。在甲公司和乙公司的合并中，甲公司以银行存款支付审计费、评估费、法律服务费等共计65万元。

解析：在本例中，甲公司和乙公司在合并前后均受华夏公司控制，通过合并，甲公司取得了对乙公司的控制权。因此，该合并为同一控制下的企业合并，甲公司为合并方（投资方），乙公司为被合并方（被投资方），合并日为2×19年1月1日。

甲公司在合并日的会计处理如下：

（1）转销参与合并的固定资产账面价值：

借：固定资产清理	12 000 000	
固定资产减值准备	2 000 000	
累计折旧	4 000 000	
贷：固定资产		18 000 000

（2）确认长期股权投资：

初始投资成本＝50 000 000×80%＝40 000 000（元）

支付的合并对价合计＝固定资产账面价值＋无形资产账面价值＋银行存款

＝12 000 000＋（10 000 000－2 000 000）＋25 000 000

＝45 000 000（元）

支付的合并对价－初始投资成本＝5 000 000（元），以甲公司账面价值为限冲减"资本公积——股本溢价"4 500 000元，冲减"盈余公积"500 000元。

借：长期股权投资——乙公司	40 000 000	
累计摊销	2 000 000	
资本公积——股本溢价	4 500 000	
盈余公积	500 000	
贷：无形资产		10 000 000
固定资产清理		12 000 000
银行存款		25 000 000

（3）确认支付的合并费用：

借：管理费用	650 000	
贷：银行存款		650 000

2）合并方以发行权益性证券作为合并对价，核算原则如下

合并方以发行权益性证券作为合并对价的，应当在合并日按照被合并方所有者权益在最终控制方合并财务报表中的账面价值的份额作为长期股权投资的初始投资成本。按照发行股份的面值总额作为股本，长期股权投资初始资成本与所发行股份面值总额之间的差额，应当调整资本公积；资本公积不足冲减的，调整留存收益。

(1) 按照发行的权益性证券面值总额作为股本。

(2) 初始投资成本＞发行的权益性证券面值总额,贷方差额记入“资本公积——资本溢价/股本溢价”。

(3) 初始投资成本＜发行的权益性证券面值总额,借方差额依次冲减合并方“资本公积——资本溢价/股本溢价”“盈余公积”“利润分配——未分配利润”。

(4)合并方为企业合并而发行权益性证券所支付的手续费、佣金等费用,应依次冲减(借记)合并方“资本公积——资本溢价/股本溢价”“盈余公积”“利润分配——未分配利润”。

【例 5-2】 甲公司和乙公司同为华夏公司所控制的两个子公司。甲公司和乙公司达成合并协议,约定甲公司以发行每股面值为 1 元的股票 2 500 万股,换取乙公司 80%的股权,并以银行存款支付发行股票手续费 2 万元。2×19 年 1 月 1 日,甲公司实际取得对乙公司的控制权。合并日,乙公司所有者权益总额的账面价值为 5 000 万元。

解析:在本例中,甲公司和乙公司在合并前后均受华夏公司控制,通过合并,甲公司取得了对乙公司的控制权。因此,该合并为同一控制下的企业合并,甲公司为合并方(投资方),乙公司为被合并方(被投资方),合并日为 2×19 年 1 月 1 日。

初始投资成本＝50 000 000×80%＝40 000 000(元)

权益性证券面值总额＝25 000 000×1＝25 000 000(元)

初始投资成本－权益性证券面值总额＝15 000 000(元),贷方差额记入“资本公积——股本溢价”,发行股票手续费 20 000 元抵减权益性证券的溢价收入(即“资本公积——股本溢价”)。

合并日:

① 借:长期股权投资——乙公司	40 000 000	
贷:股本		25 000 000
资本公积——股本溢价		15 000 000
② 借:资本公积——股本溢价	20 000	
贷:银行存款		20 000

2. 非同一控制下企业合并形成的长期股权投资(如图 5-3 所示)

非同一控制下的企业合并,购买方在购买日应当按照《企业会计准则第 20 号——企业合并》的有关规定确定的合并成本作为长期股权投资的初始投资成本。合并方或购买方的企业合并发生的审计、法律服务、评估咨询等中介费用以及其他相关管理费用,应当于发生时计入当期损益。

参与合并的各方在合并前后不受同一方或相同的多方最终控制的,为非同一控制下的企业合并。(图 5-3:B 公司购买 C 公司 80%股权,合并前 B 公司被 M 集团公司控制,C 公司被 N 集团公司控制,M、N 公司无任何关系,因此 B 公司购买 C 公司 80%股权属于非同一控制下的企业合并。)

核算原则如下:

(1) 购买方应将企业合并视为一项购买交易 。

(2) 初始投资成本:付出对价的公允价值。

(3) 购买方作为合并付出的资产,应当按照以公允价值处置该资产进行会计处理。公

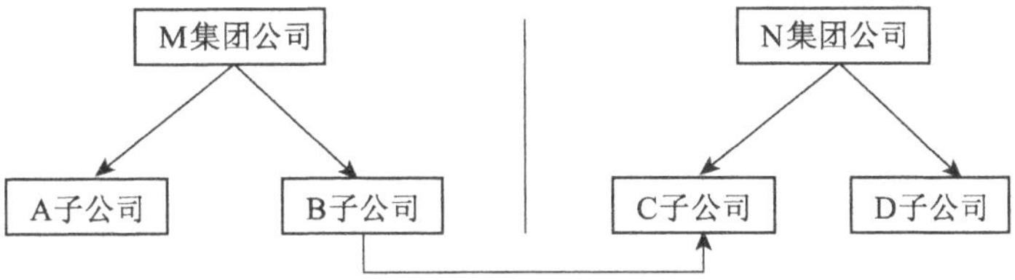

图 5-3 非同一控制下的企业合并

允价值与账面价值差额的处理同出售该资产：

第一，固定资产、无形资产的公允价值与账面价值差额记入“资产处置损益/营业外支出”。

第二，金融资产的公允价值与账面价值差额记入“投资收益”。

第三，存货按售价确认收入、按账面价值结转成本，同时考虑增值税。

第四，为合并而发生的直接相关费用(审计费、评估费等)应当于发生时记入当期“管理费用”。

第五，购买方为进行企业合并而发行的权益性证券支付的手续费、佣金等费用，依次冲减“资本公积——资本溢价/股本溢价”“盈余公积”“利润分配——未分配利润”。

【例 5-3】 甲公司和乙公司股东达成协议，约定甲公司以货币资金 2 500 万元以及一批库存商品、机器设备购入乙公司 80%的股权。库存商品账面价值 800 万元，未计提存货跌价准备，不含增值税的公允价值为 1 000 万元，增值税销项税 160 万元；机器设备的账面原价为 1 800 万元，已计提折旧 400 万元，已计提固定资产减值准备 200 万元，公允价值为 1 000 万元。2×19 年 1 月 1 日，甲公司实际取得对乙公司的控制权。在甲公司和乙公司的合并中，甲公司以银行存款支付审计费、评估费、法律服务费等共计 65 万元。购买日，乙公司所有者权益账面价值总额为5 000万元。甲公司与乙公司不属于关联方。

解析：甲公司与乙公司不属于关联方，因此属于非同一控制下的企业合并。

初始投资成本＝货币资金＋库存商品含税售价＋机器设备公允价值
＝25 000 000＋11 300 000＋10 000 000
＝46 300 000(元)

(1) 转销参与合并的固定资产账面价值。

借：固定资产清理	12 000 000	
固定资产减值准备	2 000 000	
累计折旧	4 000 000	
贷：固定资产		18 000 000

(2) 确认长期股权投资及机器设备转让净损失。

借：长期股权投资——甲公司——成本【初始投资成本】	46 300 000	
资产处置损益	2 000 000	
贷：银行存款		25 000 000
主营业务收入　　　【公允价值】		10 000 000
应交税费——应交增值税(销项税额)		1 300 000
固定资产清理　　　【公允价值】		12 000 000

(3) 确认支付的合并费用,结转存货成本。

① 借:管理费用　　650 000
　　贷:银行存款　　650 000
② 借:主营业务成本　　8 000 000
　　贷:库存商品　　8 000 000

(二) 非企业合并取得的长期股权投资,即对被投资单位具有共同控制、重大影响

(1) 以支付现金取得的长期股权投资,应当按照实际支付的购买价款作为初始投资成本,包括购买过程中支付的手续费等必要支出,不包括被投资单位已宣告但尚未发放的现金股利或利润,被投资单位已宣告但尚未发放的现金股利或利润应作为应收项目核算。

【例 5-4】 2×19 年 1 月 1 日,甲公司以货币资金 2 500 万元购入乙公司 40%的股权,其中包括乙公司已宣告尚未发放的现金股利 100 万元,另支付手续费 50 万元。购买日,乙公司所有者权益账面价值 5 000 万元,公允价值 6 000 万元,根据上述资料,编制甲公司取得长期股权投资的会计分录。

解析:持股比例为 40%,初始投资成本=2 500-100+50=2 450(万元)。

借:长期股权投资　　【初始投资成本】　　24 500 000
　　应收股利　　【已宣告尚未发放的股利】　　1 000 000
　　贷:银行存款　　25 500 000

(2) 以发行权益性证券方式取得的长期股权投资,其初始投资成本为所发行权益性证券的公允价值。

确定发行的权益性证券的公允价值时,若所发行的权益性证券存在公开市场,有明确市价可供遵循的,应以该证券的市价作为确定其公允价值的依据,同时应考虑该证券的交易量、是否存在限制性条款等因素的影响;若所发行权益性证券不存在公开市场,没有明确市价可供遵循的,应考虑以被投资单位的公允价值为基础确定权益性证券的价值。

为发行权益性证券支付给有关证券承销机构等的手续费、佣金等与权益性证券发行直接相关的费用,不构成取得长期股权投资的成本。该部分费用应自权益性证券的溢价发行收入中扣除(即冲减"资本公积"),权益性证券的溢价收入不足冲减的,应冲减"盈余公积"和"利润分配——未分配利润"。

【例 5-5】 2×19 年 3 月,甲公司通过增发 6 000 万股本公司普通股(每股面值 1 元)取得乙公司 20%的股权,按照增发前后的平均股价计算,该 6 000 万股普通股的公允价值为 10 400万元。为增发该部分股票,甲公司向证券承销机构等支付了 400 万元的佣金和手续费。假定甲公司取得该部分股权后能够对乙公司的生产经营决策施加重大影响。

解析:本例中,甲公司应当以所发行股票的公允价值作为取得长期股权投资的成本。

借:长期股权投资——乙公司——成本　　104 000 000
　　贷:股本　　60 000 000
　　　　资本公积——股本溢价　　44 000 000

发行权益性证券过程中支付的佣金和手续费,应冲减权益性证券的溢价发行收入。

借:资本公积——股本溢价　　4 000 000
　　贷:银行存款　　4 000 000

相关思考 5-1

长期股权投资初始确认和计量的原则

项 目	企业合并中取得的长期股权投资（对子公司的投资）		企业合并以外取得的长期股权投资（对联营/合营企业投资）
	同一控制下企业合并	非同一控制下企业合并	
长期股权投资初始确认和计量	按照取得被合并方所有者权益账面价值的份额作为长期股权投资的初始投资成本。合并直接相关费用计入当期损益“管理费用”账户。 发行权益性证券支付的手续费、佣金等，依次冲减“资本公积——资本溢价/股本溢价”，“盈余公积”“利润分配——未分配利润”。	以支付对价的公允价值作为长期股权投资的初始投资成本。合并直接相关费用计入当期损益。	一般以支付对价的公允价值作为长期股权投资的初始投资成本；在交易不具有商业实质或公允价值无法取得时，以投出资产账面价值确认。取得投资直接相关费用计入投资成本。

第二节 长期股权投资的后续计量

企业取得的长期股权投资在持有期间，要根据所持股份的性质、占被投资企业股份总额比例的大小以及对被投资企业财务和经营政策的影响程度，选择适当的方法进行会计处理。

一、核算方法的分类

成本法是指长期股权投资的价值通常按初始投资成本计量，除追加或收回投资外，一般不对长期股权投资的账面价值进行调整的一种会计处理方法。

权益法是指在取得长期股权投资时以投资成本计量，在投资持有期间则要根据投资企业应享有被投资企业所有者权益份额的变动，对长期股权投资的账面价值进行相应调整的一种会计处理方法。

（一）成本法的适用范围及核算

1. 成本法的适用范围【控制（A 区）】（如图 5-4 所示）

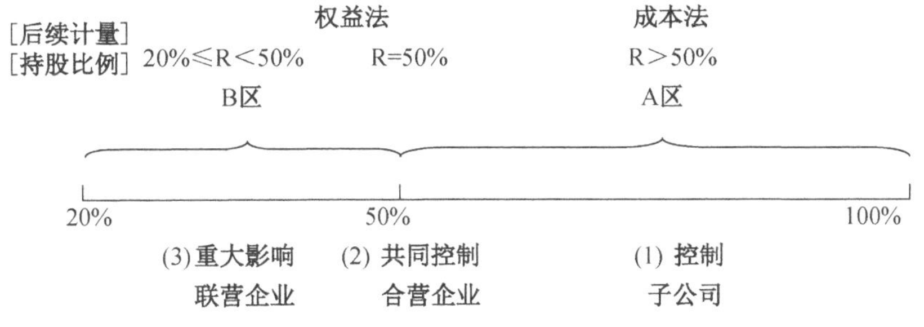

图 5-4 长期股权投资后续计量方法的适用范围

能够对被投资企业实施控制的长期股权投资（A 区）。

2. 账户设置

"长期股权投资——××公司——成本"

3. 核算原则

(1) 采用成本法核算的长期股权投资应当按照初始投资成本计价。

(2) 除非追加投资或收回投资,投资企业一般不对股权投资的账面价值进行调整。

(3) 被投资方宣告发放现金股利或利润时,投资企业应按属于本企业享有的部分(份额)确认投资收益,借记"应收股利"等账户,贷记"投资收益"账户,收到现金股利时,应借记"银行存款"等账户,贷记"应收股利"账户。

(4) 投资企业在确认自被投资企业应分得的现金股利或利润后,如果长期股权投资的账面价值大于应享有被投资单位净资产(包括相关商誉)账面价值的份额,则投资企业应当按照资产减值准则的规定对长期股权投资进行减值测试,并确定是否计提长期股权投资减值准备。

(5) 被投资方宣告分派股票股利时,投资企业应于除权日作备忘记录,只调整持股数量,降低每股成本,不进行账务处理。

(6) 被投资企业未分派股利,投资企业不作任何会计处理。

【例 5-6】 2×18 年 1 月 1 日,甲公司购入乙公司普通股股票 10 000 股,占乙公司普通股股票的 80%,并准备长期持有;2×19 年 3 月 20 日,乙公司宣告发放2×18年度现金股利,每股 0.6 元;2×19 年 3 月 30 日,甲公司收到乙公司发放的现金股利 6 000 元,存入银行。

解析:甲公司持有乙公司股权比例为 80%,应采用成本法核算。

2×19 年 3 月 20 日,乙公司宣告发放现金股利时,甲公司的账务处理:

借:应收股利	6 000	
贷:投资收益		6 000

2×19 年 3 月 30 日,收到现金股利时,甲公司的账务处理:

借:银行存款	6 000	
贷:应收股利		6 000

(二) 权益法的适用范围及核算

1. 权益法的适用范围

投资企业对被投资企业具有共同控制或重大影响的长期股权投资,应当采用权益法核算。

延伸阅读 5-1

长期股权投资——权益法

投资方对联营企业的权益性投资,其中一部分通过风险投资机构、共同基金、信托公司或包括投连险基金在内的类似主体间接持有的,无论以上主体是否对这部分投资具有重大影响,投资方都可以按照《企业会计准则第 22 号——金融工具确认和计量》的有关规定,对间接持有的该部分投资选择以公允价值计量且其变动计入损益,并对其余部分采用权益法核算。

2. 账户设置

(1)“长期股权投资——××公司——成本”,反映长期股权投资的初始投资成本,以及在长期股权投资的初始投资成本小于取得投资时应享有被投资企业可辨认净资产公允价值份额的情况下,按其差额调整初始投资成本后形成的账面价值。

(2)“长期股权投资——××公司——损益调整”,反映投资企业应享有或应分担的被投资企业实现的净损益的份额,以及被投资企业分派的现金股利或利润中投资企业应获得的份额。

(3)“长期股权投资——××公司——其他权益变动”,反映被投资企业除净损益以外所有者权益的其他变动中,投资企业应享有或承担的份额。

(4)“其他综合收益”,权益法下被投资单位其他所有者权益变动形成的利得和损失,计入“其他综合收益”科目。

3. 核算原则

1)取得长期股权投资时的会计处理

企业在取得长期股权投资时,按照确定的初始投资成本入账。初始投资成本与应享有被投资企业可辨认净资产公允价值份额之间的差额,应区别情况分别进行处理:(如图 5-5 所示)。

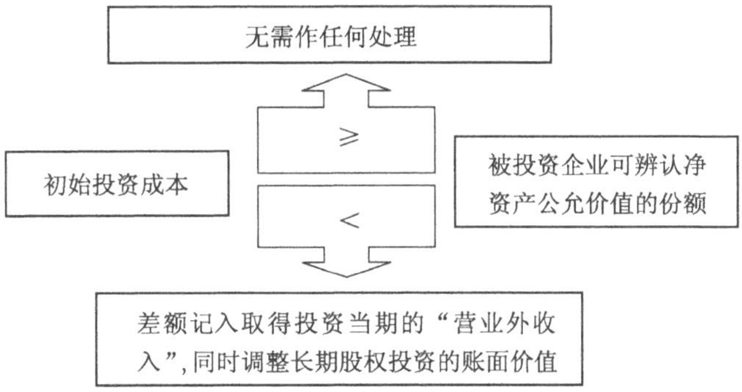

图 5-5　权益法下初始投资差额的调整

如果长期股权投资的初始投资成本大于或等于取得投资时应享有被投资企业可辨认净资产公允价值的份额,不需要调整已确认的初始投资成本;如果长期股权投资的初始投资成本小于取得投资时应享有被投资企业可辨认净资产公允价值的份额,差额记入取得投资当期“营业外收入”,同时增加长期股权投资的账面价值(孰高原则)。

投资企业应享有被投资企业可辨认净资产公允价值的份额,可用下列公式计算:

$$\begin{matrix}\text{应享有被投资单位可辨}\\\text{认净资产公允价值份额}\end{matrix}=\begin{matrix}\text{投资时被投资单位可辨}\\\text{认净资产公允价值总额}\end{matrix}\times\begin{matrix}\text{投资企业}\\\text{持股比例}\end{matrix}$$

【例 5-7】 2×19 年 1 月 1 日,甲公司以货币资金 2 500 万元购入乙公司 40%的股权。购买日,乙公司可辨认净资产账面价值 5 000 万元,公允价值 7 000 万元,根据上述资料,编制甲公司取得长期股权投资时的会计分录。

解析:持股比例为 40%,应采用权益法核算,初始投资成本为支付的合并对价 2 500 万元,应享有被投资企业可辨认净资产公允价值的份额=7 000 000×40%=2 800 000(元),初始投资成本小于被投资企业可辨认净资产公允价值，所以应确认营业外收入 300 万元，同时调整“长期股权投资——××公司——成本”账户。

借：长期股权投资——乙公司——成本　　25 000 000
　　贷：银行存款　　25 000 000
借：长期股权投资——乙公司——成本　　3 000 000
　　贷：营业外收入　　3 000 000

2）持有期间

投资方取得长期股权投资后，应当按照应享有或应分担的被投资单位实现的净损益和其他综合收益的份额，分别确认投资收益和其他综合收益，同时调整长期股权投资的账面价值；投资方按照被投资单位宣告分派的利润或现金股利计算应享有的部分，相应减少长期股权投资的账面价值；投资方对于被投资单位除净损益、其他综合收益和利润分配以外所有者权益的其他变动，应当调整长期股权投资的账面价值并计入所有者权益。

投资方在确认应享有被投资单位净损益的份额时，应当以取得投资时被投资单位可辨认净资产的公允价值为基础，对被投资单位的净利润进行调整后确认。

被投资单位采用的会计政策及会计期间与投资方不一致的，应当按照投资方的会计政策及会计期间对被投资单位的财务报表进行调整，并据以确认投资收益和其他综合收益等。

(1) 投资企业取得长期股权投资后，应当对被投资企业实现的净利润或发生的净亏损进行相应的调整，按照投资企业应享有或应分担的份额确认投资损益，同时调整相应的长期股权投资的账面价值(在对被投资企业具有控制或重大影响时，不编制合并财务报表，但根据重要性原则，应对长期股权投资的账面价值根据被投资企业的权益状况进行调整)。考虑以下因素，对被投资企业净损益的影响进行适当调整：

第一，被投资企业采用的会计政策及会计期间与投资企业不一致的，应当按照投资企业的会计政策及会计期间对被投资企业的财务报表进行调整，在此基础上确定被投资企业的损益。

第二，以取得投资时被投资企业各项可辨认资产等的公允价值为基础，作为调整确认投资损益的依据(由于初始投资成本已经按照股权取得日被投资企业可辨认净资产的公允价值为基础进行调整后加以确认，因此，被投资企业的净利润应以其购买日各项可辨认净资产的公允价值为基础进行调整后加以确认，不应按照被投资企业账面净利润与持股比例的计算结果简单确定)。比如，投资企业取得被投资企业股权时，被投资企业固定资产账面价值 3 000 000元，公允价值 4 500 000 元，该固定资产尚可使用年限为 10 年，其他可辨认资产的公允价值与账面价值一致。按照固定资产账面价值计提的年折旧额为 300 000 元，按照公允价值计提的年折旧额为 450 000 元，应调减被投资企业净利润为 150 000 元(450 000－300 000)。

第三，投资企业与联营企业及合营企业之间发生顺流交易或者逆流交易时，未实现内部交易的损益按照持股比例计算归属于投资企业的部分应当予以抵销，在此基础上确认投资损益。投资企业与被投资企业发生的未实现内部交易损失，属于所转让资产发生的减值损失，应当全额确认，不应予以抵销。

顺流交易是指投资企业向其联营企业或合营企业出售资产；逆流交易是指联营企业或合营企业向投资企业出售资产。

【例 5-8】 2×19 年 1 月 1 日，甲公司以货币资金 2 500 万元购入乙公司 40%的股权。购买日，乙公司可辨认净资产账面价值 5 000 万元，公允价值 7 000 万元，其中固定资产账面价值 3 000 万元、公允价值 5 000 万元，该固定资产尚可使用 10 年，其他可辨认资产的公允价值与账面价值一致。2×19 年度，乙公司实现账面净利润 800 万元，当年乙公司向甲公司销售商品，不含增值税的销售价格为 300 万元，商品销售成本 240 万元，甲公司尚未出售该资产。

解析：由于甲公司持有乙公司 40%股权，所以按权益法核算。

2×19 年 1 月 1 日，A 取得长期股权投资时：

借：长期股权投资——乙公司——成本	28 000 000	
贷：银行存款		25 000 000
营业外收入		3 000 000

2×19 年度，乙公司实现净利润时，首先对乙公司账面净利润进行调整。

基于投资时固定资产的公允价值调整的净利润为 200 万元(5 000÷10－3 000÷10)，乙公司向甲公司销售商品未实现利润 60 万元(300－240)，乙公司调整后净利润为 540 万元(800－200－60)，甲公司享有的份额为 216 万元(540×40%)。会计处理如下：

借：长期股权投资——乙公司——损益调整	2 160 000	
贷：投资收益		2 160 000

(2) 在被投资企业发生亏损、投资企业按持股比例确认应分担的亏损份额时，应当以长期股权投资的账面价值以及其他实质上构成对被投资企业净投资的长期权益减记至零为限，投资企业负有承担额外损失义务的除外。其中，实质上构成对被投资企业净投资的长期权益，通常是指长期性的应收项目。需要注意的是，该类长期权益不包括投资企业与被投资企业之间因销售商品、提供劳务等日常活动所产生的长期债权。在确认应分担被投资企业发生的亏损时，应当按照以下顺序进行处理：

首先，冲减长期股权投资的账面价值。

其次，冲减长期应收项目等的账面价值。

最后，应按预计承担的义务金额确认预计负债，计入当期投资损失。

如果经过以上顺序确认应分担的亏损额后，仍有未确认的亏损分担额，投资企业应先作备忘记录，待被投资企业以后年度实现盈利时，再按应享有的收益份额，先扣除未确认的亏损分担额，然后按与上述相反的顺序进行处理。

【例 5-9】 甲公司持有乙公司 40%的股权。2×16 年 12 月 31 日，甲公司长期股权投资账面价值为 320 万元，其中“投资成本”280 万元，“损益调整”21.6 万元，“其他权益变动”18.4万元；长期应收款 50 万元，属于实质上构成乙公司净投资的长期权益。2×16 年，乙公司发生巨额亏损 800 万元，按照可辨认净资产公允价值考虑以及调整未实现内部交易等后净亏损 1 000 万元。2×17 年，乙公司按照可辨认净资产公允价值考虑以及调整未实现内部交易等后实现净利润 200 万元。2×18年，乙公司按照可辨认净资产公允价值考虑以及调整未实现内部交易等后实现净利润 600 万元。

解析：2×16 年 12 月 31 日，甲公司的账务处理：

应分担的投资损失＝1 000×40%＝400(万元)

以长期股权投资的账面价值和长期应收项目的账面价值为限实际确认的投资损失为370万元(320+50),未确认的投资损失为30万元。

借:投资收益	3 700 000	
贷:长期股权投资——乙公司——成本		2 800 000
——损益调整		216 000
——其他权益变动		184 000
长期应收款		500 000

2×16年12月31日,长期股权投资账面价值0元,长期应收款账面价值0元。

2×17年12月31日,甲公司的账务处理:

$$应享有的投资收益=200\times40\%=60(万元)$$

$$实际确认的投资收益=60-30=30(万元)$$

借:长期应收款	300 000	
贷:投资收益		300 000

2×17年12月31日,长期股权投资账面价值0元,长期应收款账面价值30万元。

2×18年12月31日,甲公司的账务处理:

$$应享有的投资收益=600\times40\%=360(万元)$$

借:长期应收款	200 000	
长期股权投资——乙公司——损益调整	3 400 000	
贷:投资收益		3 600 000

(3) 当被投资企业宣告分派现金股利或利润时,投资企业按应获得的现金股利或利润抵减长期股权投资的账面价值,借记"应收股利"账户,贷记"长期股权投资——损益调整",收到分派的现金股利时,借记"银行存款"账户,贷记"应收股利"账户。

被投资企业取得的现金股利或利润超过已确认损益调整的部分应视为投资成本的收回,冲减长期股权投资的成本,借记"应收股利"账户,贷记"长期股权投资——成本";收到分派的现金股利时,借记"银行存款"账户,贷记"应收股利"账户。

被投资企业分派股票股利时,投资企业不进行账务处理,但应于除权日在备查簿中登记增加股份。

(4) 其他权益变动的确认。投资企业对于被投资企业除净损益以外所有者权益的其他变动,在持股比例不变的情况下,按照持股比例计算的应享有或承担的部分,调整长期股权投资的账面价值,借记"长期股权投资——其他权益变动",贷记其他综合收益。

【例5-10】 甲公司对乙公司的投资比例为40%,乙公司2×19年12月31日可供出售金融资产公允价值高于账面余额100万元,不考虑所得税的影响。

解析:乙公司可供出售金融资产公允价值高于账面余额100万元,导致所有者权益增加100万元,甲公司作相应的调整,应确认的资本公积为40万元(100×40%)。

借:长期股权投资——乙公司——其他权益变动	400 000	
贷:其他综合收益		400 000

第三节 长期股权投资核算方法的转换

一、长期股权投资核算方法的转换情形

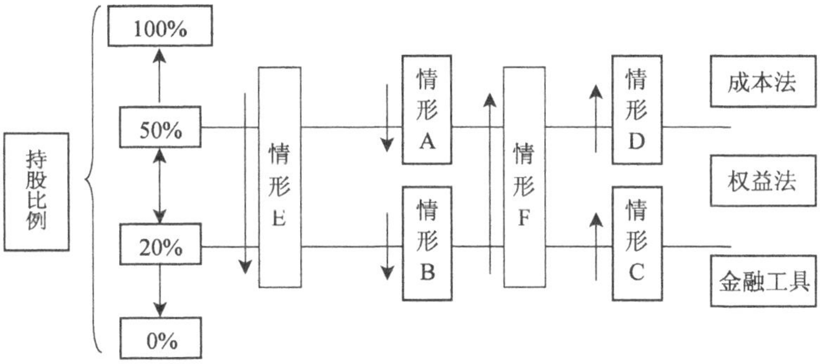

图 5-6 核算方法的转换

对于长期股权投资核算方法的转换，一般处理原则如表 5-1 所示。

表 5-1 长期股权投资核算方法的转换

变动原因	对原先/剩余股权的计量		累计其他综合收益的处理		新增投资或处置部分投资的处理
	个别财务报表	合并财务报表	个别财务报表	合并财务报表	
1. 因追加投资等原因导致的转换					以追加对价的公允价值计量
(1) 金融工具模式→权益法	以公允价值重新计量	不适用	转换日结转计入当期损益	不适用	
(2) 金融工具模式→成本法	以公允价值重新计量	以公允价值重新计量	转换日结转计入当期损益	转换日结转计入当期损益	
(3) 权益法→成本法	以账面价值计量	以公允价值重新计量	转换日不结转，实际处置股权时结转	转换日结转计入当期损益	
2. 因减少投资等原因导致的转换					以收到对价公允价值与减少部分账面价值的差额确认处置损益
(1) 权益法→金融工具模式	以公允价值重新计量	不适用	与被投资方直接处置一致	不适用	
(2) 成本法→权益法	追溯适用权益法	不适用	不适用	不适用	
(3) 成本法→金融工具模式	以公允价值重新计量	不适用	不适用	不适用	

长期股权投资核算方法的转换，关键在于对原先(或剩余)股权的计量，以及累计其他综合收益的处理。财政部自《企业会计准则解释第 4 号》引入了 IFRS 下的“跨越会计处理界线”的概念，即从不具有控制、共同控制或重大影响，跨越到具有重大影响、共同控制或控制，或者相反方向的跨越，属于一项重大经济事项，需要对原持有股权视同处置后，按转换日的

公允价值重新计量。相反,如果未跨越界线,则不对原持有股权进行重新计量。

根据上表,《企业会计准则第 2 号——长期股权投资》(2014)尚未完全采用“跨越会计处理界线”的概念,主要的差异包括两种情况:

(1) 因追加投资导致从权益法转换为成本法时,在个别财务报表中以原账面价值对原先持有股权持续计量,且个别财务报表中的累计其他综合收益也不在转换日结转计入损益;只有在合并报表层面,才以转换日的公允价值进行重新计量,并结转累计其他综合收益。

(2) 因减少投资从成本法转为权益法时,需要对剩余投资追溯适用权益法,视同自始即采用权益法对该投资进行核算。

二、因追加投资等原因导致的转换

(一) 因追加投资等原因导致由金融工具模式转换为权益法(图 5-6 中情形 C)

投资方因追加投资等原因能够对被投资单位施加重大影响或实施共同控制但不构成控制的,应当按照《企业会计准则第 22 号——金融工具确认和计量》确定的原持有的股权投资的公允价值加上新增投资成本之和,作为改按权益法核算的初始投资成本。原持有的股权投资分类为可供出售金融资产的,其公允价值与账面价值之间的差额,以及原计入其他综合收益的累计公允价值变动应当转入改按权益法核算的当期损益。

(二) 因追加投资等原因导致由权益法转换为成本法(图 5-6 中情形 D)

投资方因追加投资等原因能够对非同一控制下的被投资单位实施控制的,在编制个别财务报表时,应当按照原持有的股权投资账面价值加上新增投资成本之和,作为改按成本法核算的初始投资成本。购买日之前持有的股权投资因采用权益法核算而确认的其他综合收益,应当在处置该项投资时采用与被投资单位直接处置相关资产或负债相同的基础进行会计处理。

【例 5-11】 2×18 年 12 月 31 日,华夏公司以银行存款 2 000 万元购入甲公司 30%的股份,当日甲公司所有者权益公允价值总额 8 000 万元,华夏公司因能够对甲公司的生产经营决策施加重大影响,则采用权益法核算,该项投资的初始投资成本小于投资时甲公司所有者权益公允价值份额 400 万元(8 000×30%-2 000);2×19 年度甲公司实现净损益 600 万元,除净损益以外的原因导致所有者权益变动 400 万元。2×19 年 12 月 31 日,华夏公司又以银行存款 4 000 万元购入甲公司 40%股权,因此,华夏公司对甲公司的持股比例增至 70%,对甲公司实施控制,股权核算方法由权益法转换为成本法。华夏公司的账务处理如下:

(1) 假设该项合并为同一控制下的企业合并,合并日(2×19 年 12 月 31 日),甲公司所有者权益账面价值 10 000 万元。

权益法核算的原长期股权投资账面价值=2 000+400+180+120=2 700(万元)
成本法下初始投资成本=10 000×70%=7 000(万元)

借:长期股权投资——甲公司	70 000 000	
贷:长期股权投资——甲公司——成本		24 000 000
——损益调整		1 800 000
——其他权益变动		1 200 000
银行存款		40 000 000
其他综合收益		3 000 000

(2)假设该项合并为非同一控制下的企业合并。

长期股权投资账面价值＝2 700＋4 000＝6 700(万元)

借：长期股权投资——甲公司	67 000 000	
贷：长期股权投资——甲公司——成本		24 000 000
——损益调整		1 800 000
——其他权益变动		1 200 000
银行存款		40 000 000

(三) 因追加投资等原因导致由金融工具模式转换为权益法(图 5-6 中情形 F)

购买日之前持有的股权投资按照《企业会计准则第 22 号——金融工具确认和计量》的有关规定进行会计处理的，原计入其他综合收益的累计公允价值变动应当在改按成本法核算时转入当期损益。在编制合并财务报表时，应当按照《企业会计准则第 33 号——合并财务报表》的有关规定进行会计处理。

延伸阅读 5-2

长期股权投资——追加投资等原因导致的方法转换

投资分步变为联营按照公允价值认定法处理：投资成本为原持有权益的公允价值加上追加投资所支付对价的公允价值，即视同投资方处置原持有的股权然后再购入联营投资。

分步购买实现非同一控制下企业合并的，区分个别报表和合并报表：个别报表中的投资成本为原持有的股权投资账面价值加上新增投资成本之和；合并报表中视同处置原股权然后再购入子公司，原股权按购买日的公允价值重新计量。

三、因处置部分股权投资等原因导致的转换

(一) 因处置部分股权投资等原因导致的成本法转换为权益法(图 5-6 中情形 A)

投资方因处置部分权益性投资等原因丧失了对被投资单位的控制的，在编制个别财务报表时，处置后的剩余股权能够对被投资单位实施共同控制或施加重大影响的，应当改按权益法核算，并对该剩余股权视同自取得时即采用权益法核算进行调整。

首先应按处置投资的比例转销应终止确认的长期股权投资成本，剩余的长期股权投资部分应按如下原则进行会计处理(原则：剩余长期股权投资部分视同从股权取得日开始按权益法核算，即要追溯调整)。

(1) 将剩余长期股权投资的账面价值与按照剩余持股比例计算的原投资时应享有被投资企业可辨认净资产公允价值的份额进行比较：

如果属于剩余长期股权投资的账面价值大于应享有被投资企业可辨认净资产公允价值份额的差额，不调整长期股权投资的账面价值 。

如果属于剩余投资的账面价值小于应享有被投资企业可辨认净资产公允价值份额的差额，应按其差额调整长期股权投资的账面价值，同时调整留存收益。

(2) 对于取得原投资后至处置投资交易日之间被投资企业可辨认净资产公允价值变动中投资企业按剩余持股比例计算的应享有份额，应根据下列不同情况分别进行会计处理：

属于在此期间被投资企业实现的净损益中投资企业按剩余持股比例计算的应享有份额，在调整长期股权投资账面价值的同时，对于属于处置投资当期被投资企业实现的净损

益,调整当期损益;对于在取得原投资时至处置投资当期期初被投资企业实现的净损益中应享有的份额,应调整留存收益。

【例 5-12】 2×16 年 1 月 1 日,甲公司以货币资金 4 000 万元购入乙公司 80%股权,属于非同一控制下的企业合并。2×16 年 1 月 1 日,乙公司可辨认净资产公允价值 6 000 万元(假定可辨认净资产公允价值与账面价值相同);2×16 年度,乙公司实现净利润 400 万元;2×17 年度,乙公司实现净利润 500 万元,分配现金股利 200 万元,资本公积增加 100 万元;2×18 年度,乙公司实现净利润 600 万元,未分配现金股利;2×18 年 12 月 31 日,甲公司将持有乙公司 40%的股权出售,收取价款 2 400 万元。根据上述资料,对甲公司 2×18 年 12 月 31 日长期股权投资进行账务处理。

解析:2×18 年 12 月 31 日,甲公司出售持有的乙公司 40%股权,持股比例由 80%减少为 40%,对 40%部分终止确认长期股权投资成本,对剩余 40%部分按权益法追溯调整。

(1) 对于出售的 40%部分。

借:银行存款	24 000 000	
贷:长期股权投资——乙公司——成本		20 000 000
投资收益		4 000 000

(2) 剩余 40%长期股权投资账面价值 2 000 万元,2×16 年 1 月 1 日,剩余持股比例计算的应享有乙公司可辨认净资产公允价值份额=6 000×40%=2 400(万元),享有乙公司可辨认净资产公允价值份额大于长期股权投资账面价值,应调整留存收益。

借:长期股权投资——乙公司——成本	4 000 000	
贷:盈余公积		400 000
利润分配——未分配利润		3 600 000

(3) 采用权益法对享有乙公司 2×16 年 1 月 1 日至 2×18 年 12 月 31 日净资产变动份额的调整。

调整盈余公积:(400+500−200)×40%×10%=28(万元)
【取得日至处置当期期初(即 2×16 年 1 月 1 日至 2×17 年 12 月 31 日)实现的净损益份额,按 10%计提盈余公积】
调整年初未分配利润:(400+500−200)×40%×90%=252(万元)
调整资本公积:100×40%=40(万元)
调整投资收益:600×40%=240(万元)【处置当期实现的净损益份额】

借:长期股权投资——乙公司——损益调整	3 040 000	
——其他权益变动	400 000	
贷:盈余公积		280 000
利润分配——未分配利润		2 520 000
投资收益		2 400 000
其他综合收益		400 000

(二) 因处置部分股权投资等原因导致的权益法转换为金融工具模式(图5-6 中情形 B)

投资方因处置部分股权投资等原因丧失了对被投资单位的共同控制或重大影响的,处置后的剩余股权应当改按《企业会计准则第 22 号——金融工具确认和计量》核算,其在丧失共同控制或重大影响之日的公允价值与账面价值之间的差额计入当期损益。原股权投资因采用权益法核算而确认的其他综合收益，应当在终止采用权益法核算时采用与被投资单位直接处置相关资产或负债相同的基础进行会计处理。

（三）因处置部分股权投资等原因导致的成本法转换为金融工具模式(图5-6中情形E)

投资方因处置部分权益性投资等原因使处理后的剩余股权不能对被投资单位实施共同控制或施加重大影响的，应当改按《企业会计准则第22号——金融工具确认和计量》的有关规定进行会计处理，其在丧失控制之日的公允价值与账面价值间的差额计入当期损益。在编制合并财务报表时，应当按照《企业会计准则第33号——合并财务报表》的有关规定进行会计处理。

延伸阅读5-3

长期股权投资——处置等原因导致的方法转换

联营分步处置变为投资的，视同全部处置联营然后再购入投资，剩余股权按公允价值计量。

分步处置丧失子公司控制权的，区分个别报表和合并报表：个别报表中，剩余股权构成共同控制或重大影响的——追溯采用权益法，剩余股权构成金融资产的——按丧失控制之日的公允价值计量；合并报表中视同处置子公司然后再购入股权，剩余股权按丧失控制之日的公允价值重新计量。

延伸阅读5-4

关于持有待售资产

对联营企业或合营企业的权益性投资全部或部分分类为持有待售资产的，投资方应当按照《企业会计准则第4号——固定资产》的有关规定处理，对于未划分为持有待售资产的剩余权益性投资，应当采用权益法进行会计处理。

已划分为持有待售的对联营企业或合营企业的权益性投资，不再符合持有待售资产分类条件的，应当从被分类为持有待售资产之日起采用权益法进行追溯调整。分类为持有待售期间的财务报表应当作相应调整。

会计职业道德5-1

明确界定长期股投资，选择正确合理的核算方法

明确界定长期股权投资的范围是对长期股权投资进行正确确认、计量和报告的前提。根据长期股权投资准则规定，合理选择正确的核算方法，不能为了调节企业利润而将长期股权投资的核算方法在成本法与权益法中任意转换。

【例5-13】 2×17年12月31日，华夏公司以银行存款2 000万元购入甲公司30%的股份，2×17年12月31日甲公司所有者权益公允价值总额8 000万元，因能够对甲公司的生产经营决策施加重大影响，采用权益法核算，由于该项投资的初始投资成本小于投资时甲公司所有者权益公允价值份额400万元(8 000×30%－2 000)，2×18年度甲公司实现净损益600万元，除净损益以外的原因导致所有者权益变动400万元。2×18年12月31日，华夏公司又以银行存款4 000万元购入甲公司40%股权，至此，华夏公司对甲公司的持股比例增至70%，对甲公司实施控制，股权核算方法由权益法转换为成本法。华夏公司的账务处理如下：

1. 假设该项合并为同一控制下的企业合并，合并日(2×18年12月31日)，甲公司所有者权益账面价值10 000万元

原持有股份权益法核算的长期股权投资账面价值＝2 000＋400＋180＋120＝2 700(万元)
成本法下初始投资成本＝10 000×70%＝7 000(万元)

借：长期股权投资—甲公司　　70 000 000
　贷：长期股权投资——甲公司——成本　　24 000 000
　　长期股权投资——甲公司——损益调整　　1 800 000
　　长期股权投资——甲公司——其他权益变动　　1 200 000
　　银行存款　　40 000 000
　　其他综合收益　　3 000 000

2. 假设该项合并为非同一控制下的企业合并

长期股权投资账面价值＝2 700＋4 000＝6 700(万元)

借：长期股权投资——甲公司　　67 000 000
　贷：长期股权投资——甲公司——成本　　24 000 000
　　长期股权投资——甲公司——损益调整　　1 800 000
　　长期股权投资——甲公司——其他权益变动　　1 200 000
　　银行存款　　40 000 000

第四节　长期股权投资的处置

一、长期股权投资的处置方式

长期股权投资的处置，主要指通过证券市场售出股权，也包括抵偿债务转出、非货币性资产交换转出以及因被投资企业破产清算而被迫清算股权等情形。

二、长期股权投资处置损益的构成

处置长期股权投资，其账面价值与实际取得价款之间的差额，应当计入当期损益。采用权益法核算的长期股权投资，在处置该项投资时，采用与被投资单位直接处置相关资产或负债相同的基础，按相应比例对原计入其他综合收益的部分进行会计处理。

(1) 处置收入，是指企业处置长期股权投资实际收到的价款，该价款已经扣除了手续费、佣金等交易费用。

(2) 长期股权投资的账面价值，是指长期股权投资的账面余额扣除相应的减值准备后的金额。

(3) 已确认但尚未收到的现金股利，是指投资企业已按应享有的份额确认了应收股利，但是至处置投资时被投资单位尚未实际发放的现金股利。

三、处置长期股权投资的会计处理

按照实际收到的价款，借记“银行存款”等账户，根据处置长期股权投资的账面价值，贷

记“长期股权投资——××公司——成本”“长期股权投资——××公司——损益调整”“长期股权投资——××公司——其他权益变动”账户，差额借记或贷记“投资收益”。

采用权益法核算的长期股权投资，处置时还应将原记入“其他综合收益”的相关金额，转为处置当期“投资收益”。

在处置部分某项长期股权投资时，按该项投资的总平均成本确定处置部分的成本，并按相同的比例结转已计提的长期股权投资减值准备和相关的“其他综合收益”金额。

【例 5-14】 华夏公司持有甲公司 40%的股权，2×19 年 12 月 20 日，华夏公司决定将持有的甲公司股权全部转让，收到转让价款 2 000 万元。出售时华夏公司账面上对甲公司长期股权投资的账面余额为 1 720 万元，其中投资成本 1 200 万元、损益调整 320 万元、其他权益变动 200 万元。

华夏公司确认的处置损益＝2 000－1 720＝280(万元)

借：银行存款	20 000 000	
贷：长期股权投资——甲公司——成本		12 000 000
——损益调整		3 200 000
——其他权益变动		2 000 000
投资收益		2 800 000

同时，还应将原计入资本公积的部分按比例转入当期损益：

借：其他综合收益	2 000 000	
贷：投资收益		2 000 000

【例 5-15】 华夏公司持有甲公司 10%的股权，采用成本法核算，2×19 年 12 月 20 日，华夏公司决定将持有的甲公司股权全部转让，收到转让价款 20 万元。出售时华夏公司账面上对甲公司长期股权投资的账面余额为 25 万元，长期股权投资减值准备余额 3 万元。华夏公司处置该长期股权投资时的账务处理如下：

借：银行存款	200 000	
长期股权投资减值准备	30 000	
投资收益	20 000	
贷：长期股权投资——甲公司——成本		250 000

延伸阅读 5-5

长期股权投资的所得税

企业持有的长期股权投资，按照会计准则规定区别对被投资单位的影响程度及是否存在活跃市场、公允价值能否可靠取得等分别采用成本法及权益法进行核算。税法中对于投资资产的处理，要求按规定确定其成本后，在转让或处置投资资产时，其成本准予税前扣除。因此，税法中对于长期股权投资并没有权益法的概念。长期股权投资取得后，如果按照会计准则规定采用权益法核算，则一般情况下在持有过程中随着应享有被投资单位净资产份额的变化，其账面价值与计税基础会产生差异，该差异主要源于初始投资成本的调整以及投资损益的确认。

账簿格式

长期股权投资明细账如表 5-2 所示。

表 5-2　　长期股权投资明细账

公司名称:华夏公司

账户名称:长期股权投资——甲公司——成本　　单位:元

2×19 年		凭证号数	摘　要	借　方	贷　方	余　额
月	日					
11	30		本月合计			0.00
12	1	银付 1	购买甲公司 40%股权		500 000.00	500 000.00
12	31		本月合计	0.00	500 000.00	500 000.00

与财务报告的关系

资产负债表中“长期股权投资”项目,反映企业对外长期的权益性投资,本项目列示金额等于长期股权投资总账账户余额,长期股权投资总账账户余额为各个明细账户的余额合计。“长期股权投资减值准备”项目,反映成本法核算的长期股权投资计提的减值准备金额,本项目按产期股权投资减值准备的余额列示。

【例 5-16】 华夏公司编制 2×19 年 12 月 31 日的资产负债表,“长期股权投资”总账账户余额为 3 500 000 元、“长期股权投资减值准备”账户余额 100 000 元。问“长期股权投资”项目的期末余额应填列的金额是多少?

“长期股权投资”项目期末余额=3 500 000(元)

“长期股权投资减值准备”项目期末余额=100 000(元)

“长期股权投资净额”项目期末余额=3 500 000－10 000=3 400 000(元)

本章小结

本章主要学习长期股权投资的核算,根据持有被投资企业股权比例及对被投资企业的影响,投资企业选用成本法或权益法对被投资企业的长期股权投资进行核算;在持有过程中,持股比例发生变化,可能导致成本法核算与权益法核算的相互转换,除处置投资导致的权益法转换为成本法外,均要采用追溯调整法;采用权益法核算的长期股权投资,处置时还应将原记入“资本公积”项目的相关金额,转为处置当期投资收益。本章为合并财务报表的编制奠定了良好的基础。

本章重要概念

长期股权投资　企业合并　同一控制下的企业合并　非同一控制下的企业合并

成本法 权益法

推荐阅读资料

[1]《企业会计准则第 2 号——长期股权投资》(2014 年 3 月 13 日财政部发布,自 2014 年 7 月 1 日起施行)

[2]《企业会计准则第 40 号——合营安排》(2014 年 3 月 13 日财政部发布,自 2014 年 7 月 1 日起施行)

[3]《企业会计准则解释第 7 号》(2015 年 11 月 4 日财政部发布)

[4]《企业会计准则解释第 9 号》(2017 年 6 月 12 日财政部发布,自 2018 年 1 月 1 日起施行)

[5] 中国注册会计师协会. 会计[M]. 北京:中国财政经济出版社,2018.

[6] 陈立军. 中级财务会计[M]. 北京:中国人民大学出版社,2017.

第六章　固定资产

内容简介

本章共五节内容，主要讲述固定资产的概念、特征及分类、固定资产的初始计量、固定资产的折旧方法、折旧范围、折旧的会计处理、固定资产后续支出、固定资产处置、固定资产盘盈盘亏的会计处理。其中固定资产的初始计量、固定资产的后续计量及固定资产的处置是本章需要掌握的重难点。

学习目的和要求

通过本章学习，学生应掌握企业通过外购、自行建造、投资转入、接受捐赠等方式取得固定资产的会计处理、固定资产折旧方法、固定资产处置、固定资产盘盈盘亏的账务处理；了解固定资产的基本概念、特征与分类、固定资产的后续支出。

引例　格兰仕的价格战

规模与效益有时候并不同步，尤其是与规模相伴而行的固定资产投资往往成为许多工业企业难以摆脱的达摩克利斯之剑，一旦销售出现问题，这柄利剑就会毫不犹豫地向企业刺去。广东格兰仕充分结合中国人力、土地廉价优势，采取给别人代工(OEM)的方式换取生产线，然后采取内部挖潜，压榨生产线的剩余生产能力为自己生产产品。这种使用权的虚拟扩张方式迅速构造了竞争力的成本动因，创造了微波炉制造、光波炉制造第一的世界奇迹。

格兰仕将“价格战”这个手段发挥到了极致。其能够打“价格战”的基础就是从大规模中获取规模效益，但是，与规模扩大相伴而生的就是固定资产投资的增大。一个企业最大的投资就是设备投资，制造企业的设备投资更庞大。这不仅仅会影响企业现金流，同时固定资产的折旧也会导致价格竞争力的下降。与收购国外企业和生产线相反，格兰仕走了一条虚拟联合规模扩张的路子，不仅没有动用自有资金投资固定资产，而是将别人的生产线一个个搬到内地，而且建这些厂还是用别人的钱。规模的扩大不仅没有让格兰仕背上沉重的成本包袱，反而成为克敌制胜的不二法门，格兰仕通过固定资产的虚拟式扩张完美地为价格战作了一个经典注解。

第一节 固定资产概述

一、固定资产的含义、确定标准及特征

（一）固定资产的含义

固定资产是企业赖以生存的物质基础，是企业产生效益的源泉，关系到企业的运营与发展。企业科学管理和正确核算固定资产，有利于促进企业正确评估固定资产的整体情况、提高资产使用效率、降低生产成本、保护固定资产的安全完整、实现资产的保值增值、增强企业的综合竞争实力。

《企业会计准则第 4 号——固定资产》规范了固定资产的确认、计量和相关信息的披露。

固定资产准则规定，**固定资产**是指同时具有下列特征的有形资产：

(1)为生产商品、提供劳务、出租或经营管理而持有的。

(2)使用寿命超过一个会计年度。

固定资产的定义强调了有形性、持有目的、使用寿命三个方面的特点。

固定资产在生产经营过程中所起的作用是不同的，有的直接参与或直接服务于生产经营，如用于企业生产经营的房屋、建筑物、机器设备、运输设备、工具器具等；有的起到辅助生产的作用，如动力设备、传导设备、运输工具等；有的不直接服务于生产经营过程，如用于职工住宅、公共福利设施、文化娱乐、卫生保健等方面的房屋、建筑物、设施和器具等。

固定资产的一个显著特征是它的单位价值，单位价值的高低使固定资产与存货，特别是存货中的低值易耗品和包装物有了显著的区别。一般认为，固定资产与低值易耗品、包装物相比具有较高的单位价值。

（二）固定资产的确定标准

根据固定资产准则的规定，按固定资产是否属于生产经营主要设备的物品，其确定的标准分别如下：

(1) 属于生产经营主要设备的物品，需满足使用寿命超过一个会计年度的条件(无单位价值的要求)。

(2) 不属于生产经营主要设备的物品，需同时满足以下两个条件：

第一，单位价值在 2 000 元以上。

第二，使用寿命超过 2 年。

企业在遵循固定资产准则的前提下，需根据本企业的实际情况，制定适合本企业固定资产的确定标准。例如，A 公司的规模相对较大，那么对于属于生产经营主要设备的物品，寿命超过一个会计年度的，可以将单位价值在 3 000 元以上的确认为本公司的固定资产。B 公司的规模相对较小，那么对于属于生产经营主要设备的物品，寿命超过一个会计年度的，可以将单位价值在 1 000 元以上的确认为本公司的固定资产。固定资产标准一旦确定，不得随意改变。

延伸阅读 6-1

固定资产与周转材料的区别

周转材料是指企业能够多次使用、逐渐转移其价值但仍保持原有形态、未确认为固定资产的材料，包括

包装物,低值易耗品,以及企业的钢模板、木模板、脚手架等。其中,包装物是指为了包装本企业的产品及商品而储备的各种包装容器,其主要作用是盛装、装潢产品或商品;低值易耗品,是指在使用过程中基本保持其原有实物形态不变但单位价值相对较低、使用期限相对较短,或在使用过程中容易损坏,因而不能列入固定资产的各种用具物品,如工具、管理用具、玻璃器具、劳动保护用品以及在经营过程中周转使用的包装容器等。

周转材料与固定资产相比,其使用寿命相对较短,单位价值相对较低。

但是,周转材料符合固定资产定义的,应当作为固定资产处理。

(三) 固定资产的特征

从固定资产的定义看,固定资产具有以下三个特征:

1) 固定资产是为生产商品、提供劳务、出租或经营管理而持有的

企业持有固定资产的目的是生产商品、提供劳务、出租或经营管理,这意味着,企业持有的固定资产是企业的劳动工具或手段,而不是直接用于出售的产品。其中"出租"的固定资产,指用以出租的机器设备类固定资产,不包括以经营租赁方式出租的建筑物,后者属于企业的投资性房地产,不属于固定资产。

2) 固定资产使用寿命超过一个会计年度

固定资产的使用寿命,是指企业使用固定资产的预计期间,或者该固定资产所能生产产品或提供劳务的数量。通常情况下,固定资产的使用寿命是指使用固定资产的预计期间,如自用房屋建筑物的使用寿命或使用年限。某些机器设备或运输设备等固定资产,其使用寿命往往以该固定资产所能生产产品或提供劳务的数量来表示。例如,发电设备按其预计发电量估计使用寿命,汽车或飞机等按其预计行驶里程估计使用寿命。固定资产使用寿命超过一个会计年度,意味着固定资产属于长期资产,随着使用和磨损,通过计提折旧方式逐渐减少其账面价值。对固定资产计提折旧,是对固定资产进行后续计量的重要内容。

3) 固定资产为有形资产

固定资产具有实物特征,这一特征将固定资产与无形资产区别开来。有些无形资产可能同时符合固定资产的其他特征,如为生产商品、提供劳务而持有的无形资产,使用寿命超过一个会计年度,但是,由于其没有实物形态,所以不属于固定资产。

工业企业所持有的工具、用具、备品备件、维修设备等资产,施工企业所持有的模板、挡板、架料等周转材料,以及地质勘探企业所持有的管材等资产,尽管该类资产具有固定资产的某些特征(如使用期限超过 1 年,也能够带来经济利益)但由于其数量多、单价低,考虑到成本效益原则,在实务中,通常确认为存货。

但符合固定资产定义和确认条件的,如企业(民用航空运输)的高价周转件等,应当确认为固定资产。

对于构成固定资产的各组成部分,如果各自具有不同使用寿命或者以不同方式为企业提供经济利益,适用不同折旧率或折旧方法的,该各组成部分实际上是以独立的方式为企业提供经济利益,因此,企业应当分别将各组成部分确认为单项固定资产。例如,飞机的引擎,如果其与飞机机身具有不同的使用寿命,适用不同折旧率或折旧方法,则企业应当将其确认为单项固定资产。

企业出于安全或环保的要求购入设备等,虽然不能直接给企业带来未来经济利益,但有助于企业从其他相关资产的使用获得未来经济利益,也应确认为固定资产。

二、固定资产的分类

由于固定资产的数量繁多，为了便于固定资产的实物管理和价值核算，需要对固定资产进行科学、合理的分类。

固定资产可以按以下标准进行分类：按经济用途、使用情况、所有权归属、性能、来源渠道等。以下仅对按经济用途和使用情况的分类加以说明。

（一）固定资产按经济用途分类

固定资产按照经济用途可以划分为经营用固定资产和非经营用固定资产。

(1) **经营用固定资产**是指直接参加或者直接服务于生产经营过程的各种固定资产，如用于企业生产经营的房屋、建筑物、机器设备、运输设备、工具器具等。

(2) **非经营用固定资产**是指不直接服务于生产经营过程的各种固定资产，如用于职工住宅、公共福利设施、文化娱乐、卫生保健等方面的房屋、建筑物、设施和器具等。

（二）固定资产按使用情况分类

固定资产按照使用情况可以划分为使用中的固定资产、未使用固定资产、出租固定资产、不需用固定资产四大类。

(1) **使用中的固定资产**是指企业正在使用的经营用和非经营用固定资产。

需要注意的是，以下固定资产也属于使用中的固定资产：① 企业的房屋及建筑物无论是否在实际使用，都视为使用中固定资产。② 由于季节性生产经营或者大修理等原因而暂时停止使用以及存放在生产车间或者经营场所备用、轮换使用的固定资产，也属于使用中的固定资产。其中①与②所指的固定资产照提折旧。

(2) **未使用固定资产**是指已购建完成但尚未交付使用的新增固定资产以及进行改建、扩建等暂时脱离生产经营过程的固定资产。

(3) **出租固定资产**是指企业根据租赁合同的规定，以经营租赁的方式出租给其他企业临时使用的固定资产。

(4) **不需用的固定资产**是指本企业多余或者不适用、待处置的固定资产。

（三）实务中对固定资产的分类

在会计实务中，企业应当根据固定资产的定义，结合企业的具体情况，可以将几种分类标准结合起来，采用综合的标准制定适合本企业固定资产的分类方法，以便确定固定资产的折旧年限、折旧方法等，为进行固定资产的实物管理和价值核算提供依据。

由于企业会计准则和税法关于固定资产的折旧年限、折旧方法、净残值的规定有所不同，这就要求各企业在确定固定资产的折旧和净残值时需综合考虑会计和税法的不同要求，以进行合理的纳税调整。

实务中，如果企业会计上对固定资产的折旧年限、折旧方法、净残值的确定完全按税法的规定执行，并不会给企业的日常管理及经营决策带来不利影响，那么企业可以按税法的规定处理，从而避免了纳税调整，减少了会计人员的工作量，如实务中可以按税法规定的最低使用年限为固定资产进行分类。

延伸阅读 6-2

税法规定的固定资产计算折旧的最短年限

固定资产除国务院财政、税务主管部门另有规定外，固定资产计算折旧的最短年限如下：

(1) 房屋、建筑物,为 20 年。

(2) 飞机、火车、轮船、机器、机械和其他生产设备,为 10 年。

(3) 与生产经营活动有关的器具、工具、家具等,为 5 年。

(4) 火车、轮船以外的运输工具,为 4 年。

(5) 电子设备,为 3 年。

第二节 固定资产的确认与初始计量

一、固定资产的确认

(一) 固定资产的确认条件

一项资产如要作为固定资产进行确认,除需要符合固定资产的定义外,还要同时满足以下两个条件:

1. 与该固定资产有关的经济利益很可能(50%<W≤95%)流入企业

这一条件要求企业必须要有一定的证据对所确认固定资产未来经济利益流入企业的确定程度作出可靠的估计,只有在企业确认通过该项资产很可能获得报酬时才确认为企业的固定资产。

实务中,主要是通过判断与该固定资产相关的风险和报酬是否发生了转移,如果企业能够控制该项固定资产带来的经济利益,使之能够流入企业,则该项固定资产应作为企业的固定资产予以确认。

通常情况下,取得固定资产所有权是判断与固定资产所有权有关的风险和报酬是否转移到企业的一个重要标志。但有些情况下,某项固定资产的所有权虽然不属于企业,但是,与该项固定资产相关的风险和报酬发生了转移,企业能够控制该项资产带来的经济利益,使之流入企业,在这种情况下,则该项固定资产应作为企业的固定资产予以确认。例如,以融资租赁方式租入的固定资产,企业(承租人)虽然不拥有该项固定资产的所有权,但与该固定资产相关的风险和报酬实质上已转移到了企业,因此,该固定资产符合固定资产确认的条件。

2. 该固定资产的成本能够可靠计量

成本能够可靠计量是资产确认的一个基本条件,也就是确定资产价值量问题。

(二) 固定资产的计价标准

从取得固定资产的角度而言,固定资产成本的计量就是以货币为计量单位计算固定资产的价值额。具体包括以下几方面。

1. 原始价值

原始价值简称原价或原值,也称实际成本、历史成本等,是指取得某项固定资产时和直至使该项固定资产达到预定可使用状态前所实际支付的各项必要的、合理的支出。

一般包括买价、进口关税、运输费、场地整理费、装卸费、安装费、专业人员服务费和其他税费等。

因固定资产的来源渠道不同,原始价值的具体内容就会有所不同。在确定固定资产原始价值时,需注意以下两个问题:

1) 企业为购建固定资产借入款项所发生的借款费用资本化的会计处理问题

我国会计准则规定：

(1) 在固定资产达到预定可使用状态前发生的借款费用，按规定应予以资本化的部分，应计入购建资产的价值，不能资本化的部分，计入当期费用。

(2) 在固定资产达到预定可使用状态后发生的借款费用，应计入当期费用，不能资本化。

2) 弃置费用问题

弃置费用通常是指根据国家法律、国际公约等规定，企业承担环境保护和生态恢复等义务所确定的支出，如核电站设施等的弃置和恢复环境义务等。

固定资产弃置费用的发生是一未来事项，需根据实际情况进行相应的处理：

(1) 如果符合预计负债的确认条件，在确定固定资产原始价值时，应当将弃置费用未来发生额的现值体现在固定资产的原始价值中，同时以相应金额确认企业的预计负债。在固定资产的使用寿命内，企业应按照预计负债的摊余成本和实际利率计算利息费用，并计入各期财务费用。

(2) 如果不符合预计负债的确认条件，弃置费用在实际发生时，应当计入当期损益。

因原始价值具有客观性和可验证性的特点，因此是固定资产的基本计价标准。

当固定资产的原始价值资料无法取得时，会计上还可使用其他计价标准，如重置完全价值等。

2. 重置完全价值

重置完全价值是指在现有的生产技术和市场条件下，重新购置同样或类似的固定资产所需支付的全部代价。重置完全价值所反映的是固定资产的现时价值。

由于重置完全价值本身具有经常变化的特点，因此在会计实务中的可操作性受到一定限制。实务中，只有无法取得固定资产的原始价值时，才会以重置完全价值对固定资产的成本进行计量，如盘盈固定资产、接受捐赠固定资产(捐赠方没有提供有关凭据时)。

二、固定资产的初始计量

固定资产的初始计量是指企业最初取得固定资产时对其入账价值的确定。因固定资产的来源渠道不同，其入账价值的构成内容、账务处理程序也会有所不同。

下面分别从固定资产不同的来源渠道来讲解其入账价值的构成及相应的账务处理。

(一) 外购固定资产

外购固定资产是企业取得固定资产的重要和主要方式。

企业外购固定资产的成本，包括购买价款、相关税费、使固定资产达到预定可使用状态前所发生的可归属于该项资产的运输费、装卸费、安装费和专业人员服务费等。

外购固定资产是否达到预定可使用状态，需要根据具体情况进行分析判断。如果购入不需安装的固定资产，购入后即可发挥作用，因此，购入后即可达到预定可使用状态。如果购入需安装的固定资产，只有经安装调试达到设计要求或合同规定的标准后，该项固定资产才可发挥作用，达到预定可使用状态。

以下分别按外购不需安装固定资产及外购需安装固定资产进行讲解。

1. 外购不需安装的固定资产

1) 账户设置

企业应设置“固定资产”账户，并按固定资产的类别及名称进行明细核算。

例如,企业购入一台 560SR-326 型号的戴尔电脑,符合固定资产的定义,则记入“固定资产——电子设备——戴尔电脑 560SR-326 型号”明细账户;又如,购入一幢 A 办公楼,则记入“固定资产——房屋建筑物——A 办公楼”明细账户;再如,“固定资产——运输工具——A 小轿车”“固定资产——机器设备——M 设备”等。

2) 会计核算

企业购入不需安装的固定资产时,按其入账价值借记“固定资产”账户,根据可以抵扣的进项税额借记“应交税费——应交增值税(进项税额)”,贷记“银行存款”等账户。

具体会计分录如下:

借:固定资产
　　应交税费——应交增值税(进项税额)　【进项税额可以抵扣】
　　　　贷:银行存款等账户

或

借:固定资产　【进项税额不可以抵扣时,计入成本】
　　贷:银行存款等账户

【例 6-1】 华夏公司购入一台不需要安装即可投入使用的设备,取得的增值税专用发票上注明的设备价款为 10 000 元,增值税为 1 300 元,另支付运杂费 200 元,收到增值税普通发票,款项以银行存款支付。

(1) 如果华夏公司为增值税的一般纳税人,则增值税可以抵扣。

借:固定资产　10 200
　　应交税费——应交增值税(进项税额)　1 300
　　贷:银行存款　11 500

(2) 如果华夏公司为小规模纳税人,则增值税不可以抵扣,需计入固定资产的初始入账成本。

借:固定资产　11 500
　　贷:银行存款　11 500

3) 采用一揽子购买方式进行购买

有的时候,企业的固定资产可能会与其他几项可以独立使用的资产采用一揽子购买方式进行购买。由于各项固定资产的作用、价值额以及后续计量等问题的会计处理方法不同,这就需对每一项资产的价值额分别进行确认。

采用的方法是,将购买的总成本按每项资产的公允价值占各项资产公允价值总和的比例进行分配,以确定各项资产的入账价值。

$$\text{单项资产的实际成本}=\frac{\text{单项资产的公允价值}}{\text{各项资产公允价值总和}}\times\text{实际支付的总金额}$$

【例 6-2】 华夏公司为降低采购成本,于 2×19 年 10 月向乙公司一次购入三套不同型号且不同生产能力的 A、B 和 C 三种设备。甲公司为该批设备共支付货款 7 900 000 元,增值税进项税额 1 027 000 元,运费 54 500 元,其中不含税价 50 000 元,进项税额 4 500 元全部以银行存款支付;

假定A、B和C设备分别满足固定资产确认条件，公允价值分别为2 900 000元、3 420 000元和1 900 000元；华夏公司实际支付的货款等于计税价格，不考虑其他相关税费。

甲公司的会计处理如下：

(1) 确定应计入固定资产成本的金额，包括购买价款、运费，即

7 900 000＋50 000＝7 950 000(元)

(2) 确定A、B和C的价值分配比例。

A设备应分配的固定资产价值比例为：

2 900 000÷(2 900 000＋3 420 000＋1 900 000)×100%＝35.28%

B设备应分配的固定资产价值比例为：

3 420 000÷(2 900 000＋3 420 000＋1 900 000)×100%＝41.61%

C设备应分配的固定资产价值比例为：

1 900 000÷(2 900 000＋3 420 000＋1 900 000)×100%＝23.11%

(3) 确定A、B和C设备各自的成本。

A设备的成本＝7 950 000×35.28%＝2 804 760.00(元)
B设备的成本＝7 950 000×41.61%＝3 307 995.00(元)
C设备的成本＝7 950 000×23.11%＝1 837 245.00(元)

(4) 进行如下账务处理。

借：固定资产——机器设备——A设备	2 804 760.00	
——B设备	3 307 995.00	
——C设备	1 837 245.00	
应交税费——应交增值税(进项税额)	1 031 500.00	
贷：银行存款		8 981 500.00

2. 外购需安装的固定资产

外购需安装的固定资产时，从固定资产运抵企业到交付使用，尚需经过安装和调试过程，并会发生安装调试成本。因此，外购需安装固定资产的成本除了包括购买价款、相关税费、运输费、装卸费等，还包括安装费和专业人员服务费等。即固定资产达到预定可使用状态前的合理的支出均应计入固定资产的初始成本中。

1) 账户设置

企业应设置“在建工程”账户，“在建工程”反映企业期末各项未完工程的实际支出，包括交付安装的设备价值、未完建筑工程已经耗用的材料、工资和费用支出、预付出包工程的价款等。本账户应当按照“建筑工程”“安装工程”“在安装设备”“待摊支出”以及单项工程进行明细核算，如“在建工程——在安装设备——A设备”。

2) 会计核算

外购需要安装的固定资产先通过“在建工程”账户核算购置时所支付的价款、运输费和安装成本等，待固定资产安装完毕并达到预定可使用状态后，再将“在建工程”账户归集的成

本一次转入“固定资产”账户。

分录为：

(1) 购入需要安装的固定资产。

借：在建工程

　　应交税费——应交增值税(进项税额)　　【可抵扣的增值税额】

　　贷：银行存款

(2) 在安装的过程中发生的安装调试等费用。

借：在建工程

　　贷：银行存款

(3) 安装结束，固定资产达到预定可使用状态，将“在建工程”转入“固定资产”账户。

借：固定资产

　　贷：在建工程

【例 6-3】 华夏公司于 2×19 年 11 月 04 日购入一台需要安装的专用设备，发票上注明设备价款 10 000 元，增值税 1 300 元(可以抵扣)，支付运杂费、装卸费等合计 900 元收到普通发票；11 月 30 日支付安装费 1 090 元，其中进项税额 90 元，以上款项均通过银行支付。12 月 06 日该专用设备达到预定可使用状态。其账务处理如下：

(1) 11 月 04 日购入。

借：在建工程	【10 000+900】	10 900	
应交税费——应交增值税(进项税额)		1 300	
贷：银行存款			12 200

(2) 11 月 30 日支付安装费。

借：在建工程	1 000	
应交税费——应交增值税(进项税额)	90	
贷：银行存款		1 090

(3) 12 月 06 日该专用设备达到预定可使用状态。

借：固定资产	11 900	
贷：在建工程		11 900

3. 外购作为固定资产管理的不动产

应当按取得成本，借记“固定资产”“在建工程”等账户，按可抵扣的增值税额，借记“应交税费——应交增值税(进项税额)”账户，按应付或实际支付的金额，贷记“应付账款”“应付票据”“银行存款”等账户。

相关思考 6-1

东华公司外购作为固定资产管理的办公楼，如何进行会计处理？

东华公司为增值税一般纳税人，2018 年 6 月 10 日，购进办公大楼一座，该大楼用于公司办公，计入固定资产，并于次月开始计提折旧。6 月 20 日，该纳税人取得该大楼的增值税专用发票并认证相符，专用发票注明的金额为 1 000 万元，增值税税额为 90 万元。

借：固定资产——房屋建筑物——办公楼　　10 000 000
　　应交税费——应交增值税（进项税额）　　900 000
　　贷：银行存款　　10 900 000

（二）自行建造固定资产

固定资产准则规定，自行建造固定资产的成本，由建造该项资产达到预定可使用状态前所发生的必要支出构成，包括工程用物资成本、人工成本、缴纳的相关税费、应予资本化的借款费用以及应分摊的间接费用等。

自行建造固定资产应先通过“在建工程”账户核算，当工程达到预定可使用状态时，再从“在建工程”账户转入“固定资产”账户。

在建工程发生减值的，应根据所确认的资产减值金额，借记“资产减值损失”账户，贷记“在建工程减值准备”账户。

在建工程按照“建筑工程”“安装工程”“在安装设备”“待摊支出”以及单项工程进行明细核算（如图 6-1 所示），如“在建工程——建筑工程——B 办公楼”。

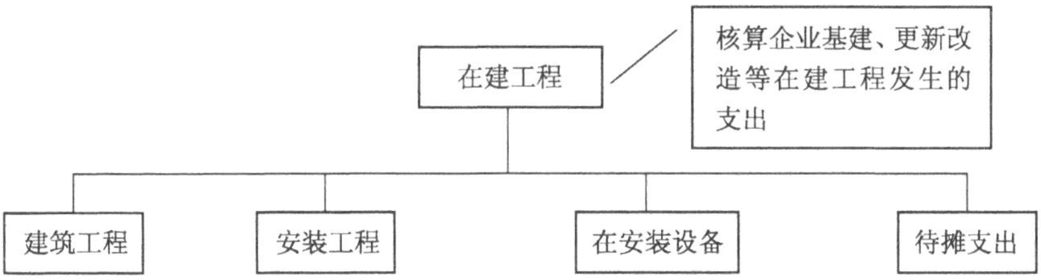

图 6-1　在建工程明细科目

企业自行建造固定资产包括自营建造和出包建造两种方式。无论采用何种方式，所建工程都应当按照实际发生的支出确定其工程成本。

由于自行建造固定资产采用的方式不同，其会计处理也有所不同。

1. 以自营方式建造固定资产

以自营方式建造固定资产是指企业自行组织工程物资采购、自行组织施工人员从事工程施工完成固定资产建造。

实务中，企业较少采用自营方式建造固定资产，多数情况下采用出包方式。如果采用自营方式建造固定资产，也多指自制专用设备等有形动产。

企业如有以自营方式建造固定资产，其成本应当按照直接材料、直接人工、直接机械施工费等计量。

1）账户设置

（1）设置“工程物资”账户，核算工程物资的采购成本，属资产类账户。企业为建造固定资产准备的各种物资应当按照实际支付的买价、运输费、保险费等相关税费作为实际成本，并按照各种专项物资的种类进行明细核算。

资产负债表中“工程物资”项目，反映企业尚未使用的各项工程物资的实际成本。本项目根据“工程物资”账户的期末余额填列。

(2) 设置“在建工程”账户，发生的工程成本应通过“在建工程”账户核算，工程完工达到预定可使用状态时，从“在建工程”账户转入“固定资产”账户。

2) 在确定自营工程成本时需注意的问题

(1) 购入的工程物资用于有形动产的在建工程(如设备)，或用于不动产的在建工程(如厂房)，则所支付的增值税额可以在当期抵扣。

(2) 有形动产的在建工程领用存货时，应按成本转入，计入在建工程的成本。

(3) 不动产的在建工程领用自制半成品或产成品时，按自制半成品和产成品的成本计入在建工程的成本。

(4) 不动产的在建工程领用外购存货时，应按存货成本，计入在建工程的成本。

(5) 自营方式建造固定资产应负担的职工薪酬，辅助生产部门为之提供的水、电、修理、运输等劳务，以及其他必要支出等也应计入所建工程项目的成本。

(6) 在建工程进行负荷联合试车发生的费用，计入工程成本(待摊成本)；试车期间形成的产品或副产品对外销售或转为库存商品时，借记“银行存款”“库存商品”等账户，贷记“在建工程——待摊支出”。

(7) 建设期间发生的工程物资盘亏、报废及毁损，减去残料价值以及保险公司、过失人等赔款后的净损失，计入所建工程项目的成本。

(8) 建设期间盘盈的工程物资或处置净收益，冲减所建工程项目的成本。

(9) 符合资本化条件、应计入所建固定资产成本的借款费用，按照《企业会计准则第17号——借款费用》的有关规定处理。

(10) 工程完工后，剩余的工程物资转为本企业存货的，按其实际成本或计划成本进行结转，同时，冲减所建工程的成本，借记“原材料”等账户，贷记“在建工程”。

(11) 工程完工后，对于已领出而未用完的工程物资办理退库手续时，应借记“工程物资”账户，贷记“在建工程”。

(12) 工程完工后，发生的工程物资盘盈、盘亏、报废、毁损，记入当期“营业外收入”或“营业外支出”。

(13) 在建工程达到预定可使用状态时，对发生的待摊支出(工程管理费、征地费、公证费等)应分配计算。

相关思考6-2

制造费用为什么不能计入固定资产建造工程成本

这样做的理由主要是：

(1) 制造费用一般属于固定费用，不会因偶尔进行的固定资产建造工程而增加。

(2) 固定资产建造工程通常是在营业淡季进行的，如果将一部分制造费用计入工程成本，就会夸大当期正常营业的净收益。

(3) 固定资产建造工程通常是利用企业的闲置生产能力进行的，如果正常的营业活动并未因进行固定资产建造工程而受影响，就没有理由使制造费用由固定资产建造成本负担。

高危行业企业按照国家规定提取的安全生产费，应当计入相关产品的成本或当期损益，同时记入“专项储备”账户。企业使用提取的安全生产费时，属于费用性支出的，直接冲减专项储备。企业使用提取的安全生产费形成固定资产的，应当通过“在建工程”账户归集所发生的支出，待安全项目完工达到预定可使用状态时确认为固定资产；同时，按照形成固定资产的成本冲减专项储备，并确认相同金额的累计折旧。该固定资产在以后期间不再计提折旧。“专项储备”账户期末余额通过在资产负债表所有者权益项下“减：库存股”和“盈余公积”之间增设“专项储备”项目反映。企业提取的维简费和其他具有类似性质的费用，比照上述规定处理。企业未按上述规定进行会计处理的，应当进行追溯调整。

3）自营方式建造固定资产的会计处理。

【例 6-4】 2×19 年华夏公司利用剩余生产能力自行制造一台设备，在建造过程中主要发生下列支出：

（1）4 月 16 日，购入工程物资 56 500 元，其中价款 50 000 元、增值税 6 500 元，工程物资已验收入库，款项以银行存款支付。

（2）4 月 19 日，工程开始，当日实际领用工程物资 50 000 元。

（3）4 月 26 日，领用库存材料一批，实际成本 4 000 元。

（4）4 月 28 日，领用库存产成品的实际成本 6 000 元，计税价格 8 000 元。

（5）5 月 6 日，辅助生产部门为工程提供水、电费共计 3 000 元，工程应负担直接人工费 10 000 元。

（6）5 月 31 日，工程完工，并达到预定可使用状态。

会计处理如下：

（1）4 月 16 日，购入工程物资、验收入库。

借：工程物资	50 000	
应交税费——应交增值税（进项税额）	6 500	
贷：银行存款		56 500

（2）4 月 19 日，领用工程物资，投入自营工程。

借：在建工程	50 000	
贷：工程物资		50 000

（3）4 月 26 日，领用库存材料。

借：在建工程	4 000	
贷：原材料		4 000

（4）4 月 28 日，领用库存产成品。

借：在建工程	6 000	
贷：库存商品		6 000

（5）5 月 6 日，辅助生产部门为工程提供水、电费共计 3 000 元，工程应负担直接人工费 10 000 元。

借：在建工程	13 000	
贷：生产成本——辅助生产成本		3 000
应付职工薪酬——工资		10 000

（6）5 月 31 日，工程完工，并达到预定可使用状态时，计算并结转工程成本。

设备制造成本＝50 000＋4 000＋6 000＋13 000＝73 000（元）

借：固定资产　　73 000
　　贷：在建工程　　73 000

2. 以出包方式建造固定资产

出包工程是指企业委托建筑公司等其他单位进行的固定资产建造工程。企业的新建、改建、扩建等建设项目，通常均采用出包方式，即多指不动产的建设。

采用出包方式建造固定资产，企业要与建造承包商签订建造合同，企业是建造合同的甲方，负责筹集资金和组织管理工程建设，通常称为建设单位，建造承包商是建造合同的乙方，负责建筑安装工程施工任务。一个建设项目通常由若干单项工程构成，如新建一个火电厂包括建造发电车间、冷却塔、安装发电设备等，新建的火电厂即为建设项目，建造的发电车间、冷却塔、安装发电设备均为单项工程。

1）出包工程的成本构成

企业以出包方式建造固定资产，其成本由建造该项固定资产达到预定可使用状态前所发生的必要支出构成，包括发生的建筑工程支出、安装工程支出以及需分摊计入各固定资产价值的待摊支出。

（1）建筑工程、安装工程支出。由于建筑工程、安装工程采用出包方式发包给建造承包商承建，因此，工程的具体支出，如人工费、材料费、机械使用费等由建造承包商核算。对于发包企业而言，建筑工程支出、安装工程支出是构成在建工程成本的重要内容，结算的工程价款计入在建工程成本。

（2）待摊支出。**待摊支出**是指在建设期间发生的，不能直接计入某项固定资产价值、而应由所建造固定资产共同负担的相关费用，包括为建造工程发生的管理费，可行性研究费，临时设施费，公证费，监理费，应负担的税金，符合资本化条件的借款费用，建设期间发生的工程物资盘亏、报废及毁损净损失，以及负荷联合试车费等。

2）出包工程的账务处理

企业应设置“在建工程”账户，核算企业与建造承包商办理工程价款的结算业务。具体业务如下：

（1）企业支付给建造承包商的工程价款作为工程成本。企业应按合理估计的工程进度和合同规定支付进度款时，借记“在建工程——建筑工程——××工程”“在建工程——安装工程——××工程”等账户，贷记“银行存款”等账户。

（2）工程完成时，按合同规定补付工程款时，借记“在建工程”账户，贷记“银行存款”等账户。

（3）当企业将需安装设备运抵现场安装时，借记“在建工程——在安装设备——××”账户，贷记“工程物资——××设备”账户。

（4）企业为建造固定资产发生的待摊支出，借记“在建工程——待摊支出”账户，贷记“银行存款”“应付职工薪酬”“长期借款”等账户。

（5）在建工程达到预定可使用状态时，首先计算分配待摊支出，待摊支出的分配率可按下列公式计算：

$$\text{待摊支出分配率}=\frac{\text{累计发生的待摊支出}}{\text{建筑工程支出}+\text{安装工程支出}+\text{在安装设备支出}}\times 100\%$$

某项工程应分摊的待摊支出＝该项工程支出×待摊支出分配率

（6）计算确定已完工的固定资产成本：

房屋、建筑物等固定资产成本＝建筑工程支出＋应分摊的待摊支出

需要安装设备的成本＝设备成本＋为设备安装发生的基础、支座等建筑工程支出＋安装工程支出＋应分摊的待摊支出

（7）工程达到预定可使用状态时，结转出包工程的成本，借记“固定资产”账户，贷记“在建工程——建筑工程/安装工程/待摊支出”等账户。

【例 6-5】 2×19 年华夏公司将一幢厂房的建造工程出包给丙公司承建，3 月 3 日，按合理估计的发包工程进度和合同规定向丙公司结算进度款 600 000 元；12 月 22 日，工程完工后，收到丙公司有关工程结算单据，补付工程款400 000元；12 月 31 日，工程完工并达到预定可使用状态。该企业应作如下会计处理：

（1）3 月 3 日，按合理估计的发包工程进度和合同规定向丙公司结算进度款时：

借：在建工程　　600 000
　贷：银行存款　　600 000

（2）12 月 22 日，补付工程款时：

借：在建工程　　400 000
　贷：银行存款　　400 000

（3）12 月 31 日，工程完工并达到预定可使用状态时：

借：固定资产　　1 000 000
　贷：在建工程　　1 000 000

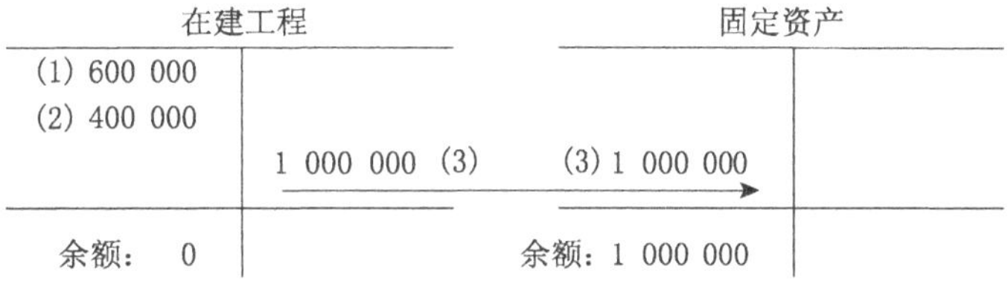

图 6-2　出包工程成本计算图

（三）投资转入固定资产

接受固定资产投资的企业，在办理了固定资产移交手续之后，应按投资合同或协议约定的价值加上应支付的相关税费作为固定资产的入账价值，但合同或协议约定价值不公允的除外。

1. 账户设置

（1）设置所有者权益类账户“实收资本”或“股本”，按投入资本在注册资本或股本中所占的份额记入。一般企业(指除股份有限公司以外的企业)接受投资，记入“实收资本”账户；股份有限公司接受投资，记入“股本”账户。

接受投资方按投资人或股东设明细账户核算，如“实收资本——A 公司”“股本——B 股东”。

（2）设置“资本公积”，核算“固定资产”的入账价值与“实收资本/股本”之间的差额。一般企业将差额记入“资本公积——资本溢价”账户；股份有限公司将差额记入“资本公积——股本溢价”。

2. 会计核算

按取得固定资产的入账价值,借记"固定资产"账户,可以抵扣的进项税额,借记"应交税费——应交增值税(进项税额)",贷记"实收资本"或"股本",按其差额部分记入"资本公积——资本溢价"或"资本公积——股本溢价"。即

借:固定资产　【合同或协议的价值+相关税费】
　应交税费——应交增值税(进项税额)　【可抵扣的进项税额】
　贷:实收资本/股本　【份额】
　　资本公积——资本溢价/股本溢价　【差额】

【例6-6】 华夏公司根据投资各方达成的协议,按合同约定的价值作为投资各方投入资本的入账价值。在各方的投资中,M股东以一栋办公楼作为投资,并提供增值税专用发票,价款3 000 000元,增值税270 000元,按协议可折换成每股面值为1元、数量为2 600 000股股票的股权;N股东以一台不需安装的设备作为投资,并收到增值税专用发票,价款1 000 000元,增值税130 000元,按协议可折换成每股面值为1元、数量为800 000股股票的股权。

会计处理如下:

(1) 接受M股东投入的办公楼。

借:固定资产　3 000 000
　应交税费——应交增值税(进项税项)　270 000
　贷:股本——M股东　2 600 000
　　资本公积——股本溢价　670 000

(2) 接受N股东投入的设备。

借:固定资产　1 000 000
　应交税费——应交增值税(进项税额)　130 000
　贷:股本——N股东　800 000
　　资本公积——股本溢价　330 000

(四) 接受捐赠固定资产

接受捐赠的固定资产,应根据具体情况合理确定其入账价值,如图6-3所示。

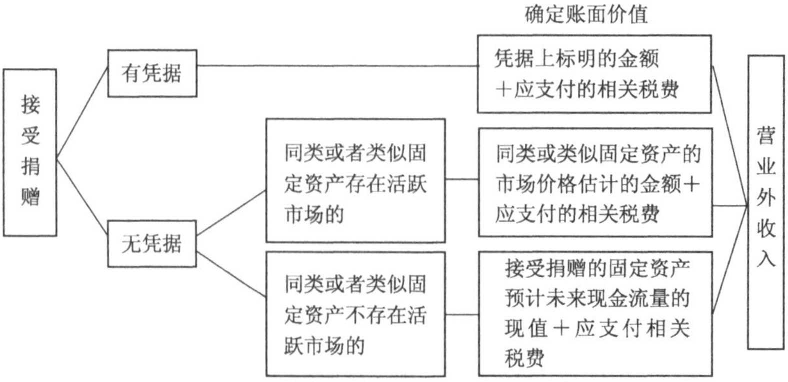

图6-3　接受捐赠会计处理流程图

捐赠利得是指企业接受外部现金或非现金资产捐赠而获得的利得，应记入“营业外收入——捐赠利得”账户。接受捐赠的固定资产，如可以抵扣进项税额的，应借记“应交税费——应交增值税(进项税额)”账户。

【例 6-7】 2×19 年 3 月 6 日华夏公司接受 C 公司捐赠的一台电脑，捐赠者提供的有关凭据上标明的价款为 6 000 元，增值税 780 元，办理产权过户手续时以银行存款支付相关税费 500 元。

借：固定资产	6 500	
应交税费——应交增值税(进项税额)	780	
贷：营业外收入——捐赠利得		6 780
银行存款		500

第三节 固定资产的后续计量

固定资产的后续计量是指固定资产在其后期存续过程中变化的价值金额以及最终价值额的确定。

后续计量主要包括固定资产折旧的计提，减值损失的确定，以及后续支出的计量。其中，固定资产减值损失的确定将在资产减值章节单独阐述。

一、固定资产折旧

(一) 固定资产折旧及其性质

1. 固定资产折旧的定义

固定资产折旧是指在固定资产使用寿命内，按照确定的方法对应计折旧额进行系统分摊。

企业取得固定资产是由于固定资产能够在未来给企业带来一定的经济利益，企业的固定资产可以长期参加生产经营活动而仍保持其原有实物形态，其价值随着固定资产的使用而逐渐转移到生产的产品中或构成企业的费用，并通过销售产品收回货款将这部分价值损耗得到补偿，这部分随固定资产损耗而逐渐转移的价值即为固定资产的折旧。

固定资产折旧的过程，实际上是一个持续的成本分配过程，并不是为了计算固定资产的净值。折旧就是企业采用合理而系统的分配方法将固定资产的取得成本在固定资产的经济使用年限内进行合理分配，使之与各期的收入相配比，以正确确认企业的损益。

2. 固定资产的损耗

固定资产的损耗分为有形损耗和无形损耗。

1) 固定资产的有形损耗

有形损耗是指固定资产由于使用和自然力的作用而引起的使用价值和价值的损失。固定资产的有形损耗由以下原因引起：

(1) 由使用引起。机器设备在运转过程中由于摩擦、化学反应等会使精度、效率逐渐降低，最终报废。固定资产的有形损耗程度取决于固定资产在运转过程中的负荷程度、日常的维护保养情况和工人的熟练程度以及机器本身的耐磨、耐腐蚀程度。机器设备负荷的强度愈大，转动得愈快，持续运转的时间愈长，磨损的程度就愈大。

(2) 由自然力的作用而发生。比如，钢铁部件会生锈，木料会腐朽，橡胶轮带或传送带会自然老化,这些情况在使用或不使用时都会发生。

机器闲置不用往往比使用时的磨损还要大,因使用时要进行日常的维护和小的修理,闲置时则任其自然侵蚀。

2) 固定资产的无形损耗

无形损耗是指由于科学技术的进步和劳动生产率的提高等而引起的固定资产价值的损失。固定资产的无形损耗由以下原因引起:

(1) 由于社会劳动生产率的提高,使同类性能的机器设备,能以更少的社会必要劳动时间生产出来,从而引起原有固定资产的贬值。

(2) 由于科学技术的发明和发现,出现了新的性能更好、效率更高的机器设备,继续使用原有机器设备变得很不经济,不得不提前报废,从而引起价值损失。

无形损耗的程度主要取决于技术进步的快慢。在机器设备的自然寿命已定时,生产同类机器设备的劳动生产率提高得愈多,原有机器设备贬值就愈大;发明创造愈多,机器设备更新换代的周期愈短,无形损耗也愈大。

3. 固定资产的使用寿命

固定资产的使用寿命分为物质使用寿命(最长使用年限)和经济使用寿命(实际使用年限)。

一般而言,固定资产的有形损耗决定固定资产的最长使用年限,即物质使用寿命;无形损耗决定固定资产的实际使用年限,即经济使用寿命。

固定资产的折旧年限,指的是实际使用年限,即经济使用寿命。比如,电脑的最长使用年限为5年,但由于科学技术的不断进步,更新换代迅速,电脑的实际使用年限可能只有3年,那么其折旧的计提年限应按3年进行。

固定资产的使用寿命一经确定,不得随意变更。

(二) 影响固定资产折旧计算的因素及折旧范围

1. 影响固定资产折旧计算的因素

影响固定资产折旧的因素主要有以下几个方面,如图6-4所示。

1) 固定资产的原始价值

原始价值是指固定资产的实际取得成本,也称为折旧基数。以原始价值作为计算折旧的基数,可以使折旧的计算建立在客观的基础上,不容易受会计人员主观因素的影响。

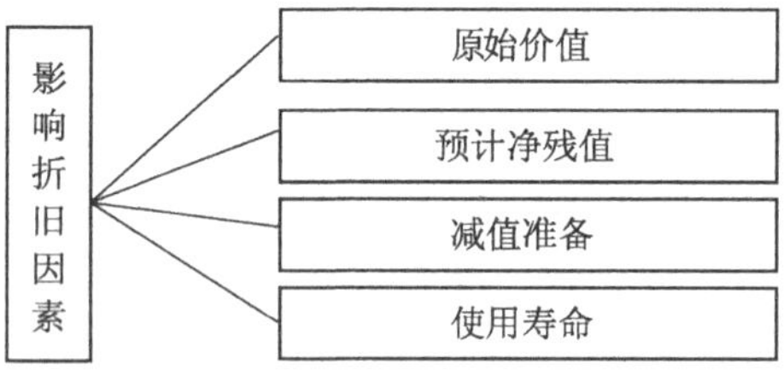

图6-4 影响固定资产折旧的因素

2) 固定资产的预计净残值

预计净残值是指假定固定资产预计使用寿命已满并处于使用寿命终了时的预计状态,企业目前从该项固定资产处置中获得的扣除预计处置费用后的金额。

实务上,一般通过固定资产在报废清理时预计残值收入扣除预计清理费用后的净值来确定。其中预计残值收入指固定资产报废清理时预计可收回的器材、零件、材料等残料价值收入;预计清理费用指固定资产报废清理时预计发生的拆卸、整理、搬运等费用。我国企业所得税法规定了固定资产净残值比例标准,即固定资产净残值比例应在其原价的5%以内,具体比例由企业自行确定。固定资产原始价值减去预计净残值之后的数额为固定资产应计提折旧总额。

3）固定资产的减值准备

固定资产减值准备是指固定资产已计提的减值准备的累计金额。固定资产计提减值准备后，应当在剩余使用寿命内根据调整后的固定资产账面价值（固定资产账面余额扣减累计折旧和累计减值准备后的金额）和预计净残值重新计算确定折旧率和折旧额。

4）固定资产的使用寿命

固定资产的使用寿命是指企业使用固定资产的预计期间，或者该固定资产所能生产产品或提供劳务的数量。

固定资产的使用寿命取决于固定资产的预计经济使用年限，也称折旧年限，它通常短于固定资产的物质使用年限。企业在确定固定资产的使用寿命时，应当考虑的因素为：

（1）该项资产预计的生产能力或实物产量。

（2）该项资产预计的有形损耗，如设备使用中的磨损、房屋建筑物受到自然侵蚀等。

（3）该项资产预计的无形损耗，如市场需求变化使所生产的产品过时等。

（4）法律或者类似规定对该项资产使用的限制，如对于融资租入固定资产，根据《企业会计准则第21号——租赁》规定，能够合理确定租赁期届满时将会取得租赁资产所有权的，应当在租赁资产使用寿命内计提折旧；如果无法合理确定租赁期届满时能够取得租赁资产所有权的，应当在租赁期与租赁资产使用寿命两者中较短的期间内计提折旧。

企业至少应当于每年年度终了，对固定资产的使用寿命、预计净残值和折旧方法进行复核。使用寿命预计数与原先估计数有差异的，应当调整固定资产使用寿命。净残值预计数与原先估计数有差异的，应当调整预计净残值。与固定资产有关的经济利益预期实现方式有重大改变的，应当改变固定资产折旧方法。固定资产使用寿命、预计净残值和折旧方法的改变应当作为会计估计变更。

2. 固定资产的折旧范围

固定资产准则规定，企业应对所有的固定资产计提折旧，但是，已提足折旧仍继续使用的固定资产和单独计价入账的土地除外。通常情况，以下固定资产不计提折旧：

（1）房屋、建筑物以外未投入使用的固定资产。

（2）以经营租赁方式租入的固定资产。

（3）以融资租赁方式租出的固定资产。

（4）已足额提取折旧仍继续使用的固定资产。

（5）与经营活动无关的固定资产。

（6）单独估价作为固定资产入账的土地。

（7）改建、扩建中的固定资产。

（8）提前报废的固定资产。

（9）其他不得计算折旧扣除的固定资产。

在确定计提折旧的范围时，还应注意以下几点：

（1）固定资产应当按月计提折旧。固定资产应自达到预定可使用状态时开始计提折旧，终止确认时或划分为持有待售非流动资产时停止计提折旧。为了简化核算，固定资产应用指南仍沿用了实务中的做法：当月增加的固定资产，当月不计提折旧，从下月起计提折旧；当月减少的固定资产，当月仍计提折旧，从下月起不计提折旧。

(2) 已达到预定可使用状态但尚未办理竣工决算的固定资产,应当按照估计价值确定其成本,并计提折旧;待办理竣工决算后再按实际成本调整原来的暂估价值,但不需要调整原已计提的折旧额。

(三) 固定资产的折旧方法

固定资产的折旧方法是指将应计提折旧总额在固定资产各使用期间进行分配所采用的具体计算方法。

企业选用不同的固定资产折旧方法,将影响固定资产使用寿命期间内不同时期的折旧费用,从而影响各年的净收益和所得税。因此,固定资产的折旧方法一经确定,不得随意变更。如需变更,应按规定的程序报经批准后备案,并在会计报表附注中予以说明。

企业应当根据与固定资产有关的经济利益的预期实现方式合理选择折旧方法,可选用的折旧方法包括年限平均法、工作量法、双倍余额递减法和年数总和法等(如图 6-5 所示)。下面主要对这些折旧方法进行逐一说明。

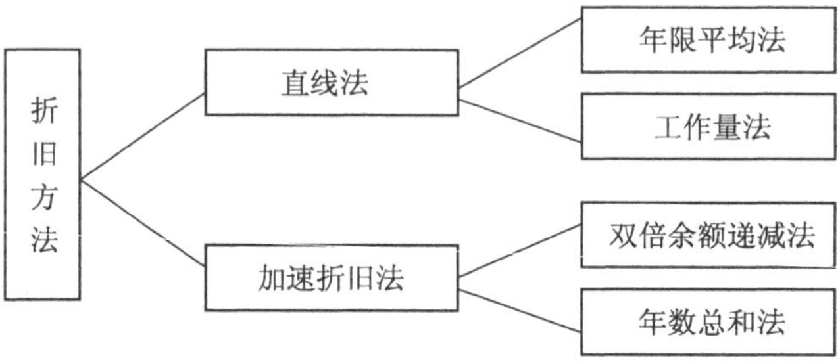

图 6-5 固定资产的折旧方法

1. 年限平均法

年限平均法又称直线法,是指将固定资产的应计折旧额均衡地分摊到固定资产预计使用寿命内的一种方法。

采用这种方法计算的每期折旧额均相等。采用年限平均法,可按以下两种思路进行计算:

(1) 第一种思路的计算步骤。

第一步:

$$年折旧额=\frac{固定资产原值-预计净残值}{预计折旧年限}=\frac{固定资产原值\times(1-预计净残值率)}{预计折旧年限}$$

第二步:

$$月折旧额=年折旧额\div 12$$

(2) 第二种思路的计算步骤。

第一步:

$$年折旧率=\frac{1-预计净残值率}{预计折旧年限}\times 100\%$$

$$月折旧率=年折旧率\div 12$$

第二步：

$$年折旧额=固定资产原价\times 年折旧率$$

$$月折旧额=年折旧额\div 12（或：固定资产原价\times 月折旧率）$$

【例6-8】 华夏公司有一幢厂房，原价为5 000 000元，预计可使用20年，预计净残值率为4%，采用年限平均法计算月折旧额。

(1) 采用第一种思路：

第一步：

$$年折旧额=\frac{5\ 000\ 000\times(1-4\%)}{20}=240\ 000（元）$$

第二步：

$$月折旧额=240\ 000\div 12=20\ 000（元）$$

(2) 采用第二种思路：

第一步：

$$年折旧率=(1-4\%)\div 20=4.8\%$$

$$月折旧率=4.8\%\div 12=0.4\%$$

第二步：

$$年折旧额=5\ 000\ 000\times 4.8\%=240\ 000（元）$$

$$月折旧额=240\ 000\div 12=20\ 000（元）$$

或

$$月折旧额=5\ 000\ 000\times 0.4\%=20\ 000（元）$$

通过本例的计算过程，体现出各期的折旧额相等，同时不难看出年限平均法的优缺点。

优点：计算简便、容易理解，在实务中应用较为广泛。

缺点：只注重固定资产的使用时间，忽视了使用状况，使固定资产无论使用强度如何，各期都计提相同的折旧，难以达到收入与费用的正确配比。

年限平均法的适用范围是各个时期使用程度和使用效率大致相同的固定资产。

2. 工作量法

1) 工作量法的含义

工作量法是以固定资产预计可完成的工作总量为分摊标准，根据每期实际工作量计算应计提折旧额的一种方法。采用这种方法，各期计提的折旧额随着当期工作量的变动而变动。

工作量法实际上是年限平均法的一种演变，即将分配折旧的标准由使用年限改为了工作量，因此工作量法也被归类为直线法。

不同的固定资产应按不同的工作量标准计算折旧，如机器设备应按工作小时计算折旧，运输工具应按行驶里程计算折旧等。

2) 工作量法的计算

工作量法的基本计算步骤如下：

单位工作量折旧额＝固定资产原价×(1－预计净残值率)÷预计总工作量

某项固定资产月折旧额＝该项固定资产当月工作量×单位工作量折旧额

【例 6-9】 华夏公司的一辆运货卡车的原价为 600 000 元，预计总行驶里程为 500 000 公里，预计报废时的净残值率为 5%，本月行驶 4 000 公里。该辆汽车的当月折旧额计算如下：

单位里程折旧额＝600 000×(1－5%)÷500 000＝1.14(元/公里)

本月折旧额＝4 000×1.14＝4 560(元)

3) 工作量法的优缺点

优点：比较简单实用，考虑了固定资产的实际使用状况，各期折旧额与固定资产的使用程度成正比例关系，体现了收入与费用相配比的原则。

缺点：固定资产不使用则不会发生折旧，即只考虑了固定资产的有形损耗，而未考虑无形损耗，由于无形损耗的客观存在，即使固定资产当期没有使用也会发生折旧。在前后计算折旧时采用了一致的单位工作量折旧额，而实际上单位工作量折旧额是有变化的，因在固定资产的使得过程中单位工作量所带来的经济利益是不一样的，工作量法未考虑这一点。

4) 工作量法的适用范围

工作量法适用于使用情况很不均衡、使用的季节性较为明显的大型机器设备，大型施工机械以及运输单位或其他企业专业车队的客、货运汽车等折旧的计算。

3. 双倍余额递减法

双倍余额递减法属于加速折旧的方法。

我国会计准则规定允许企业采用的加速折旧方法是双倍余额递减法和年数总和法两种。

1) 加速折旧法

加速折旧法又称递减折旧费用法，是指固定资产的折旧费用在使用早期计提得较多，在使用后期计提得较少。这主要是根据固定资产的效能在使用期内呈现递减趋势，而固定资产的维修保养等费用却呈现逐期递增趋势，因而在固定资产的使用早期多计提折旧，在后期少计提折旧，以使用固定资产的大部分成本在使用早期尽快得到补偿。

不论采用直线法还是加速折旧法，在整个折旧期内，固定资产计提折旧的总额是相等的。只不过加速折旧法每期计提的折旧呈递减的趋势。

延伸阅读 6-3

固定资产采用加速折旧法的规定

企业可以采取加速折旧方法计提折旧的固定资产，包括：

(1) 由于技术进步、产品更新换代较快的固定资产。

(2) 常年处于强震动、高腐蚀状态的固定资产。

采取加速折旧方法的，可以采取双倍余额递减法或者年数总和法。

2) 双倍余额递减法

双倍余额递减法是指在不考虑固定资产预计净残值的情况下，根据每期期初固定资产原价减去累计折旧后的金额和双倍的直线折旧率计算固定资产折旧的一种方法。

“双倍”是指双倍的直线折旧率，即每期的折旧率不变；“余额”是指每期期初固定资产的账面净值(折余价值：原值减累计折旧)，此数据是变化的，且逐年递减。因此，双倍余额递减法每期计提的折旧是递减的。

应用这种方法计算折旧额时，由于每年年初固定资产净值没有扣除预计净残值，所以在计算固定资产折旧额时，应在其折旧年限到期前2年内，将固定资产净值扣除预计净残值后的余额平均摊销。

双倍余额递减法的计算步骤如下：

第一步：

$$年折旧率=\frac{1}{预计使用寿命(年)}\times 2\times 100\%=\frac{2}{预计使用寿命(年)}\times 100\%$$

月折旧率＝年折旧率÷12

第二步：

某年年折旧额＝该年年初固定资产净值×年折旧率

月折旧额＝每月月初固定资产账面净值×月折旧率

第三步：最后2年的折旧额。

最后2年每一年的折旧额＝(倒数第2年年初固定资产账面净值－预计净残值)÷2

最后2年每个月的折旧额＝最后2年每一年的折旧额÷12

【例6-10】 华夏公司购入的一项生产经营用家具，原价为100 000元，预计使用年限为5年，预计净残值4%，按双倍余额递减法计提折旧，每年的折旧额计算如下：

第一步：

$$年折旧率=\frac{1}{5}\times 2\times 100\%=40\%$$

预计净残值＝100 000×4%＝4 000(元)

第二步：

第1年应计提的折旧额＝100 000×40%＝40 000(元)

第2年应计提的折旧额＝(100 000－40 000)×40%＝24 000(元)

第3年应计提的折旧额＝(100 000－40 000－24 000)×40%＝14 400(元)

第三步：最后2年的折旧额。

从第4年起改用年限平均法(直线法)计提折旧。

第4年、第5年的年折旧额＝[(100 000－40 000－24 000－14 400)－4 000]÷2＝8 800(元)

双倍余额递减法下各年折旧额计算表如表6-11所示。

表6-1 **双倍余额递减法下各年折旧额计算表** 单位：元

使用年次	折旧率	年折旧额		累计折旧额	账面净值(原值－累计折旧)
		计算过程	折旧额		
购置时					100 000
1	40%	100 000×40%	40 000	40 000	60 000

(续表)

使用年次	折旧率	年折旧额		累计折旧额	账面净值(原值－累计折旧)
		计算过程	折旧额		
2	40%	60 000×40%	24 000	64 000	36 000
3	40%	36 000×40%	14 400	78 400	21 600
4		(21 600－4 000)÷2	8 800	87 200	12 800
5			8 800	96 000	4 000
合计			96 000		

4. 年数总和法

年数总和法又称年限合计法，是指将固定资产的原价减去预计净残值后的余额，即应计提折旧总额，乘以一个以固定资产尚可使用寿命为分子、以预计使用寿命逐年数字之和为分母的逐年递减的分数计算每年的折旧额。

年数总和法计算步骤如下：

第一步：

年折旧率＝尚可使用年限÷预计使用寿命的年数总和
$=[(n-t)+1]\div[n(n+1)\div 2]$

(其中 n 代表预计使用年限，t 代表计提折旧的那一年，年折旧率通常用分数表示)

月折旧率＝年折旧率÷12

第二步：

某年的折旧额＝应计提折旧总额×年折旧率＝(固定资产原价－预计净残值)×年折旧率
某月的折旧额＝应计提折旧总额×月折旧率＝(固定资产原价－预计净残值)×月折旧率

【例 6-11】 承[例 6-10]，假如采用年数总和法，计算各年折旧额。

第一步：

第 1 年的折旧率＝5/15
第 2 年的折旧率＝4/15
第 3 年的折旧率＝3/15
第 4 年的折旧率＝2/15
第 5 年的折旧率＝1/15

第二步：

应计提折旧总额＝原价－预计净残值＝100 000×(1－4%)＝96 000(元)
第 1 年的折旧额＝96 000×5/15＝32 000(元)
第 2 年的折旧额＝96 000×4/15＝25 600(元)
第 3 年的折旧额＝96 000×3/15＝19 200(元)
第 4 年的折旧额＝96 000×2/15＝12 800(元)
第 5 年的折旧额＝96 000×1/15＝6 400(元)

年数总和法下各年折旧额计算如表 6-2 所示。

表 6-2 **年数总和法下各年折旧额计算表** 单位:元

使用年次	尚可使用年限	应计提折旧总额（原价一净残值）	各年折旧率	年折旧额	累计折旧额
购置时		①	②	③=①×②	
1	5	96 000	5/15	32 000	32 000
2	4		4/15	25 600	57 600
3	3		3/15	19 200	76 800
4	2		2/15	12 800	89 600
5	1		1/15	6 400	96 000
合计				96 000	

通过此例题,可见采用年数总和法计提折旧,各年的折旧额呈现逐年递减的趋势。

(四) 固定资产折旧的核算

在会计实务中,企业一般都是按月计提固定资产折旧的。月份内开始使用的固定资产,当月不计提折旧,从下月起计提折旧;月份内减少或停用的固定资产,当月仍计提折旧,从下月起停止计提折旧。

当月应计提折旧总额的计算公式如下:

当月应计提折旧总额 = **上月固定资产计提的折旧额** + **上月增加的固定资产应计提的月折旧额** − **上月减少的固定资产应计提的月折旧额**

月末,企业根据"固定资产折旧计算表"进行相应的会计处理。

1. 账户设置

企业应设置"累计折旧"账户核算企业的累计折旧,属于资产类账户,为"固定资产"的备抵账户。其贷方登记企业按月计提的固定资产折旧,借方登记因各种原因减少的固定资产折旧,期末贷方余额反映固定资产的累计折旧额。

累计折旧

借方	贷方
因各种原因减少的固定资产折旧	企业按月计提的固定资产折旧
	期末余额: 反映企业固定资产的累计折旧额

2. 会计核算

企业根据固定资产的受益对象按月计提折旧,计入相关资产的成本或者当期损益,贷记"累计折旧"账户,借记相关账户。

表 6-3 **固定资产折旧的会计处理**

使用部门	借记账户	备　注
管理部门	管理费用	
未使用的固定资产		如未使用房屋、建筑物计提的折旧
内设销售机构		

(续表)

使用部门	借记账户	备　注
生产部门	制造费用	如生产设备、厂房的折旧
专设销售机构	销售费用	如售后服务网点、销售网点的固定资产折旧
经营性出租	其他业务成本	如经营性出租设备的折旧
用于自行建造其他固定资产	在建工程	如用于自行建造办公楼的货车折旧
用于内部研发其他无形资产,开发阶段符合资本化条件的	研发支出——资本化支出	如用于B专利权研发的A设备的折旧

会计分录如下:

借:管理费用/销售费用/制造费用等
　贷:累计折旧

【例6-12】 华夏公司采用年限平均法对固定资产计提折旧。2×19年8月份根据“固定资产折旧计算表”,确定的折旧额如下:

甲车间12 000元、乙车间15 000元、管理部门8 000元、外设销售机构3 000元、经营性出租固定资产折旧1 600元、用于自行建造厂房的货车折旧2 400元。

会计分录如下:

借:制造费用——甲车间——折旧费	12 000	
——乙车间——折旧费	15 000	
管理费用——折旧费	8 000	
销售费用——折旧费	3 000	
其他业务成本	1 600	
在建工程	2 400	
贷:累计折旧		42 000

【例6-13】 昌盛公司2×19年10月份固定资产计提折旧情况如下:

A车间厂房计提折旧80 000元,机器设备计提折旧50 000元;管理部门房屋建筑物计提折旧70 000元,运输工具计提折旧60 000元;外设销售网点房屋建筑物计提折旧10 000元,运输工具计提折旧9 000元;已达预定可使用状态但尚未使用的办公楼计提折旧40 000元。当月新购置机器设备一台,价值为450 000元,预计使用寿命为10年,该企业同类设备计提折旧采用年限平均法。

本例中,新购置的机器设备本月不计提折旧。本月计提的折旧中,车间使用的固定资产计提的折旧记入“制造费用”,管理部门的固定资产及未使用办公楼计提的折旧记入“管理费用”,外设销售网点使用的固定资产计提的折旧记入“销售费用”。

借:制造费用——A车间——折旧费	130 000	
管理费用——折旧费	170 000	
销售费用——折旧费	19 000	
贷:累计折旧		319 000

二、固定资产后续支出

(一) 固定资产后续支出的定义、处理原则及分类

1. 固定资产后续支出的定义

固定资产的后续支出是指固定资产使用过程中发生的更新改造支出、修理费用等,如固定资产的增置、改良与改善、换新、修理、重新安装等。

2. 固定资产后续支出的处理原则

后续支出的处理原则为:符合固定资产确认条件的,应当计入固定资产成本,同时将被替换部分的账面价值扣除;不符合固定资产确认条件的,应当计入当期损益。

3. 固定资产后续支出的分类

固定资产后续支出按支出的性质可分为资本化的后续支出和费用化的后续支出。

1) 资本化的后续支出

固定资产发生可资本化的后续支出时,企业一般应将该固定资产的原价、已计提的累计折旧和减值准备转销,将固定资产的账面价值转入在建工程,并停止计提折旧。发生的后续支出,通过"在建工程"账户核算。在固定资产发生的后续支出完工并达到预定可使用状态时,再从在建工程转为固定资产,并按重新确定的使用寿命、预计净残值和折旧方法计提折旧。

企业发生的一些固定资产后续支出可能涉及替换原固定资产的某组成部分,当发生的后续支出符合固定资产确认条件时,应将其计入固定资产成本,同时将被替换部分的账面价值扣除。这样可以避免将替换部分的成本和被替换部分的成本同时计入固定资产成本,导致固定资产成本重复计算。

2) 费用化的后续支出

与固定资产有关的修理费用等后续支出,不符合固定资产确认条件的,应当根据不同情况分别在发生时计入当期管理费用或销售费用。

(二) 固定资产后续支出的核算

1. 增置

增置是指固定资产总体数量的增加,包括添置全新的资产项目和对原有资产项目进行改建、扩建、延伸、添加、补充等,主要表现在对原有固定资产进行实物的添加。

下面主要对固定资产扩建的会计核算进行说明。

扩建后的固定资产作为一项新的固定资产进行管理,即扩建前的固定资产账面价值(原值、累计折旧、减值准备)应全部转销,转入到"在建工程",同时停止计提折旧。

扩建后固定资产的价值是在原有固定资产价值的基础上,加上由于扩建而发生的支出,减去扩建过程中拆除部分残料的变价收入后的金额来确定。

会计核算分为以下步骤:

(1) 转入扩建,注销原固定资产的账面价值(原值、累计折旧、减值准备),转入"在建工程"账户:

借:在建工程　　　　【账面价值】
　累计折旧
　固定资产减值准备
　贷:固定资产

（2）扩建过程：

【例 6-14】 2×19 年 7 月 1 日，华夏公司将丙车间投入扩建，由原来容纳 200 人的车间扩建为容纳 300 人的车间。丙车间原价 1 800 000 元，已提折旧 342 000 元，已发生减值 50 000元。在扩建过程中发生不含税支出 1 000 000 元均收到增值税专用发票，通过银行转账支付，车间拆除部分残料作价 20 000 元，以原材料入库。

会计处理为：

（1）转入扩建，注销原固定资产的账面价值（原值、累计折旧、减值准备），转入“在建工程”账户：

借：在建工程　　【账面价值】	1 408 000	
累计折旧	342 000	
固定资产减值准备	50 000	
贷：固定资产		1 800 000

（2）扩建过程：

① 支付扩建支出，增加扩建工程成本：

借：在建工程	1 000 000	
应交税费——应交增值税（进项税额）	130 000	
贷：银行存款		113 000

② 残料作价入库，冲减扩建工程成本：

借：原材料	20 000	
贷：在建工程		20 000

（3）扩建完工，固定资产达到预定可使用状态，由“在建工程”转入“固定资产”：

借：固定资产	2 388 000	
贷：在建工程		2 388 000

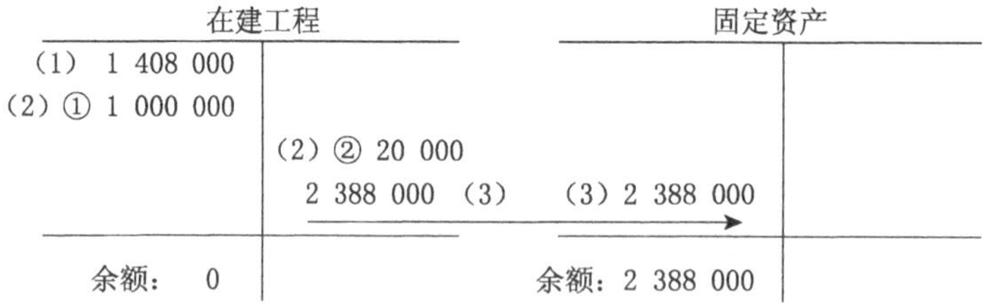

图 6-6　固定资产扩建成本计算图

2. 修理

一般情况下，固定资产投入使用之后，由于固定资产磨损、各组成部分耐用程度不同，可能导致固定资产的局部损坏，为了维护固定资产的正常运转和使用，充分发挥其使用效能，企业将对固定资产进行必要的维护。

固定资产的修理按其修理范围大小、费用支出多少、修理间隔长短等，分为日常修理和大修理。

延伸阅读6-4

固定资产大修理的标准

企业所得税法第十三条第(三)项所称固定资产的大修理支出，是指同时符合下列条件的支出：

(1) 修理支出达到取得固定资产时的计税基础50%以上。

(2) 修理后固定资产的使用年限延长2年以上。

固定资产的日常修理费用在发生时应直接计入当期损益。企业生产车间(部门)和行政管理部门等发生的固定资产修理费用等后续支出记入“管理费用”；企业专设销售机构的，其发生的与专设销售机构相关的固定资产修理费用等后续支出，记入“销售费用”。

相关思考6-3

生产车间(部门)固定资产的修理费为什么记入“管理费用”

这样做的理由主要是：

(1) 企业会计准则规定，固定资产的日常修理费用在发生时应直接计入当期损益，如果记入“制造费用”，则最终计入了存货的成本中，而非计入当期损益。

(2) 如果记入“制造费用”，最终将影响存货的单位生产成本，不利于企业产品定价等经营决策的制定。例如，两个车间生产同样的产品，甲车间为新设备，乙车间为陈旧设备，必然乙车间发生的修理费用远超过甲车间，最终导致乙车间产品的单位生产成本远高于甲车间，假设以乙车间的单位产品生产成本为依据制定产品的对外报价，产品势必会因为价格高于市场相同或类似产品的报价而滞销。

企业对固定资产进行定期检查发生的大修理费用，有确凿证据表明符合固定资产确认条件的部分，可以计入固定资产成本；不符合固定资产的确认条件的应当费用化，计入当期损益。固定资产在定期大修理间隔期间，照提折旧。

可见，一般情况下，企业发生的日常修理和大修理费用在发生的当期按照固定资产的用途和部门计入当期损益。

【例6-15】 2×19年8月1日，华夏公司发生甲车间设备修理费6 000元，收到增值税专用发票，银行支付。

借：管理费用	6 000	
应交税费——应交增值税(进项税额)	780	
贷：银行存款		6 780

第四节 固定资产的处置

一、固定资产终止确认的条件

固定资产满足下列条件之一的，应当予以终止确认：

(1) 该固定资产处于处置状态。固定资产处置包括固定资产的出售、转让、报废或毁损、对外投资、非货币性资产交换、债务重组等。处于处置状态的固定资产不再用于生产商品、提供劳务、出租或经营管理，因此不再符合固定资产的定义，应予终止确认。

(2) 该固定资产预期通过使用或处置不能产生经济利益。固定资产的确认条件之一是"与该固定资产有关的经济利益很可能流入企业",如果一项固定资产预期通过使用或处置不能产生经济利益,就不再符合固定资产的定义和确认条件,应予终止确认。

可见,固定资产的处置是指由于各种原因使企业的固定资产退出生产经营过程,并予以终止确认的处理活动。

二、固定资产处置的会计处理

本节主要讲解固定资产的出售、报废、毁损的会计处理。

(一) 会计处理方法

(1) 企业出售、转让划归为持有待售类别的,按照持有待售非流动资产、处置组的相关规定进行会计处理。

(2) 未划归为持有待售类别而出售、转让的,通过"固定资产清理"账户归集所发生的损益,其产生的利益或损失转入"资产处置损益"账户,计入当期损益。

(3) 固定资产因报废毁损等原因而终止确认的,通过"固定资产清理"账户归集所发生的损益,其产生的利益或损失计入"营业外收入"或"营业外支出"账户。

(二) 账户设置

(1) 企业应设置"固定资产清理"账户,核算企业因出售、报废、毁损、对外投资、非货币性资产交换、债务重组等原因转入清理的固定资产账面价值,以及清理过程发生的清理税费和清理收入。

其借方登记处置的固定资产账面价值、清理过程发生的清理费用和应交的营业税等;贷方登记取得的出售固定资产的价款、残料价值和变价收入以及保险公司或过失人赔款等。

借方与贷方的差额即为固定资产处置净损益,期末余额为借方,则表示固定资产处置的净损失,清理完毕,将由"固定资产清理"的贷方转入"营业外支出"(借方);期末余额为贷方,则表示固定资产处置的净收益,清理完毕,将由"固定资产清理"的借方转入"营业外收入"(贷方)。

固定资产清理

固定资产账面价值、清理过程发生的清理费用	取得的出售固定资产的价款、残料价值和变价收入以及保险公司或过失人赔款等
期末借方余额: 表示固定资产处置的净损失 (清理完毕,由贷方转入"营业外支出")	期末贷方余额: 表示固定资产处置的净收益 (清理完毕,由借方转入"营业外收入")

(2) 设置"资产处置损益"账户,核算因正常出售、转让所产生损益。

(3) 设置"营业外支出"账户,核算属于已丧失使用功能正常报废所产生的损失,以及核算属于自然灾害等非常原因造成损失。

(三) 会计处理步骤

企业通过"固定资产清理"科目核算的出售、转让报废或毁损而处置的固定资产,其会计处理一般经过以下几个步骤:

1. 固定资产转入清理,注销固定资产的账面价值

固定资产转入清理时,按固定资产账面价值,借记"固定资产清理"账户;按已计提的累

计折旧,借记"累计折旧"账户;按已计提的减值准备,借记"固定资产减值准备"账户;按固定资产账面余额,贷记"固定资产"账户。

借:固定资产清理　　　　　　【账面价值】
　　累计折旧
　　固定资产减值准备
　　贷:固定资产

2. 清理过程

(1) 发生清理费用。固定资产清理过程中发生的有关费用,借记"固定资产清理"账户,贷记"银行存款"等账户。

借:固定资产清理
　　贷:银行存款/应付职工薪酬等

(2) 出售收入、残料、保险或过失人赔偿等。企业收回出售固定资产的价款、残料价值和变价收入、企业计算或收到的应由保险公司或过失人赔偿的损失等,应冲减清理支出。按实际收到的出售价款、残料变价收入、赔偿损失等,借记"银行存款""原材料""其他应收款"等账户,贷记"固定资产清理"账户。

借:银行存款/原材料/其他应收款等
　　贷:固定资产清理

通常情况下,出售固定资产会涉及相关税费,如增值税等,因此当收到出售收入时,应同时计算应纳税额,分录如下:

借:银行存款
　　贷:固定资产清理
　　　　应交税费——应交增值税(销项税额)

3. 清理净损益的处理

(1) 清理完毕,"固定资产清理"账户余额如为借方,则表示固定资产处置的净损失,则由"固定资产清理"的贷方转出,转入"营业外支出""资产处置损益"的借方。

① 属于已丧失使用功能正常报废所产生的损失,借记"营业外支出——处置非流动资产损失"账户,贷记"固定资产清理"账户。

借:营业外支出——非流动资产报废
　　贷:固定资产清理

② 属于生产经营期间由于自然灾害等非正常原因造成的,借记"营业外支出——非常损失"账户,贷记"固定资产清理"账户。

借:营业外支出——非常损失
　　贷:固定资产清理

③ 属于正常出售、转让所产生的损失,借记"资产处置损益",贷记"固定资产清理"账户。

(2) 清理完毕,“固定资产清理”账户余额如为贷方,则表示固定资产处置的净收益,则由“固定资产清理”的借方转出,转入“营业外收入”“资产处置损益”的贷方。

① 属于丧失使用功能正常报废所产生的利得,借:“固定资产清理”,贷记“营业外收入”

借:固定资产清理
　　贷:营业外收入

② 属于正常出售,转让所产生的收益,借记“固定资产清理”,贷记“资产处置损益”

借:固定资产清理
　　贷:资产处置损益

(四) 固定资产的出售、报废、毁损的会计处理

1. 固定资产的出售

因某种原因不再适合企业继续使用的固定资产,如多余闲置,阻碍本企业生产的固定资产,应及时出售给其他需要的企业,以收回资金,避免资源的浪费。

1) 涉及的税费

(1) 出售使用过的有形动产,涉及增值税,计算原则如表 6-4 所示。

表 6-4　**出售使用过的属于有形动产的固定资产增值税计算原则**

时间点	是否抵扣进项税额	计算原则
初始取得时	已抵扣了进项税额	按售价×16%
	未抵扣进项税额	售价÷(1+3%)×2%

(2) 非房地产企业出售使用过的不动产(房屋、建筑物等),按不含税售价的 10%计算应纳增值税额。

2) 固定资产出售的会计处理

【例 6-16】 2×19 年 6 月 10 日,华夏公司将一座厂房出售,厂房原价为 2 000 000 元,已计提折旧 950 000 元,已计提减值准备 100 000,实际出售含税价格为 981 000 元,已通过银行收回,在清理过程发生清理费 8 000 元,银行存款支付。

会计处理如下。

(1) 将厂房转入清理,注销厂房的账面价值:

借:固定资产清理	【账面价值】	950 000	
累计折旧		950 000	
固定资产减值准备		100 000	
贷:固定资产			2 000 000

(2) 清理过程。

① 发生清理费用:

借:固定资产清理	8 000	
贷:银行存款		8 000

② 收到出售价款:

$$应交增值税 = 981\,000 \div (1+9\%) \times 9\% = 81\,000(元)$$

借：银行存款　　981 000
　　贷：固定资产清理　　900 000
　　　　应交税费——应交增值税(销项税额)　　81 000

(3) 结转净损益：

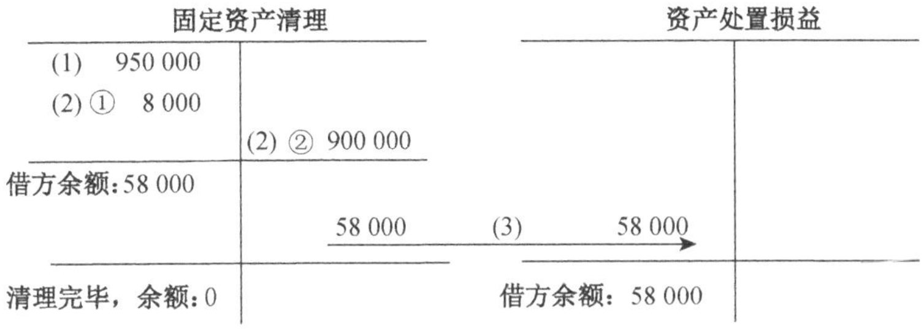

图 6-7　出售固定资产净损益结转

借：资产处置损益　　58 000
　　贷：固定资产清理　　58 000

【例 6-17】 2×12 年 1 月 12 日，华夏公司因生产经营管理的需要，将一台于2×08年 12 月 16 日购买的设备出售，出售的价款为 208 000 元，被出售设备的原值 300 000 元，已计提累计折旧 85 500 元，已计提减值准备 10 000 元。出售时发生清理费用 2 000 元。

本例中，出售已使用过的固定资产需计算缴纳增值税，由于是 2×08 年购买的，购入时未抵扣进项税额，因此出售时，应交增值税 208 000÷(1+3%)×2%=4 038.83(元)。

会计处理如下：

(1) 将设备转入清理，注销设备的账面价值：

借：固定资产清理　　【账面价值】　　204 500
　　累计折旧　　85 500
　　固定资产减值准备　　10 000
　　贷：固定资产　　300 000

(2) 清理过程：

① 发生清理费用：

借：固定资产清理　　2 000
　　贷：银行存款　　2 000

② 收到出售价款：

应交增值税=208 000÷(1+3%)×2%=4 038.83(元)

借：银行存款　　208 000
　　贷：固定资产清理　　203 961.17
　　　　应交税费——应交增值税(销项税额)　　4 038.83

(3) 结转净损益：

出售固定资产净损益结转如图 6-8 所示。

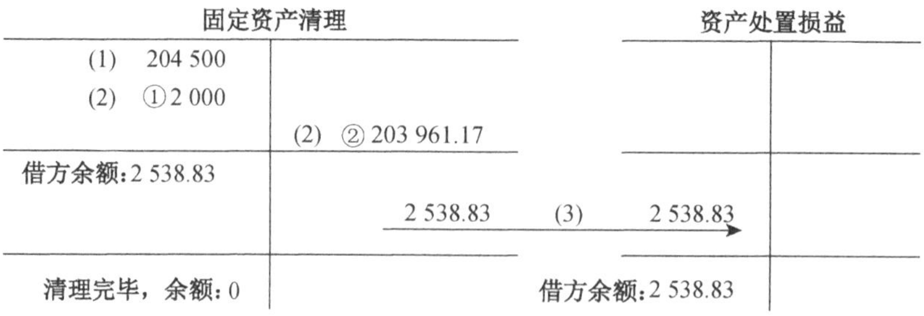

图 6-8 出售固定资产净损益结转

借：资产处置损益　　2 538.83
　　贷：固定资产清理　　2 538.83

【例 6-18】 2×21 年 1 月 12 日，华夏公司因生产经营管理的需要，将一台于2×17年 12 月 16 日购买的设备出售，出售的价款为 200 000 元(不含税价)。被出售设备的原值 300 000 元，已计提累计折旧 28 500 元，已计提减值准备 10 000 元。出售时支付清理费用 2 000 元，收到增值税普通发票。

本例中，出售已使用过的固定资产属于有形动产，需计算缴纳增值税，由于是 2×19 年购买的，购入时已抵扣了进项税额，因此出售时，适用的增值税税率为 13%，应交增值税＝200 000×13%＝26 000(元)

会计处理如下：

(1) 将设备转入清理，注销设备的账面价值：

借：固定资产清理　　【账面价值】　　261 500
　　累计折旧　　28 500
　　固定资产减值准备　　10 000
　　贷：固定资产　　300 000

(2) 清理过程：

① 发生清理费用：

借：固定资产清理　　2 000
　　贷：银行存款　　2 000

② 收到出售价款：

应交增值税＝200 000×13%＝26 000(元)

借：银行存款　　226 000
　　贷：固定资产清理　　200 000
　　　　应交税费——应交增值税(销项税额)　　26 000

(3) 结转净损益：

出售固定资产净损益结转如图 6-9 所示。

借：资产处置损益　　63 500
　　贷：固定资产清理　　63 500

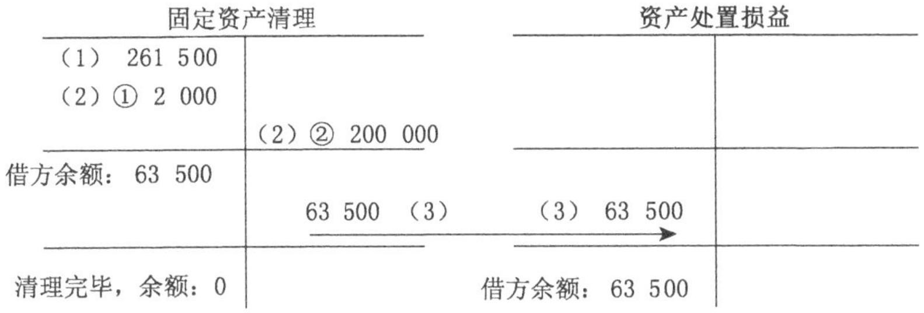

图 6-9 出售固定资产净损益结转

2. 固定资产的报废

固定资产报废是指固定资产由于长期使用中的有形磨损，并达到规定使用年限，不能修复继续使用；由于技术改进的无形磨损，必须以新的、更先进的固定资产替换等原因造成的对原有固定资产按照有关规定进行产权注销的行为。

固定资产的报废分为提前报废、正常报废和超龄报废。

固定资产报废的会计处理同样是按固定资产转入清理、清理过程的收支、结转处置净损益的步骤进行。

【例 6-19】 华夏公司现有一台设备，由于技术落后，企业决定提前报废。该设备的原价 120 000 元，已计提折旧 45 600 元，已计提减值准备 20 000 元。清理过程中发生清理费用 2 500 元，以银行存款支付；残料作价 5 000 元，以原材料入库。

会计处理如下：

(1) 将设备转入清理，注销设备的账面价值：

借：固定资产清理	【账面价值】	54 400	
累计折旧		45 600	
固定资产减值准备		20 000	
贷：固定资产			120 000

(2) 清理过程：

① 发生清理费用：

借：固定资产清理	2 500	
贷：银行存款		2 500

② 残料作价，以原材料入库：

借：原材料	5 000	
贷：固定资产清理		5 000

(3) 结转净损益：

固定资产报废净损益结转如图 6-10 所示。

借：营业外支出——非流动资产报废	51 900	
贷：固定资产清理		51 900

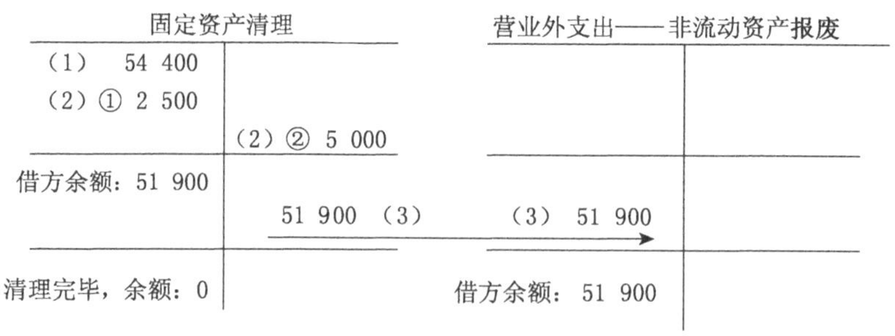

图 6-10 固定资产报废净损益结转

3. 固定资产的毁损

固定资产毁损是指因发生火灾、风灾、震灾等自然灾害或因意外责任事故造成的毁坏和损失。

固定资产毁损的净损失是指固定资产的账面价值，加上发生的清理费用，扣除残料变价收入以及保险赔款、责任人赔款后的净额。

固定资产报废的会计处理也是按固定资产转入清理、清理过程的收支、结转处置净损益的步骤进行。

对于由于自然灾害等非常原因造成的毁损损失记入“营业外支出——非常损失”账户。

【例 6-20】 华夏公司因发生火灾而毁损一座厂房，该厂房原价 1 500 000 元，已计提折旧 712 500 元，已计提减值准备 40 000 元。清理过程中发生清理费 9 000 元，以银行存款支付；残料作价 7 000 元，以原材料入库。经太平洋保险公司核定应赔偿 350 000 元，款项尚未收到；由责任人王兵赔偿 10 000 元，以现金收讫。

会计处理如下：

(1) 将厂房转入清理，注销设备的账面价值：

借：固定资产清理 【账面价值】	747 500	
累计折旧	712 500	
固定资产减值准备	40 000	
贷：固定资产		1 500 000

(2) 清理过程：

① 发生清理费用：

借：固定资产清理	9 000	
贷：银行存款		9 000

② 残料作价，以原材料入库：

借：原材料	7 000	
贷：固定资产清理		7 000

③ 应收保险赔款及收到责任人赔款：

借：其他应收款——应收保险赔款——太平洋保险公司	350 000	
库存现金	10 000	
贷：固定资产清理		360 000

(3) 结转净损益：

固定资产毁损净损益结转如图 6-11 所示。

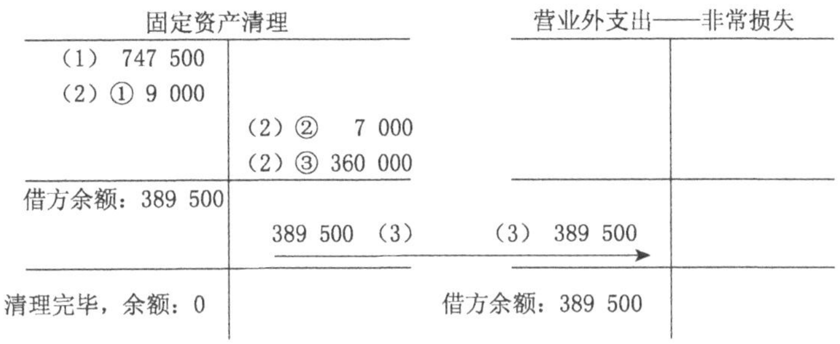

图 6-11 固定资产毁损净损益结转

借：营业外支出——非常损失　　389 500

　贷：固定资产清理　　389 500

第五节 固定资产的清查

一、固定资产的清查

固定资产是一种单位价值较高、使用期限较长的有形资产，因此，对于管理规范的企业而言，盘盈、盘亏固定资产较为少见。

企业应当健全制度，加强管理，定期或者至少于每年年末对固定资产进行清查盘点，以保证固定资产核算的真实性和完整性。如果清查中发现固定资产的损溢，应及时查明原因，在期末结账前处理完毕。

二、固定资产盘盈、盘亏的会计处理

(一) 固定资产盘盈

企业通过固定资产盘点清查，如发现固定资产实物存在，但固定资产账簿上没有记录，则为固定资产盘盈。

1. 账户设置

企业在财产清查中盘盈的固定资产，作为前期差错处理，通过“以前年度损益调整”账户核算。

相关思考 6-4

“以前年度损益调整”账户的核算范围

以前年度损益调整是指企业本年度发生的调整以前年度损益的事项。引发以前年度损益调整的原因主要有以下三个因素：

(1) 资产负债表日后调整事项，涉及损益的事项，调整以前年度损益。

(2) 会计政策变更，涉及损益的事项，追溯调整以前年度利润的累计影响数。

(3) 重要的前期差错,涉及损益的事项,追溯调整以前年度损益。

其余额最终转入"利润分配——未分配利润"账户。该调整金额不体现在本期利润表上,而是体现在未分配利润中。

2. 会计核算

盘盈固定资产入账价值的确定方法:

(1) 如果同类或类似固定资产存在活跃市场的,应按同类或类似固定资产的市场价格(指全新的)减去该固定资产的新旧程度估计的损耗后的余额(重置成本)确定。比如,企业在固定资产清查中,发现盘盈一台电脑,市场上新的同型号电脑价格为8 000元,盘盈的电脑有八成新,则其入账价值为 6 400 元。

(2) 如果同类或类似固定资产不存在活跃市场的,应按盘盈固定资产的预计未来现金流量的现值计价入账。

盘盈固定资产的会计处理如下:

借:固定资产
　　贷:以前年度损益调整

【例 6-21】 华夏公司在固定资产清查中,发现一台设备没有在账簿中记录。该设备当前市场价格 40 000 元,根据其新旧程度估计价值损耗 10 000 元,则:

借:固定资产　　30 000
　　贷:以前年度损益调整　　30 000

(二) 固定资产盘亏

企业通过固定资产盘点清查,如发现固定资产账簿上有记录,但固定资产实物不存在,则为固定资产盘亏。

1. 账户设置

在财产清查中盘亏的固定资产,通过"待处理财产损溢——待处理固定资产损溢"账户核算;盘亏造成的损失,通过"营业外支出——盘亏损失"账户核算,应当计入当期损益。

2. 会计核算

(1) 发现盘亏的固定资产,在未报批准处理前:

先将其账面价值(原值、累计折旧、减值准备)注销,同时将账面价值借记"待处理财产损溢——待处理固定资产损溢"账户;分录为:

借:待处理财产损溢——待处理固定资产损溢　　【账面价值】
　　累计折旧
　　固定资产减值准备
　　贷:固定资产

(2) 经批准后,按可收回的保险赔款或过失人赔款,借记"其他应收款""银行存款"等账户;按盘亏造成的净损失,借记"营业外支出——盘亏损失"账户,贷记"待处理财产损溢——待处理固定资产损溢"(按原借记的金额)账户;分录为:

借:其他应收款/银行存款等账户
　　营业外支出——盘亏损失　　【盘亏损失】
　　贷:待处理财产损溢——待处理固定资产损溢

会计处理完毕后,“待处理财产损溢——待处理固定资产损溢”账户无余额。

【例 6-22】 华夏公司在进行固定资产盘点时,发现盘亏一台电脑,固定资产账簿上记录其原价为 7 500 元,已计提折旧 4 750 元,已计提减值准备 1 500 元,收到保险公司赔偿 1 000 元。

会计处理如下:

(1) 在未报批准处理前,注销电脑的账面价值:

借:待处理财产损溢——待处理固定资产损溢　　【账面价值】　　1 250
　　累计折旧　　4 750
　　固定资产减值准备　　1 500
　　贷:固定资产　　7 500

(2) 经批准后:

借:银行存款　　1 000
　　营业外支出——盘亏损失　　【盘亏损失】　　250
　　贷:待处理财产损溢——待处理固定资产损溢　　1 250

账簿格式

固定资产明细账如表 6-5 所示。

表 6-5　**固定资产明细账**

公司名称:华夏公司

账户名称:固定资产——机器设备——A 设备

计量单位:台　　　　库存地点:二车间

2×12 年		凭证号数	摘　要	借　方	贷　方	余　额
月	日					
12	6	银付 4	购买 A 机器设备一台	102 000.00		102 000.00
12	31		本月合计	102 000.00		102 000.00

与财务报告的关系

1. 资产负债表中“固定资产”项目,反映资产负债表日企业固定资产的期末账面价值和企业尚未清理完毕的固定资产清理净损益。该项目应根据“固定资产”账户的期末余额,减去“累计折旧”和“固定资产减值准备”账户的期末余额后的金额,以及“固定资产清理”账户的期末余额填列。

【例 6-22】 华夏公司编制 2×19 年 12 月 31 日的资产负债表,“固定资产”总分类账账户余额为 350 000 元、“累计折旧”总分类账账户余额为 200 000 元、“固定资产减值准备”总分类账账户余额为 100 000 元、“固定资产清理”总分类账账户借方余额为 8 000 元,问“固定资产”项目的期末余额应填列的金额是多少?

"固定资产"项目期末余额 = 350 000 − 200 000 − 100 000 + 8 000 = 58 000(元)

2. 资产负债表中"在建工程"项目，反映资产负债表日企业尚未达到预定可使用状态的在建工程的期末账面价值和企业为在建工程准备的各种物资的期末账面价值。该项目应根据"在建工程"账户的期末余额，减去"在建工程减值准备"账户的期末余额后的金额，以及"工程物资"账户的期末余额，减去"工程物资减值准备"账户的期末余额后的金额填列。

【例 6-23】 华夏公司编制 2×19 年 12 月 31 日的资产负债表，"在建工程"总分类账账户余额为 180 000 元、"在建工程减值准备"总分类账账户余额为贷方 10 000 元、"工程物资"总分类账账户余额为 60 000 元、"工程物资减值准备"总分类账账户贷方余额为 3 000 元，问"在建工程"项目的期末余额应填列的金额是多少？

"在建工程"项目期末余额 = 180 000 − 10 000 + 60 000 − 3 000 = 227 000(元)

本章小结

主要讲述了固定资产的概念、特征及分类，不同来源固定资产的初始计量，固定资产折旧的计算方法及会计核算以及固定资产的后续支出、固定资产处置、固定资产清查的会计核算。其中固定资产的初始计量、后续计量及处置是本章中需要掌握的重难点，在学习中要特别注意。

本章重要概念

固定资产　原始价值　重置完全价值　净值　固定资产折旧　预计净残值 固定资产后续支出　固定资产处置　固定资产清查

推荐阅读资料

[1]《企业会计准则第 4 号——固定资产》(2006 年 2 月 15 日财政部发布，自 2007 年 1 月 1 日起施行)
[2]《企业会计准则——应用指南》(2006 年 10 月 30 日财政部发布，自 2007 年 1 月 1 日起在上市公司范围内施行)
[3]《企业会计准则解释第 10 号》(2017 年 6 月 12 日财政部发布，自 2018 年 1 月 1 日起施行)
[4]《关于修订印发 2018 年度一般企业财务报表格式的通知》(财会【2018】15 号，2018 年 6 月 26 日财政部发布)
[5] 中国注册会计师协会. 会计[M]. 北京：中国财政经济出版社，2018.
[6] 陈立军. 中级财务会计[M]. 北京：中国人民大学出版社，2017.

第七章　无 形 资 产

内容简介

本章主要讲解无形资产的基本概念、基本特征与分类、外购、投资者投入、内部研究开发取得无形资产的会计处理以及无形资产后续摊销和处置的会计处理。以上内容分为五节进行讲解。本章重点为无形资产的初始计量、后续计量及处置的会计处理，难点为研究开发费用的确认与计量、无形资产摊销及处置的会计处理。

学习目的和要求

通过本章学习，学生应掌握外购、投资者投入、内部研究开发取得无形资产的会计处理，无形资产摊销、出售、报废业务的会计处理；明确无形资产的基本概念、基本特征与分类；了解无形资产初始计量、后续计量及无形资产处置等问题的有关会计规定。

引例　关于无形资产

无形资产是一种比较特殊的资产，随着市场经济的深入发展，知识创新步伐不断加快，无形资产在企业资产中所占比重越来越大，加强对无形资产的会计核算和信息披露就显得非常重要。

另外，我国《企业会计准则第 6 号——无形资产》对无形资产的取得及后续计量等方面也有了最新变化，以下作简要说明，如：

《企业会计准则第 6 号——无形资产》规定，内部研究开发形成的无形资产的成本为开发阶段符合资本化条件后至达到预定用途前发生的支出，如果确实无法区分研究阶段支出和开发阶段支出，应将其所发生的研究开发支出全部费用化，计入当期损益。

例如，一汽轿车(000800)2006 年实现净利润 276 528 366.04 元，2007 年公司将所发生的开发支出 120 118 009.44元全部资本化，进而实现净利润为 347 398 531.77 元，开发支出占净利润近 35%。上海汽车(600104)2007 年共发生开发支出 1 825 998 487.97 元，其中符合资本化的支出计 657 983 975.77 元(53 147 624.62元计入达到预定用途的无形资产成本，另外的604 836 351.15元作为开发支出列示于资产负债表中)，占当年实现净利润 5 408 236 840.66 元的 12.17%；不符合资本化条件的 1 168 014 512.20 元，则计入当期损益。

可见由于《企业会计准则》允许对符合资本化条件的无形资产开发支出予以资本化，对企业来说又开辟了一条增加利润的新途径。

又如,符合税法规定的税收优惠条件的企业发生的研究开发费用,可以税前加计扣除:未形成无形资产计入当期损益的研究开发费用,在按照规定据实扣除的基础上,按照研究开发费用的50%加计扣除;形成无形资产的研究开发费用,按照无形资产成本的150%摊销。

再如,购买正在进行中的研发项目的处理,原规定未涉及。2006年《企业会计准则》规定,企业购买正在进行中的研究开发项目,发生的购买价款等支出应当予以资本化。

借:研发支出——资本化支出(确定的金额)
　　贷:银行存款等

企业购买正在进行中的研发项目后发生的研发支出:比照企业自行开发无形资产发生的研发支出处理。

借:研发支出——资本化支出(满足资本化条件)
　　　　　　——费用化支出(未满足资本化条件)
　　贷:银行存款/原材料/应付职工薪酬等

因此,本章内容需认真学习掌握。

第一节 无形资产概述

一、无形资产的含义及特征

(一) 无形资产的含义

无形资产是指企业拥有或者控制的没有实物形态的可辨认非货币性资产。这是我国《企业会计准则第6号——无形资产》对无形资产所表述的定义。

(二) 无形资产的基本特征

相对于其他资产,无形资产具有以下特征。

1. 无形资产不具有实物形态

无形资产通常表现为某种权利、某项技术或是某种获取超额利润的综合能力,它们不具有实物形态,如土地使用权、非专利技术等。企业的有形资产(如固定资产)虽然也能为企业带来经济利益,但其为企业带来经济利益的方式与无形资产不同,固定资产是通过实物价值的磨损和转移为企业带来未来经济利益,而无形资产在很大程度上是通过自身所具有的技术等优势为企业带来未来经济利益。

某些无形资产的存在有赖于实物载体。比如,计算机软件需要存储在磁盘中。但这并不改变无形资产本身不具实物形态的特性。在确定一项包含无形和有形要素的资产是属于固定资产,还是属于无形资产时,需要通过判断来加以确定,通常以哪个要素更重要作为判断的依据。例如,如果计算机控制的机械工具没有特定计算机软件就不能运行时,说明该软件是构成相关硬件不可缺少的组成部分,则该软件应作为固定资产处理;如果计算机软件不是相关硬件不可缺少的组成部分,则该软件应作为无形资产核算。

2. 无形资产具有可辨认性

符合以下条件之一的,则认为其具有可辨认性:

(1) 能够从企业中分离或者划分出来,并能单独用于出售或转让等,而不需要同时处置在同一获利活动中的其他资产,这表明无形资产可以辨认。某些情况下,无形资产可能需要与有关的合同一起用于出售、转让等，这种情况下也视为可辨认。

(2) 产生于合同性权利或其他法定权利，无论这些权利是否可以从企业或其他权利和义务中转移或者分离，如一方通过与另一方签订特许权合同而获得的特许使用权、通过法律程序申请获得的商标权或专利权等。

如果企业有权获得一项无形资产产生的未来经济利益，并能约束其他方获取这些利益，则表明企业控制了该项无形资产。例如，对于会产生经济利益的技术知识，若其受到版权、贸易协议约束(如果允许)等法定权利或雇员保密法定职责的保护，那么说明该企业控制了相关利益。

对于客户关系、人力资源等，由于企业无法控制其带来的未来经济利益，则不符合无形资产的定义，不应将其确认为无形资产。

内部产生的品牌、报刊名、刊头、客户名单和实质上类似的项目支出，由于其不能与整个业务开发成本区分开来。因此，这类项目不应确认为无形资产。

另外，商誉由于其存在无法与企业自身相分离而不具有可辨认性，因此商誉不属于无形资产。

3. 无形资产属于非货币性资产

非货币性资产是指企业持有的货币资金和将以固定或可确定的金额收取的资产以外的其他资产。无形资产由于没有发达的交易市场，一般不容易转化成现金，在持有过程中为企业带来未来经济利益的情况不确定，不属于以固定或可确定的金额收取的资产，而属于非货币性资产。

二、无形资产的内容

无形资产通常包括专利权、非专利技术、商标权、著作权、特许权、土地使用权等。

1. 专利权

专利权是指国家专利主管机关依法授予发明创造专利申请人，对其发明创造在法定期限内所享有的专有权利，包括发明专利权、实用新型专利权和外观设计专利权。根据我国专利法的规定，发明专利的保护期限为 20 年，实用新型、外观设计专利为 10 年，均自申请日算起，即从向知识产权局递交“专利申请书”之日，并且从申请日起就已受到相应的保护。

2. 非专利技术

非专利技术也称专有技术，是指不为外界所知、在生产经营活动中已采用了的、不享有法律保护的、可以带来经济效益的各种技术和诀窍。非专利技术一般包括工业专有技术、商业贸易专有技术、管理专有技术等。其独占性的维持及获取超额收益时间的长短取决于企业自我保密的方式。

3. 商标权

商标是用来辨认特定的商品或劳务的标记。商标权指专门在某类指定的商品或产品上使用特定的名称或图案的权利。

商标注册的有效期为 10 年，自核准注册之日起计算。注册商标有效期满，需继续使用的，应当在期满前 6 个月内申请续展注册，每次续展注册的有效期为 10 年，在此期间未能提出申请的，可以给予 6 个月的宽展期。宽展期满仍未提出申请的，注销其注册商标。

4. 著作权

著作权又称版权，是指作者对其创作的文学、科学和艺术作品依法享有的某些特殊权利。著作权包括作品署名权、发表权、修改权和保护作品完整权，还包括复制权、发行权、出租权、展览权、表演权、放映权、广播权、信息网络传播权、摄制权、改编权、翻译权、汇编权以及应当由著作权人享有的其他权利。

5. 特许权

特许权又称经营特许权、专营权，是指企业在某一地区经营或销售某种特定商品的权利或是一家企业接受另一家企业使用其商标、商号、技术秘密等的权利。通常有两种形式：

(1) 由政府机构授权，准许企业使用或在一定地区享有经营某种业务的特权，如水、电、邮电通信等专营权、烟草专卖权等。

(2) 指企业间依照签订的合同，有限期或无限期使用另一家企业的某些权利，如连锁店、分店使用总店的名称等。

6. 土地使用权

土地使用权是指国家准许某企业在一定期间内对国有土地享有开发、利用、经营的权利。根据我国《土地管理法》规定，我国土地实行公有制，任何单位和个人不得侵占、买卖或者以其他形式非法转让。企业取得土地使用权的方式大致有以下几种：行政划拨取得、外购取得及投资者投资取得。

三、无形资产的分类

无形资产对企业具有重要的意义，特别是在目前知识经济的条件下，无形资产对企业的作用更加突出，因此企业必须加强对无形资产的管理与核算。从不同的角度，采取科学的方法对无形资产进行合理的分类，是搞好无形资产管理和核算的一项重要基础工作。根据无形资产的特点，一般对无形资产作如下分类。

1. 按无形资产取得的来源不同

无形资产可以分为外购的无形资产、自行开发的无形资产、投资者投入的无形资产、企业合并取得的无形资产、债务重组取得的无形资产、以非货币性资产交换取得的无形资产以及政府补助取得的无形资产等。

这种分类主要是为了使无形资产的初始计量更加准确与合理，因为通过不同来源取得的无形资产，其初始成本的确定方法以及所包括的经济内容是不同的。

2. 按无形资产的使用寿命是否有限

无形资产可以分为有期限的无形资产和无期限的无形资产。无形资产准则规定，企业应当于取得无形资产时分析判断其使用寿命。无形资产的使用寿命如为有限的，应当估计该使用寿命的年限或者构成使用寿命的产量等类似计量单位数量；无法预见无形资产为企业带来未来经济利益期限的，应当视为使用寿命不确定的无形资产。

这种分类主要是为了正确地将无形资产的应摊销金额在无形资产的使用寿命内进行系统而合理的摊销。确定无形资产在使用过程中的累计摊销额的基础是估计其使用寿命，只有使用寿命有期限的无形资产才需要在估计的使用寿命内采用系统合理的方法进行摊销，对于使用寿命不确定的无形资产，每年应进行减值测试。

延伸阅读 7-1

不属于无形资产准则规范的其他无形的资产

无形资产准则规定，作为投资性房地产的土地使用权，适用《企业会计准则第 3 号——投资性房地产》；企业合并中形成的商誉，适用《企业会计准则第 8 号——资产减值》和《企业会计准则第 20 号——企业合并》；石油天然气矿区权益，适用《企业会计准则第 27 号——石油天然气开采》。

第二节 无形资产的初始计量

无形资产通常是按实际成本计量，即以取得无形资产并使之达到预定用途而发生的全部支出作为无形资产的成本。对于不同来源取得的无形资产，其成本构成不尽相同。本节重点讲解外购的无形资产、投资者投入的无形资产的会计处理，在第三节将详细讲解自行研发无形资产的会计处理。

一、外购的无形资产

(一) 外购无形资产的成本构成

1. 属于外购无形资产的成本

外购的无形资产，其成本包括购买价款、相关税费以及直接归属于使该项资产达到预定用途所发生的其他支出。其中，直接归属于使该项资产达到预定用途所发生的其他支出包括使无形资产达到预定用途所发生的专业服务费用、测试无形资产是否能够正常发挥作用的费用等。

2. 不属于外购无形资产的成本

(1) 为引入新产品进行宣传发生的广告费用、管理费用及其他间接费用。

(2) 无形资产已经达到预定用途以后发生的费用。

(3) 可以抵扣的进项税额。

无形资产达到预定用途后所发生的支出，不构成无形资产的成本。例如，在形成预定经济规模之前发生的初始运作损失。在无形资产达到预定用途之前发生的其他经营活动的支出，如果该经营活动并非为使无形资产达到预定用途所必不可少的，有关经营活动的损益应于发生时计入当期损益，而不构成无形资产的成本。

采用分期付款方式购买无形资产，且购买无形资产的价款超过正常信用条件延期支付，实际上具有融资性质的，则无形资产的成本为购买价款的现值。

(二)土地使用权的处理

土地使用权应根据取得的目的不同而采用不同的处理方法：

(1) 企业通过外购方式取得的土地使用权通常应确认为无形资产。

(2) 土地使用权用于自行开发建造厂房等地上建筑物时，土地使用权的账面价值不与地上建筑物合并计算其成本，而仍作为无形资产进行核算，土地使用权与地上建筑物分别进行摊销和计提折旧。即土地使用权记入“无形资产”，地上建筑物最终记入“固定资产”。

(3) 房地产开发企业取得的土地使用权用于建造对外出售的房屋、建筑物，相关的土地使用权应当计入所建造的房屋、建筑物成本。

(4) 企业外购的房屋、建筑物,实际支付的价款中包括土地以及建筑物的价值,则应当对支付的价款按照合理的方法(如公允价值)在土地和地上建筑物之间进行分配;如果确实无法在地上建筑物与土地使用权之间进行合理分配的,应当全部作为固定资产核算。

企业改变土地使用权的用途,将其用于出租或增值目的时,应将其转为"投资性房地产"。

(三) 外购无形资产的核算

1. 账户的设置

企业应设置"无形资产"账户进行无形资产的总分类核算;并在"无形资产"总账账户下按其内容及无形资产的具体名称分设明细账户,如"无形资产——专利权——A专利权""无形资产——商标权——甲商标权"。

"无形资产"账户核算企业持有无形资产的成本。其借方记录取得无形资产的成本,贷方记录减少无形资产的成本;余额在借方,反映企业持有的无形资产的成本。

2. 外购无形资产的核算

企业外购无形资产,应按归属成本的金额,借记"无形资产""应交税费——应交增值税(进项税额)"账户,贷记"银行存款"等账户。

【例7-1】 2×19年12月6日,华夏公司因生产产品的需要,购入A专利权,支付A专利不含税转让费300 000元,收到增值税专用发票企业用银行存款支付。

借:无形资产——专利权——A专利权	300 000	
应交税费——应交增值税(进项税额)	18 000	
贷:银行存款		318 000

二、投资者投入的无形资产

投资者投入的无形资产的成本,应当按照投资合同或协议约定的价值确定,在投资合同或协议约定价值不公允的情况下,应按无形资产的公允价值入账。

无形资产的入账价值与折合资本额之间的差额,作为资本溢价或股本溢价,计入资本公积。

【例7-2】 2×19年8月16日,乙股份有限公司因业务发展的需要,接受东盛公司以B专利权对本公司的投资。根据投资双方签订的投资合同,B专利权的含税价值为275 600元其中不含税价260 000元,增值税15 600元,收到增值税专用发票,折合为本公司面值1元的股票200 000股。

借:无形资产——专利权——B专利权	【合同或协议,公允】	260 000	
应交税费——应交增值税(进项税额)		15 600	
贷:股本——东盛公司	【资本额】		200 000
资本公积——股本溢价	【差】		75 600

【例7-3】 2×19年10月10日,昌盛公司接受丙公司投入C专利技术。双方协议约定该专利技术含税价127 200元,收到增值税专用发票,其中增值税7 200元,该专利技术的协议价与折合的资本额相同。

借：无形资产——专利权——C专利权　　【合同或协议，公允】　　120 000
　　应交税费——应交增值税(进项税额)　　7 200
　贷：实收资本——丙公司　　【资本额】　　127 200

第三节 内部研究开发费用的确认和计量

随着市场竞争的加剧，作为市场主体的企业都已充分认识到创新的重要性，创新已成为决定企业能否生存和发展的重要因素，只有不断创新，企业才能赢得未来的生存和发展权。

在我国，企业研发费用支出已经呈现金额大额化、支出频率日常化、支出增加加速化的趋势。针对如此大额的研发支出，无形资产准则要求区分研究阶段与开发阶段两个部分，分别进行核算。

一、研究阶段和开发阶段的划分

由于无形资产准则对企业内部研究开发费用的确认与计量是分为研究阶段和开发阶段两个阶段进行的，因此研究阶段和开发阶段的划分非常重要。

1. 研究阶段

研究是指为获取新的技术和知识等进行的有计划的调查。研究活动的例子包括：意于获取知识而进行的活动；研究成果或其他知识的应用研究、评价和最终选择；材料、设备、产品、工序、系统或服务替代品的研究；以及新的或经改进的材料、设备、产品、工序、系统或服务的可能替代品的配制、设计、评价和最终选择。

研究阶段的特点在于：

(1) 计划性。研究阶段是建立在有计划的调查基础上，即研发项目已经董事会或者相关管理层的批准，并着手收集相关资料、进行市场调查等。例如，某药品公司为研究开发某药品，经董事会或者相关管理层的批准，有计划地收集相关资料、进行市场调查、比较市场相关药品的药性、效用等活动。

(2) 探索性。研究阶段基本上是探索性的，为进一步的开发活动进行资料及相关方面的准备，这一阶段不会形成阶段性成果。

从研究活动的特点看，其研究是否能在未来形成成果，即通过开发后是否会形成无形资产均有很大的不确定性，企业也无法证明其研究活动一定能够形成带来未来经济利益的无形资产，因此，研究阶段的有关支出在发生时应当费用化，计入当期损益。

2. 开发阶段

开发是指在进行商业性生产或使用前，将研究成果或其他知识应用于某项计划或设计，以生产出新的或具有实质性改进的材料、装置、产品等。开发活动的例子包括：生产前或使用前的原型和模型的设计、建造和测试；含新技术的工具、夹具、模具和冲模的设计；不具有商业性生产经济规模的试生产设施的设计、建造和运营；新的或改造的材料、设备、产品、工序、系统或服务所选定的替代品的设计、建造和测试等。

开发阶段的特点在于：

(1) 具有针对性。开发阶段是建立在研究阶段的基础上，因而，对项目的开发具有针对性。

(2) 形成成果的可能性较大。进入开发阶段的研发项目往往形成成果的可能性较大。

由于开发阶段相对于研究阶段更进一步,且很大程度上形成一项新产品或新技术的基本条件已经具备,此时如果企业能够证明满足无形资产的定义及相关确认条件,所发生的开发支出可资本化,确认为无形资产的成本。

二、开发阶段有关支出资本化的条件

在开发阶段,判断可以将有关支出资本化(确认为无形资产),必须同时满足下列条件。

1. 完成该无形资产以使其能够使用或出售在技术上具有可行性

判断无形资产的开发在技术上是否具有可行性,应当以目前阶段的成果为基础,并提供相关证据和材料,证明企业进行开发所需的技术条件等已经具备,不存在技术上的障碍或其他不确定性。比如,企业已经完成了全部计划、设计和测试活动,这些活动是使资产能够达到设计规划书中的功能、特征和技术所必需的活动或经过专家鉴定等。

2. 具有完成该无形资产并使用或出售的意图

开发某项产品或专利技术产品等,通常是根据管理当局决定该项研发活动的目的或者意图加以确定,也就是说,研发项目形成成果以后,是出售还是为自己使用并从使用中获得经济利益,应当以管理当局的决定为依据。因此,企业的管理当局应当明确表明其持有拟开发无形资产的目的,并具有完成该项无形资产开发并使其能够使用或出售的可能性。

3. 无形资产产生经济利益的方式,包括能够证明运用该无形资产生产的产品

开发支出资本化作为无形资产确认,其基本条件是能够为企业带来未来经济利益。如果有关的无形资产在形成以后,主要是用于形成新产品或新工艺的,企业应对运用该无形资产生产的产品市场情况进行估计,应能够证明所生产的产品存在市场,能够带来经济利益的流入;如果有关的无形资产在开发以后主要是用于对外出售的,则企业应能够证明市场上存在对该类无形资产的需求,开发以后存在外在的市场可以出售并带来经济利益的流入;如果无形资产在开发以后不是用于生产产品,也不是用于对外出售,而是在企业内部使用的,则企业应能够证明在企业内部使用时对企业的有用性。

4. 有足够的技术、财务资源和其他资源支持,以完成该无形资产的开发,并有能力使用或出售该无形资产

这一条件主要包括:

(1) 为完成该项无形资产开发具有技术上的可靠性。开发的无形资产并使其形成成果在技术上的可靠性是继续开发活动的关键。因此,必须有确凿证据证明企业继续开发该项无形资产有足够的技术支持和技术能力。

(2) 财务资源和其他资源支持。财务和其他资源支持是能够完成该项无形资产开发的经济基础,因此,企业必须能够说明为完成该项无形资产的开发所需的财务和其他资源,是否能够足以支持完成该项无形资产的开发。

(3) 能够证明企业获取在开发过程中所需的技术、财务和其他资源,以及企业获得这些资源的相关计划等。如果在企业自有资金不足以提供支持的情况下,是否存在外部其他方面的资金支持,如银行等借款机构愿意为该无形资产的开发提供所需资金的声明等来证实。

(4) 有能力使用或出售该无形资产以取得收益。

5. 归属于该无形资产开发阶段的支出能够可靠计量

企业对于研究开发活动发生的支出应单独核算，如发生的研究开发人员的工资、材料费等，在企业同时从事多项研究开发活动的情况下，所发生的支出同时用于支持多项研究开发活动的，应按照一定的标准在各项研究开发活动之间进行分配，无法明确分配的，应予费用化，计入当期损益，不计入开发活动的成本。

三、内部研究开发费用确认与计量的原则

无形资产准则规定，企业研究阶段的支出全部费用化，计入当期损益（管理费用）；开发阶段的支出符合条件的才能资本化，不符合资本化条件的计入当期损益（管理费用）。只有同时满足无形资产准则规定的各项条件的，才能确认为无形资产，否则计入当期损益。如果确实无法区分研究阶段的支出和开发阶段的支出，应将其所发生的研发支出全部费用化。

四、内部研究开发费用的账务处理

（一）账户设置

企业应设置“研发支出”账户，以反映企业内部在研发过程中发生的支出。“研发支出”账户应当按照研发项目分别以“费用化支出”与“资本化支出”进行明细核算。

1. “研发支出——费用化支出”

本明细账户核算研究阶段及开发阶段不符合资本化条件的支出，期末（月末）将“研发支出——费用化支出”的借方余额转入“管理费用”，该明细账户结转后无余额。

2. “研发支出——资本化支出”

本明细账户核算开发阶段符合资本化条件的支出，发生时借记本明细账户，贷记“原材料”“银行存款”“应付职工薪酬”等账户，待研究开发项目达到预定用途形成无形资产时，应在达到预定用途的当期，将此明细账户的余额转入“无形资产”账户，即：借记“无形资产”，贷记“研发支出——资本化支出”账户。

该明细账户期末（月末）借方余额，反映企业正在进行中的研究开发项目中符合资产化条件的支出。在资产负债表中，应填列在“开发支出”项目。

（二）内部研究开发费用的账务处理

根据无形资产准则的规定，内部研究开发费用的账务处理应区分研究阶段与开发阶段，分别进行账务处理。

1. 研究阶段的支出

研究阶段的支出应先通过“研发支出——费用化支出”账户进行核算，在期末再转入“管理费用”，结转后“研发支出——费用化支出”账户无余额。

2. 开发阶段的支出

（1）开发阶段的支出不符合资本化条件的，先通过“研发支出——费用化支出”账户进行核算，在期末再转入“管理费用”（同研究阶段支出的账务处理）。

（2）开发阶段的支出符合资本化条件的，先通过“研发支出——资本化支出”账户进行核算，直到达到预定用途的当期才将“研发支出——资本化支出”账户累计发生的金额（即此明细账户的余额）转入“无形资产”账户。

如果确实无法区分研究阶段的支出和开发阶段的支出，应将其所发生的研发支出全部

费用化。

内部研究开发费用的账务处理流程如图 7-1 所示。

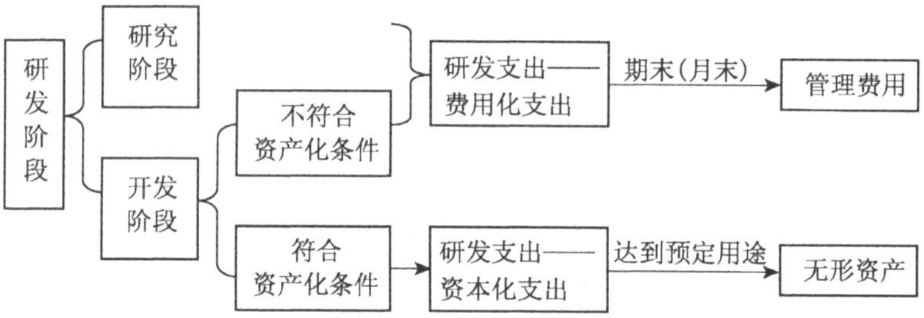

图 7-1　内部研究开发费用的账务处理流程图

3. 注意事项

(1) 月末,“研发支出——费用化支出”账户无余额。

(2) 月末,如果“研发支出——资本化支出”有余额,则填列在资产负债表“开发支出”项目的期末余额中。

(3) 月末,“研发支出”总账账户的余额实际上是“研发支出——资本化支出”明细账户的余额。因为另一个明细账户“研发支出——费用化支出”的余额转入“管理费用”后已无余额。

【例 7-4】 2×19 年 1 月 1 日,甲公司经董事会批准研发某项新产品专利技术,该公司董事会认为,研发该项目具有可靠的技术和财务等资源的支持,并且一旦研发成功将降低该公司产品的生产成本。

2×19 年 2 月发生研究阶段相关不含税支出 10 万元,税率 13%,银行存款支付;2×19 年 6 月开发阶段发生材料费 50 万元、人工工资 20 万元,其中符合资本化条件的支出为 60 万;2×19 年 8 月 31 日,该专利技术已经达到预定用途。

请编制相关会计分录:

(1) 2×19 年 2 月:

① 发生时:

借:研发支出——费用化支出	100 000	
应交税费——应交增值税(进项税额)	13 000	
贷:银行存款		113 000

② 2 月月末:

借:管理费用	100 000	
贷:研发支出——费用化支出		100 000

(2) 2×17 年 6 月:

① 发生时:

借:研发支出——费用化支出	100 000	
——资本化支出	600 000	
贷:原材料		500 000
应付职工薪酬		200 000

② 6月月末：

借：管理费用　　100 000
　　贷：研发支出——费用化支出　　100 000

(3) 2×19年8月31日，达到预定用途：

借：无形资产　　600 000
　　贷：研发支出——资本化支出　　600 000

本题需要注意的是：若当期发生了不符合资本化条件的支出，即记入了“研发支出——费用化支出”账户的金额，在期末（月末）务必转入“管理费用”，结转后，该明细账户无余额；在6月月末“研发支出——资本化支出”明细账户余额为600 000元，在编制资产负债表时，应填列在“开发支出”项目中，反映企业正在进行中的研究开发项目中符合资产化条件的支出有600 000元。

第四节 无形资产的后续计量

无形资产初始确认和计量后，在其后使用该项无形资产期间应以成本减去累计摊销额和累计减值损失后的余额计量。因此，无形资产的后续计量主要包括无形资产的摊销、无形资产减值损失的确定。其中，无形资产减值损失的确定将在资产减值一章单独阐述。本节只对无形资产的摊销进行讲解，重点涉及三个方面的知识，即使用寿命的确定、摊销方法的选择和摊销的账务处理。

一、无形资产的使用寿命

确定无形资产在使用过程中的累计摊销额的基础是估计其使用寿命，只有使用寿命有限的无形资产才需要在估计的使用寿命内采用系统合理的方法进行摊销，对于使用寿命不确定的无形资产，每年进行减值测试。

无形资产准则规定，企业应当于取得无形资产时分析判断其使用寿命。无形资产的使用寿命如为有限的，应当估计该使用寿命的年限或者构成使用寿命的产量等类似计量单位数量；无法预见无形资产为企业带来未来经济利益期限的，应当视为使用寿命不确定的无形资产。

（一）估计无形资产使用寿命应考虑的因素

无形资产的后续计量是以其使用寿命为基础的。无形资产的使用寿命包括法定寿命和经济寿命两个方面，有些无形资产的使用寿命受法律、规章或合同的限制，称为法定寿命。比如，我国法律规定发明专利权有效期为20年，商标权的有效期为10年。有些无形资产（如永久性特许经营权、非专利技术等）的寿命则不受法律或合同的限制。经济寿命是指无形资产可以为企业带来经济利益的年限。由于受技术进步、市场竞争等因素的影响，无形资产的经济寿命往往短于法定寿命，因此，在估计无形资产的使用寿命时，应当综合考虑各方面相关因素的影响，合理确定无形资产的使用寿命。

确定无形资产的经济使用寿命，通常应考虑以下因素：

(1) 该资产通常的寿命周期，以及可获得的类似资产使用寿命的信息。

(2) 技术、工艺等方面的现实情况及对未来发展的估计。

(3) 以该资产生产的产品或服务的市场需求情况。

(4) 现在或潜在的竞争者预期采取的行动。

(5) 为维持该资产产生未来经济利益的能力预期的维护支出及企业预计支付有关支出的能力。

(6) 对该资产的控制期限,对该资产使用的法律或类似限制,如特许使用期间、租赁期间等。

(7) 与企业持有的其他资产使用寿命的关联性等。

(二) 无形资产使用寿命的确定

(1) 无形资产使用寿命的确定应根据具体情况来确定:源自合同性权利或其他法定权利取得的无形资产,其使用寿命不应超过合同性权利或其他法定权利的期限。例如,企业以支付土地出让金方式取得一块土地的使用权,如果企业准备持续持有,在 50 年内没有计划出售,该块土地使用权预期为企业带来未来经济利益的期间为 50 年。如果合同性权利或其他法定权利能够在到期时因续约等延续,当有证据表明企业续约不需要付出重大成本时,续约期才能够包括在使用寿命的估计中。下列情况一般说明企业无需付出重大成本即可延续合同性权利或其他法定权利:有证据表明合同性权利或法定权利将被重新延续,如果在延续之前需要第三方同意,则还需有第三方将会同意的证据;有证据表明为获得重新延续所必需的所有条件相对于企业的未来经济利益不具有重要性。如果企业在延续无形资产持有期间时付出的成本与预期流入企业的未来经济利益相比具有重要性,本质上来看是企业获得了一项新的无形资产。

(2) 没有明确的合同或法律规定的无形资产,企业应当综合各方面情况,如聘请相关专家进行论证或与同行业的情况进行比较以及参考企业的历史经验等,来确定无形资产为企业带来未来经济利益的期限。

(3) 如果经过这些努力确实无法合理确定无形资产为企业带来经济利益的期限,再将其作为使用寿命不确定的无形资产。例如,企业通过公开拍卖取得一项出租车运营许可,按照所在地规定,以现有出租运营许可为限,不再授予新的运营许可,而且在旧的出租车报废以后,其运营许可可用于新的出租车。企业估计在有限的未来,将持续经营出租车行业。对于该运营许可为企业带来未来经济利益的期限。从目前情况看无法可靠估计,应视为使用寿命不确定的无形资产。概括如表 7-1 所示。

表 7-1　**无形资产使用寿命的确定**

具体情况	使用寿命的确定
来源于合同性权利或其他法定权利的	(1) 不应超过合同性权利或其他法定权利的期限(如果续约不需付出大额成本,续约期计入使用寿命) (2) 如预期期限短于合同性权利或其他法定权利的期限,则以预期期限确定其使用寿命,即孰短的原则
合同或法律没有规定使用寿命的	应当综合各方面情况判断,以确定无形资产能为企业带来未来经济利益的期限,如参考历史经验、聘请相关专关进行论证、与同行业的情况进行比较等
按照上述方法仍无法合理确定无形资产为企业带来经济利益期限的	该项无形资产应作为使用寿命不确定的无形资产,不进行摊销

相关案例 7-1

青岛啤酒商标不再摊销,企业利润锦上添花

青岛啤酒(600600)是啤酒行业的龙头企业。2007 年实现主营业务收入 137.09 亿元,净利润 5.58 亿元,同比分别增长 15.86%和 27.73%,每股收益 0.43 元,加权平均净资产收益率10.41%,继续呈现利润增长大于销售收入增长、销售收入增长大于销售增长的良好发展态势。

公司无形资产中的"青岛啤酒"商标使用权,是 1993 年 6 月 16 日重组时由原有股东作为资本投入的,并按国家国有资产管理局认定的评估值入账,预计使用寿命为 40 年,按直线法进行摊销,直至 2006 年 12 月 31 日。

2007 年 1 月 1 日起,公司按照国家统一规定执行新的企业会计准则。根据对啤酒行业未来发展的预期和公司行业地位的分析,公司管理层认为该商标权的使用寿命不确定,于 2007 年 1 月 1 日起不再进行摊销,改为在每个会计年度进行减值测试。该会计估计变更采用未来适用法。2007 年度采用新方法后因减少摊销导致本期净利润增加 250 万元。

除"青岛啤酒"外,公司的其他商标使用权是于收购子公司时取得的,按预计使用年限 5～10 年平均摊销。世界品牌试验室数据显示,2007 年青岛啤酒品牌价值达 258.27 亿元人民币,远远领先于国内其他啤酒生产商。"2012 中国 500 最具价值品牌榜"在北京发布,青岛啤酒以 631.68 亿元品牌价值,再次蝉联中国啤酒第一品牌。

"青岛啤酒"商标使用权不再摊销,公司将其作为会计估计变更处理的做法值得商榷。我们认为作为会计政策变更处理会更恰当。

资料来源:杨有红,欧阳爱平:《中级财务会计》(第三版),北京大学出版社 2013 年版。

(三) 无形资产使用寿命的复核

企业至少应当于每年年度终了,对无形资产的使用寿命进行复核,如果有证据表明无形资产的使用寿命不同于以前的估计,由于合同的续约或无形资产应用条件的改善,延长了无形资产的使用寿命,对于使用寿命有限的无形资产应改变其摊销年限,并按照《企业会计准则第 28 号——会计政策、会计估计变更和差错更正》进行处理。

对于使用寿命不确定的无形资产,如果有证据表明其使用寿命是有限的,应当按照《企业会计准则第 28 号——会计政策、会计估计变更和差错更正》进行处理,并按照无形资产准则中关于使用寿命有限无形资产的处理原则进行处理。

二、使用寿命有限的无形资产摊销的账务处理

使用寿命有限的无形资产,应在其预计的使用寿命内采用系统合理的方法对其应摊销的金额进行摊销。其中应摊销金额是指无形资产的成本扣除残值后的金额。

(一) 无形资产的摊销期和摊销方法

无形资产的摊销期自其可供使用时(即其达到预定用途)开始至终止确认时止。

在无形资产的使用寿命内系统地分摊其应摊销金额,存在多种方法。这些方法包括直线法、生产总量法等。国际上普遍采用的主要是直线法。

对某项无形资产摊销所使用的方法应依据从资产中获取的预期未来经济利益的预计消耗方式来选择,并一致地运用于不同会计期间。例如,受技术陈旧因素影响较大的专利权和专有技术等无形资产,可采用类似固定资产加速折旧的方法进行摊销;有特定产量限制的特许经营权或专利权,应采用产量法进行摊销。

持有待售的无形资产不进行摊销,按照账面价值与公允价值减去处置费用后的净额孰低进行计量。

(二) 无形资产残值的确定

无形资产的残值一般为零,除非有第三方承诺在无形资产使用寿命结束时愿意以一定的价格购买该项无形资产,或者存在活跃的市场,通过市场可以得到无形资产使用寿命结束时的残值信息,并且从目前情况看,在无形资产使用寿命结束时,该市场还可能存在的情况下,可以预计无形资产的残值。

无形资产的残值意味着在其经济寿命结束之前企业预计将会处置该无形资产,并且从该处置中取得利益。估计无形资产的残值应以资产处置时的可收回金额为基础。此时的可收回金额是指在预计出售日,出售一项使用寿命已满且处于类似使用状况下同类无形资产预计的处置价格(扣除相关税费)。残值确定以后,在持有无形资产期间,至少应于每年年末进行复核,预计其残值与原估计金额不同的,应按照会计估计变更进行处理。如果无形资产的残值重新估计以后高于其账面价值的,无形资产不再摊销,直至残值降至低于账面价值时再恢复摊销。

(三) 无形资产摊销的账务处理

1. 摊销的账务处理原则

现行会计准则借鉴了国际会计准则的做法,规定无形资产的摊销作如下处理:

(1) 一般应确认为当期损益,记入“管理费用”。

(2) 如果某项无形资产包含的经济利益是通过所生产的产品或其他资产实现的,无形资产的摊销金额可以计入产品或其他资产的成本中,即记入“在建工程”“研发支出——资产化支出”“生产成本”等账户。

另外当月增加的无形资产,当月进行摊销;当月减少的无形资产,当月不再进行摊销。

相关思考 7-1

无形资产摊销与固定资产折旧的时点

固定资产折旧计提的时点与无形资产摊销计提的时点有何不同?

在会计实务中,企业一般都是按月计提固定资产折旧。为了简化核算:

月份内开始使用的固定资产,当月不计提折旧,从下月起计提折旧;月份内减少或停用的固定资产,当月仍计提折旧,从下月起停止计提折旧。

2. 账户设置

企业应设置“累计摊销”账户,本账户为资产负债表“无形资产”项目的备抵账户。反映因摊销而减少的无形资产价值。企业按月计提无形资产摊销额时,借记“管理费用”“其他业务成本”“在建工程”等账户,贷记“累计摊销”账户,本账户期末贷方余额表示企业无形资产的累计摊销额。

3. 无形资产摊销的账务处理

【例 7-5】 2×19 年 8 月 1 日,华夏公司以银行存款购入专利权 D,不含税价为 120 000 元,收到增值税专用发票。根据相关法律规定,购买时该项专利权的使用寿命为 10 年,企业采用直线法按 10 年期限进行摊销。请编制华夏当月专利权 D 摊销的会计分录。

本题需要注意的是,在实务中,按月进行无形资产摊销。另外本题的无形资产未指定特定用途,因此摊销金额应记入“管理费用”。

(1) 2×19 年 8 月 1 日,购买专利权 D 时:

借:无形资产——D 专利权　　120 000
　　应交税费——应交增值税(进项税额)　　7 200
　　贷:银行存款　　127 200

(2) 2×19 年 8 月 31 日,对专利权 D 进行摊销:

专利权 D 当月应摊销额=120 000÷10÷12=1 000(元)

借:管理费用　　1 000
　　贷:累计摊销　　1 000

如果本题华夏公司属于工业企业,并将该专利权对外出租,那么当月计提的累计摊销金额应记入“其他业务成本”账户,取得的租金收入,记入“其他业务收入”账户。

相关思考 7-2

无形资产发生了减值,后续的摊销额如何计算?

资产减值损失确定后,减值资产的摊销费用应当在未来期间作相应调整,以使该资产在剩余使用寿命内,系统地分摊调整后的新资产账面价值。即无形资产如发生减值,应当以无形资产新的账面价值为基础进行每期的摊销,新的账面价值为无形资产账面余额减去减值准备、累计摊销、净残值(如有)之后的余额。

企业于 2×15 年 1 月 1 日购入一项专利权,实际成本为 200 万元,摊销年限为 10 年,采用直线法摊销。2×18 年 12 月 31 日,该无形资产预计可收回金额 90 万元。该无形资产原摊销年限和摊销方法不变。

问:(1) 2×19 年无形资产的摊销金额是多少?

(2) 2×19 年 12 月 31 日,该无形资产的账面价值是多少?

答:(1)至 2×18 年 12 月 31 日,累计摊销金额=200÷10×4=80(万元)

2×18 年 12 月 31 日,账面价值=200−80=120(万元),可收回金额=90(万元),因此发生了减值,减值金额=120−90=30(万元)

2×19 年无形资产新的账面价值=200−80−30=90(万元),即可收回金额 90 万元,因此2×19 年无形资产的摊销金额=90÷6=15(万元)

(2) 2×19 年 12 月 31 日,该无形资产的账面价值=90−15=75(万元)

或　无形资产的账面价值=200−(80+15)−30=75(万元)

会计职业道德 7-1

无形资产减值损失一经确认,不得转回

考虑到固定资产、无形资产、商誉等资产发生减值后,一方面价值回升的可能性比较小,通常属于永久性减值;另一方面从会计信息谨慎性要求考虑,为了避免确认资产重估增值和利润操纵,资产减值准则规定,资产减值损失一经确认,在以后会计期间不得转回,即使在之后已减值资产的价值有所恢复,也不允许反调。

以前期间计提的资产减值准备,在资产处置、出售、对外投资、以非货币性资产交换方式换出、在债务重组中抵偿债务等时,才可以转出。

三、使用寿命不确定的无形资产

根据可获得的情况判断,有确凿证据表明无法合理估计其使用寿命的无形资产,才能作为使用寿命不确定的无形资产。企业不得随意判断为使用寿命不确定的无形资产。按照无形资产准则规定,对于使用寿命不确定的无形资产,在持有期间不需要摊销;如果期末重新复核后仍为不确定的,应当在每个会计期间进行减值测试,严格按照《企业会计准则第 8 号——资产减值》的规定,需要计提减值准备的,相应计提有关的减值准备。账务处理为:借记"资产减值损失"账户,贷记"无形资产减值准备"账户,详细内容将在资产减值一章中进行讲解。

第五节 无形资产的处置

无形资产的处置是指无形资产出售、对外出租、对外捐赠或者是无法为企业带来未来经济利益时,应予转销并终止确认。

一、无形资产的出售

企业出售无形资产实质上是将对无形资产的占有、使用、收益及处置的权利转让给受让方,表明企业放弃无形资产的所有权。

(一) 无形资产出售的账务处理原则

企业持有无形资产的目的是自用,出售无形资产并非企业的日常活动,从而所发生的出售损益不属于会计要素的收入与费用,而应确认为利得或损失,作为营业外收支处理。

无形资产准则规定,企业出售无形资产时,应将所取得的价款与该无形资产账面价值及相关税费的差额作为资产处置利得或损失(营业外收入或营业外支出),与固定资产处置性质相同,计入当期损益。

(二) 账户设置

企业应设置"营业外收入""营业外支出""资产处置损益"账户,用以核算出售无形资产的净损益。

(三) 无形资产出售的账务处理

按现行税法规定,出售无形资产还应按实际转让收入的 6%计算缴纳增值税。企业出售无形资产时,应将无形资产的账面价值("无形资产""累计摊销""无形资产减值准备")全部注销。应按实际收到的金额,借记"银行存款"等账户;按已摊销的累计摊销额,借记"累计摊销"账户;原已计提减值准备的,借记"无形资产减值准备"账户;按应支付的相关税费,贷记"应交税费"等账户;按其账面余额,贷记"无形资产"账户,按其差额,借记或贷记"资产处置损益"科目。

【例 7-6】 2×16 年 10 月 20 日,华夏公司将拥有的一项非专利技术 E 出售,取得收入 80 000(不含税价)元,该非专利技术的账面余额为 70 000 元,累计摊销额为 35 000 元,已计提的减值准备为 10 000 元。请作出出售非专利技术 E 的会计处理:

应缴纳的增值税=80 000×6%=4 800(元)

借:银行存款	84 800	
累计摊销	35 000	
无形资产减值准备	10 000	
贷:无形资产——非专利技术——非专利技术 E		70 000
应交税费——应交增值税(销项税额)		4 800
资产处置损益		55 000

二、无形资产的出租

无形资产出租是指企业根据租赁合同或协议，允许他人使用本企业的无形资产，并收取使用费的行为。企业出租无形资产转让的是使用权。

(一) 无形资产出租的账务处理原则

企业将所拥有的无形资产的使用权让渡给他人，并收取租金，属于与企业日常活动相关的其他经营活动取得的收入，在满足收入准则规定的确认标准的情况下，应确认相关的收入及成本。

(二) 科目设置

1. "其他业务收入"账户

本账户核算企业取得的租金收入。

2. "其他业务成本"科目

本科目核算企业出租无形资产的摊销金额和发生的其他费用支出。

(三) 无形资产出租的账务处理

按现行税法规定，出租无形资产还应按实际租金收入的6%计算缴纳增值税。出租无形资产时，取得的租金收入，借记"银行存款"等账户，贷记"其他业务收入""应交税费——应交增值税(销项税额)"等账户；摊销出租无形资产的成本并发生与转让有关的各种费用支出时，借记"其他业务成本"科目，贷记"累计摊销""银行存款"等账户。

【例 7-7】 2×19 年 11 月 3 日，华夏公司将一项专利技术出租给大禹公司使用，该专利技术账面余额为 240 000 元，摊销期为 10 年，采用直线法摊销；出租合同规定，每年专利技术使用费为 36 000(不含税价)元，租期为 5 年；华夏公司按月收取租金，并存入银行。请编制 2×19 年 11 月份华夏公司取得租金、计算应缴纳的增值税及无形资产当月摊销的会计分录：

当月确认的租金收入＝36 000÷12＝3 000(元)
当月收到的租金＝3 000×(1＋6%)＝3 180(元)
当月应缴纳的增值税＝3 000×6%＝180(元)
当月摊销金额＝240 000÷10÷12＝2 000(元)

(1) 收取租金时：

借：银行存款	3 180	
贷：其他业务收入——出租专利权		3 000
应交税费——应交增值税(销项税额)		180

(2) 当月摊销：

借：其他业务成本——专利权摊销	2 000	
贷：累计摊销		2 000

三、无形资产的报废

如果无形资产预期不能为企业带来未来经济利益，不再符合无形资产的定义，应将其转销。多指无形资产已被其他新技术所替代，不能为企业带来经济利益；或者无形资产不再受到法律保护，且不能给企业带来经济利益等。例如，甲企业某项无形资产的法律保护期限已过,用其生产的产品没有市场,则说明该无形资产无法为企业带来未来经济利益,应予转销。

无形资产预期不能为企业带来经济利益的,应将其账面价值转销,即应按已计提的累计摊销额,借记“累计摊销”账户;已计提减值准备的,借记“无形资产减值准备”账户;按其账面余额,贷记“无形资产”账户;按其差额,借记“营业外支出”账户,即将报废无形资产的账面价值作为非流动资产处置损失,予以转销,记入“营业外支出——处置非流动资产损失”明细账户。会计分录为:

借:营业外支出——处置非流动资产损失	【净损失】
累计摊销	【累计摊销金额】
无形资产减值准备	【已计提的减值准备】
贷:无形资产——××	【“无形资产”账面余额】

【例 7-8】 华夏公司拥有 F 专利权,用其生产的产品已经没有市场,于是华夏公司于 2×19 年 6 月 10 日决定将其注销,F 专利权注销时的资料如下:实际成本 400 000 元,已累计摊销 320 000 元,累计计提减值 20 000 元。不考虑其他相关情况。请编制 2×19 年 6 月 10 日华夏公司注销 F 专利权的会计分录:

借:营业外支出——处置非流动资产损失	【净损失/账面价值】	60 000	
累计摊销	【累计摊销金额】	320 000	
无形资产减值准备	【已计提的减值准备】	20 000	
贷:无形资产——专利权——F 专利权	【“无形资产”账面余额】		400 000

本例中,F 专利权的账面价值由“无形资产”“累计摊销”“无形资产减值准备”组成,因此需将这三个账户的余额全部转销。转销的账面价值即为报废净损失,即 400 000－320 000－20 000＝60 000(元)。

延伸阅读 7-2

营业外支出的核算内容

营业外支出,是指企业发生的与日常活动没有直接关系的各项损失,主要包括:非流动资产处置损失(包括固定资产和无形资产处置损失)、非货币性资产交换损失、债务重组损失、罚款支出、捐赠支出、非常损失、盘亏损失(指固定资产盘亏损失)等。

延伸阅读 7-3

现行会计准则下,无形资产及固定资产出租及出售的账务处理

(1) 工业企业固定资产和无形资产的出租:收到的租金都记入“其他业务收入”账户,累计折旧和累计摊销及费用等记入“其他业务支出”账户。

(2) 无形资产的出售:相关的收入、费用、税金等抵销后记入“营业外收入”或“营业外支出”账户。

(3) 固定资产出售通过“固定资产清理”这一账户:相关的收入、费用、税金等记入“固定资产清理”账户,抵销后再记入“营业外收入”或“营业外支出”。

会计职业道德 7-2

无形资产管理

《企业内部控制应用指引第 8 号——资产管理》第四章对无形资产管理有以下规定:

第十九条　企业应当加强对品牌、商标、专利、专有技术、土地使用权等无形资产的管理，分类制定无形资产管理办法，落实无形资产管理责任制，促进无形资产有效利用，充分发挥无形资产对企业发展的重要作用。

第二十条　企业应当全面梳理外购、自行开发以及其他方式取得的各类无形资产的权属关系，加强无形资产权益保护，防范侵权行为和法律风险。无形资产具有保密性质的，应当采取严格保密措施，严防泄露商业秘密。

企业购入或者以支付土地出让金等方式取得的土地使用权，应当取得土地使用权有效证明文件。

第二十一条　企业应当定期对专利、专有技术等无形资产的先进性进行评估，淘汰落后技术，加大研发投入，促进技术更新换代，不断提升自主创新能力，努力做到核心技术处于同行业领先水平。

第二十二条　企业应当重视和加强品牌建设，通过提供高质量产品和优质服务等多种方式，不断打造和培育主业品牌，切实维护和提升企业品牌的社会认可度。

账簿格式

无形资产明细账如表 7-2 所示。

表 7-2　无形资产明细账

公司名称：华夏公司

账户名称：无形资产——专利权——A 专利权　单位：元

2×19 年		凭证号数	摘　要	借　方	贷　方	余　额
月	日					
10	8	银付 10	购入 A 专利权	500 000.00		500 000.00
10	31		本月合计	500 000.00		500 000.00

与财务报告的关系

（1）资产负债表中“无形资产”项目，反映企业持有的无形资产，包括专利权、非专利技术、商标权、著作权、土地使用权等。

本项目应根据“无形资产”账户的期末余额，减去“累计摊销”和“无形资产减值准备”账户期末余额后填列。

（2）资产负债表中“开发支出”项目，反映企业开发无形资产过程中能够资本化形成无形资产成本的支出部分。

本项目应根据“研发支出”账户中所属的“资本化支出”明细账户的期末余额填列，即根据“研发支出——资本化支出”明细账户期末余额填列。

【例 7-9】　华夏公司编制 2×19 年 11 月 30 日的资产负债表，“无形资产”总账账户余额为 700 000 元、“累计摊销”总账账户余额为 90 000 元、“无形资产减值准备”总账账户余额为 30 000 元、“研发支出——资本化支出”明细账户的余额为200 000元。资产负债表中“无形资产”及“开发支出”项目的期末余额分别是多少？

"无形资产"项目期末余额＝700 000－90 000－30 000＝580 000(元)

"开发支出"项目期末余额＝200 000(元)

本 章 小 结

本章主要学习了外购、投资者投入、内部研究开发取得无形资产、无形资产后续摊销、无形资产处置的会计处理。

对于企业自行进行的研究开发项目，应区分研究阶段和开发阶段分别进行核算。研究阶段的支出应当于发生时计入当期损益(通过"研发支出——费用化支出"转入"管理费用")；开发阶段不满足资本化条件的，会计处理同研究阶段的支出；开发阶段只有满足资本化条件的，才能最终确认为无形资产(通过"研发支出——资本化支出"最终转入"无形资产")。

本章重要概念

无形资产　研究阶段　开发阶段　累计摊销　无形资产的处置

推荐阅读资料

[1]《企业会计准则第6号——无形资产》(2006年2月15日财政部发布，自2007年1月1日起施行)

[2]《企业会计准则——应用指南》(2006年10月30日财政部发布，自2007年1月1日起在上市公司范围内施行)

[3]《企业会计准则解释第11号——关于以包括使用无形资产在内的经济活动产生的收入为基础的摊销方法》(2017年6月12日财政部发布，自2018年1月1日起施行)

[4]《关于修订印发2018年度一般企业财务报表格式的通知》(财会【2018】15号，2018年6月26日财政部发布)

[5] 中国注册会计师协会. 会计[M]. 北京：中国财政经济出版社，2018.

[6] 陈立军. 中级财务会计[M]. 北京：中国人民大学出版社，2017.